DOCE VINGANÇA

Regina Barreca

DOCE VINGANÇA

Tradução de
GENI HIRATA

EDITORA RECORD
RIO DE JANEIRO • SÃO PAULO
2000

CIP-Brasil. Catalogação-na-fonte
Sindicato Nacional dos Editores de Livros, RJ.

B252d Barreca, Regina
Doce vingança / Regina Barreca; tradução de Geni Hirata.
– Rio de Janeiro: Record, 2000.
320p.

Tradução de: Sweet revenge
Inclui bibliografia
ISBN 85-01-05536-0

1. Vingança. 2. Vingança – Aspectos psicológicos. I. Título.

00-1015

CDD – 152.4
CDU – 159.942

Título original norte-americano:
SWEET REVENGE

Copyright © 1995 by Regina Barreca

Todos os direitos reservados. Proibida a reprodução, no todo ou em parte, através de quaisquer meios.

Direitos exclusivos de publicação em língua portuguesa para o Brasil adquiridos pela
DISTRIBUIDORA RECORD DE SERVIÇOS DE IMPRENSA S.A.
Rua Argentina 171 – Rio de Janeiro, RJ – 20921-380 – Tel.: 585-2000
que se reserva a propriedade literária desta tradução

Impresso no Brasil

ISBN 85-01-05536-0

PEDIDOS PELO REEMBOLSO POSTAL
Caixa Postal 23.052
Rio de Janeiro, RJ – 20922-970

EDITORA AFILIADA

Este livro é dedicado,
com amor e gratidão,
a meu pai, Hugo Barreca

AGRADECIMENTOS

Pode haver prazer em saldar dívidas, especialmente as contraídas voluntariamente. Shaye Areheart, minha editora de texto na Harmony Books, encabeça a lista daqueles a quem sou grata: Shaye acreditou neste livro desde o começo e deu-lhe todo o seu apoio e excelente aconselhamento. Sua assistente Heather Julius foi incrível, assim como a diretora de produção Kim Hertlein. É lamentável que eu não possa demonstrar minha gratidão à protetora e agente deste livro, Diane Cleaver. A morte de Diane privou-nos da figura mais gentil e mais forte que a cidade de Nova York já conheceu.

Algumas pessoas devem querer acertar contas comigo, considerando-se todo o trabalho que dedicaram a este projeto. Julie Nash, minha amiga, assistente de pesquisa e parceira de conspiração, teria que ser uma das primeiras. O trabalho extraordinariamente paciente, eficiente e alentador de Julie com os originais fez dela meu anjo da guarda; seus artigos sobre a vingança na obra de Charlotte Brontë deram-me muito em que pensar. Sou eternamente grata aos meus alunos das turmas de vingança e literatura da Universidade de Connecticut por tudo que lhes devo: suas histórias engraçadas, idéias brilhantes e esforço de trabalho alimentaram este livro ao longo do caminho. Gostaria de agradecer particularmente àqueles que trabalharam comigo em estudos independentes: Christine Cappazzi, Kara Copley, Josephine Feola e Casey Leadingham.

Na UConn, gostaria de agradecer também ao reitor Tom

Doce Vingança

Giolas e sua equipe da Fundação de Pesquisa pelo apoio a este projeto, bem como aos meus colegas do Departamento de Inglês, especialmente Lee Jacobus, Margaret Higonnet, Barbara Rosen, Brenda Murphy e, por extensão, George Montiero. Agradeço ainda a Sue Donnelly e Helen Smith, do Departamento de Inglês, por sua generosidade, pelo trabalho de digitação e revisão, e por suas sugestões. Outros amigos e colegas permitiram-me usufruir de sua experiência e sabedoria: Bob Sullivan leu os originais e fez sugestões que contribuíram imensamente para o seu aprimoramento, tudo enquanto procurava cumprir os prazos de seu próprio livro, e fico lhe devendo uma (ou mais de uma); Faith Middleton pode possuir minha alma (se puder achá-la) por todo o seu estímulo alegremente malicioso e por convidar-me a participar de seu programa de rádio "Open Air New England". John Glavin ajudou-me a ver, como sempre, para onde eu estava indo e ajudou-me a decidir se eu queria ou não prosseguir. A Dr.ª Rose Quiello ouviu, riu e acrescentou sua própria perspectiva. As especialistas em comércio livreiro, Roxanne Coady e Susy Staubach, forneceram bons conselhos e sondagens de público quando mais precisei. Denis Gosselin do *Chicago Tribune Magazine* disse-me que eu estava no caminho certo e em seguida dedicou a reportagem de capa de sua revista para prová-lo. Os trabalhos de Fay Weldon e as conversas que tive com ela alimentaram meu pensamento sem que eu tivesse que fazer dieta.

Gostaria ainda de agradecer aos seguintes amigos e colegas por seu apoio valioso e diversificado: Blanche Boyd; Dr.ª Natalie Becker; Richard Caccavale; Nancy Lager, Lynette Lager e Tim Taylor; Pam Katz; Bonnie Januszewski; Deborah Morse; e Joe Cuomo. A meu irmão Hugo, sua mulher Wendy Schlemm, a meus enteados Matthew e Tim, a meu pai Hugo, meus agradecimentos por me proporcionarem um mundo livre dos piores

Agradecimentos

ferimentos da vida. Finalmente, a meu adorado e revigorante marido Michael Meyer, quero dizer: você é a melhor compensação pelos males do mundo que posso imaginar; se viver e amar bem é a melhor vingança, nós derrotamos todos eles.

SUMÁRIO

Capítulo Um
Como é doce: o impulso secreto e comum de ajustar contas   13

Capítulo Dois
Próprio de uma mulher: a vingança caracteristicamente feminina   53

Capítulo Três
A linha de fogo entre o amor e o ódio: a vingança nos
relacionamentos sexuais   91

Capítulo Quatro
Nine to Five: ajustando contas no trabalho   127

Capítulo Cinco
Piadas de vingança: ri melhor quem ri por último   161

Capítulo Seis
Terrorismo emocional: vingança passivo-agressiva   199

Capítulo Sete
Tirando satisfações: raiva, vingança e justiça   229

Capítulo Oito
Alcançando o equilíbrio   279

Notas   303

Bibliografia   311

Sobre a autora   317

Capítulo Um

COMO É DOCE

O *impulso secreto e comum de ajustar contas*

Vingança: 1. *ação ou efeito de vingar;
represália, desforra, vindita.*
2. *Punição, castigo.*
Dicionário Contemporâneo da Língua Portuguesa
Caldas Aulete

"Não posso pedir que um amigo me devolva o dinheiro que lhe
emprestei — o máximo que posso fazer é,
da próxima vez que estiver em sua casa,
quebrar alguma coisa de valor aproximado."

RITA RUDNER, COMEDIANTE

É uma tarde de verão quente e abafada no Brooklyn e tenho cerca de cinco anos de idade. Há inúmeras tias, avós e um punhado de tios espalhados pela casa habitada por três famílias, mas não há ninguém por perto; tudo está aridamente silencioso, exceto pelo tráfego sobre os cascalhos na rua do lado de fora da janela. Meu irmão, seis anos mais velho do que eu,

Doce Vingança

feriu meu orgulho infantil contando ao seu amigo, o que joga basquete no terreno atrás da casa, que eu ainda chupo dedo. Eles riram e fiquei com uma crescente sensação de ultraje e desamparo.

Odeio a mim mesma por chupar dedo, mas odeio meu irmão ainda mais por revelar esse segredo meramente para fazer rir o lindo garoto com quem secretamente pretendo me casar. Estou resolvida a dar o troco ao meu irmão. Entro furtivamente em seu quarto no segundo andar com planos de virar suas tartarugas de estimação de barriga para cima. As cortinas azuis esvoaçam com um brisa repentina e prendo a respiração, apavorada com a idéia de que algum adulto me surpreenda em minha missão perversa. Estou fazendo a pior coisa que poderia pensar em fazer-lhe; por vingança, estou prejudicando aquelas a quem ele realmente adora.

Entro sem ser vista no santuário supostamente inviolável de seu quarto e, uma a uma, cuidadosamente, viro as pequenas criaturas de barriga para cima. As tartarugas parecem desconfortáveis e ridículas; não estão realmente sofrendo, mas debatendo com suas pequenas pernas, demonstram desespero e desconforto. É exatamente como desejo que meu irmão se sinta, mas como ele é mais velho e portanto inacessível para uma ação direta, tenho que me contentar com uma espécie de vingança por tabela sobre os seres que ele ama e que estão sob sua proteção. Antes, eu mesma me incluía nessa categoria, mas agora me sinto traída.

A traição é talvez o pior de tudo. Eu achava que éramos aliados; achava que éramos só nós dois contra o bando de adultos que circulava pela casa o dia inteiro. Se tivesse sido apenas algum garoto da vizinhança que houvesse zombado de mim, nem teria me preocupado em tirar o dedo da boca para dizer alguma coisa. O mais doloroso foi que meu irmão mais velho,

Como É Doce

geralmente tão bonzinho, tivesse me tratado com tanto descaso diante de seus amigos, me traído por uma risada — essa foi a gota d'água que fez o copo transbordar e virou as tartarugas para cima.

Após sair furtivamente do quarto, desço as escadas e vou para a travessa brincar de boneca, imitando a menina boazinha que costumava ser e que não era mais. Eu havia sido iniciada. De repente, me senti mais velha e experiente, possuidora de um conhecimento secreto. Eu fizera-lhe uma coisa sem o seu consentimento, exatamente como ele fizera comigo; estávamos quites. Equilibrei a balança da justiça, acho, de forma a deixar claro que não devo ser tratada como se eu não fosse ninguém.

Tendo me vingado, sinto-me orgulhosa e satisfeita, como se o que fiz fosse uma realização, como se tivesse aprendido uma música nova ou decorado uma nova piada. Minha infância, como qualquer infância, era repleta da sensação impotente de sempre ter que olhar para cima para ver o que está realmente acontecendo; a vingança é um sentimento diferente, triunfante, sedutor e atraente.

Fui apanhada — provavelmente ficou bastante claro para qualquer um que as tartarugas não haviam simultaneamente feito uma pirueta no ar, e não era provável que uma das minhas tias idosas tivesse resolvido se divertir com elas. Mas, francamente, não me lembro de como fui apanhada. Ser descoberta não foi tão importante quanto realizar a façanha; o castigo não era nada comparado ao bem-estar que senti depois do que fiz. A tensão e a satisfação que auferi das minhas fantasias de Medéia em miniatura obviamente valiam, naquele momento, qualquer castigo que eu pudesse imaginar.

Eu era, indiscutivelmente, a suspeita mais provável. Eles — isto é, meus pais, meu irmão e um verdadeiro coro de parentes

Doce Vingança
~

— tentaram fazer com que eu me envergonhasse dos meus atos, mas não conseguiram; a vergonha que senti sobre a revelação de que eu chupava dedo ainda doía com muita intensidade para que me arrependesse. Embora não conseguisse realmente compreender como podiam ficar zangados comigo e não com meu irmão, depois que expliquei os detalhes da minha humilhação gratuita diante do nosso vizinho, aceitei meu castigo com toda a dignidade que uma criancinha poderia reunir.

Castigo — no meu caso, sem sobremesa e sem Walt Disney por duas semanas — era um preço que valia a pena pagar. Independente do que pudessem me fazer agora, eu não iria aceitar de volta o olhar de raiva impotente no rosto do meu irmão quando ouvia minha sentença sendo proferida. Eu fui à forra; isso era tudo que importava. Qualquer coisa depois daquele momento não passava de um epílogo.

Assim é com a vingança. Estamos dispostos a correr o risco de perder tudo que nos é mais caro: auto-estima, orgulho, moralidade, ética, amor e família. Embora a vingança seja perseguida na maioria das vezes à custa da boa imagem que fazemos de nós mesmos (e da boa imagem que outras pessoas fazem de nós), de algum modo acha-se que vale a pena.

Vendas à custa de vingança

A vingança vende tudo, de filmes a revistas a tintura para cabelo. "Não fique com raiva. Vá à forra", dizia o material promocional do filme *The Temp*. A capa da edição de abril de 1994 de *Ladies' Home Journal* anunciava "Diana arquiteta sua vingança". Nos últimos anos, a Clairol, a megaempresa, vem usando o *slogan* "Cabelos maravilhosos são a melhor vingança" sob as fotografias de mulheres ardentes com madeixas sensuais. A quem exatamente é dirigida essa vingança? Seu homem? (Uma

Como É Doce

das cores chamava-se "Vermelho faça-o deixar cair o controle remoto", portanto talvez seja ele o alvo; muitas mulheres que conheço certamente iriam comprar o produto se a cor se chamasse "Vermelho faça-o cair morto", mas falaremos sobre isso mais tarde.) Ou cabelos maravilhosos seriam uma vingança contra as mulheres com cabelos opacos e sem vida que a tenham tratado mal ou roubado seu homem? Quem dá o troco à mãe natureza pelos cabelos brancos? Ou talvez seja vingança contra as outras companhias de produtos para cabelos, aquelas menos cientes do poder da vingança sobre nossa imaginação coletiva?

O novo *slogan* da Clairol está a léguas de distância da idéia de tingir seu cabelo com "Bom e fácil". A vingança, obviamente, não é nem boa nem fácil — e posso apostar que foi apenas no espaço de alguns poucos anos que "Cabelos maravilhosos são a melhor vingança" pôde vir a promover um produto de beleza feminino. Em um mundo onde os gerentes de *marketing* há muito consideravam a frase "Somente o seu cabeleireiro pode ter certeza" o veículo perfeito para angariar a atenção das mulheres, vemo-nos de repente em um mundo onde essa frase aplica-se somente se o seu cabeleireiro se chamar Sonny Corleone.

Enquanto costumava ser simplesmente "As louras se divertem mais", agora somos levadas a crer que usar a cor número 5, "Louro coloque a porta abaixo e deixe deslumbrado", é o caminho para mais auto-estima e contínua atenção sexual. Clairol vem mantendo o *slogan* há um bom tempo em um clima onde os *slogans* são abandonados no instante em que pareçam não estar funcionando, portanto, obviamente, as mulheres estão comprando o produto para obter a prometida vingança sobre o adversário não-identificado.

Um amigo publicitário cinicamente sugeriu que Lorena

Doce Vingança

Bobbitt poderia ser a garota-propaganda da campanha da Clairol, mas duvido que isso aconteça. Por outro lado, há quinze ou vinte anos, tingir os cabelos era um segredo pessoal; agora é uma arma. "Estou louca para me vingar dele", as modelos da Clairol parecem murmurar. "A vingança é minha", as mulheres de volumosas cabeleiras parecem dizer.

A vingança também se aplica tanto a compras quanto a cabelos, ao que parece. "Descontos com uma vingança" é o *slogan* das paradoxalmente sofisticadas lojas de descontos Loehmann's. Quando minha antiga colega de faculdade e eu entrávamos na loja, os cartões de crédito queimando em nossos bolsos, perguntei-lhe o que achava da imagem que a loja projetava de si mesma.

— É interessante porque qualquer um que pague trinta dólares por uma camiseta de *grife* secretamente deseja se vingar dos sacanas que as confeccionam — ela respondeu imediatamente.

"Com uma vingança" pode significar meramente com ênfase ou extremo compromisso, mas a expressão também tem o leve sabor da mesma poção de vingança que colocamos em nossas raízes.

Queremos a chance de sentir que não somos impotentes diante da desatenção, da exploração ou da simples tolice de muitos de nossos desejos. A vingança pode nos dar a ilusão de ter controle sobre nossas vidas. Às vezes, isso funciona com uma gratificante alacridade.

Quer as coloquemos em prática ou não, as fantasias de vingança exercem um papel importante nas vidas de muitos indivíduos normalmente amáveis, generosos, calmos e atenciosos. Isso me foi revelado por uma jovem alegre do supermercado, que, enquanto registrava minhas compras, disse-me:

— Penso nisso constantemente, provavelmente vinte vezes

Como É Doce

por dia. Penso em como gostaria de fazer e com quem. Penso em fazer com pessoas que estavam comigo há dez anos e penso em fazer com a pessoa que está diante de mim se ela agir de determinado modo. Não gosto de admitir que penso nisso, mas penso.

Ocorreu-me que qualquer um que estivesse ouvindo acharia que ela falava de sexo. Mas os cenários que aquela jovem descrevia tinham a ver com ir à forra e não com ir para a cama. Também ocorreu-me que, aos olhos da maioria dos fregueses, seria muito mais aceitável que ela discutisse suas fantasias sexuais do que suas fantasias de vingança. Aprendemos a admitir em voz alta (às vezes com bastante satisfação) que as fantasias sexuais fazem parte do rol de pensamentos que passam diariamente pela mente da maioria das pessoas, mas o que não admitimos com igual franqueza é que as fantasias de vingança possam ser tão ricas, complexas e gratificantes quanto quaisquer sonhos de romance.

Em *The Life and Loves of a She-Devil*, a heroína de Fay Weldon, Ruth, a mulher abandonada, fantasia, enquanto prepara o jantar, sobre a vingança que gostaria de empregar contra a nova mulher do seu marido. "Mary Fisher, espero que um vento tão forte se levante esta noite que as vidraças das janelas se estilhacem e a tempestade invada a torre e você morra afogada, chorando, apavorada. Pego as tiras finas e curvas de massa... e moldo-as no formato de Mary Fisher, acendo o forno bem alto, alto, e torro a figura nele até que um mau cheiro tão forte empesteie de tal modo a cozinha que nem o ventilador consiga removê-lo. Muito bem. Espero que a torre se incendeie e Mary Fisher com ela, lançando o odor de carne queimada por cima das ondas. Eu mesma iria atear fogo à torre, mas eu não dirijo."

Bem, na maioria dos casos de tais fantasias — graças a Deus

Doce Vingança

— a maior parte de nós não dirige. Mas isso não impede a idéia de vingança de apoderar-se de nossa imaginação coletiva.

Podemos usar nossas fantasias de vingança para chegar ao âmago do que está nos incomodando. O desejo de vingança geralmente é incontrolável, universal, irracional e pessoal, mas pode nos conduzir a novos níveis de autoconsciência e a uma compreensão de emoções e necessidades profundas. O insulto do qual você precisa vingar-se é aquele que atrai seus mais autênticos temores e que, inadvertidamente, evoca seus segredos mais ocultos.

O que pode ser chamado de vingança?

Podemos classificar uma série de atividades e emoções sob o título de "vingando-se". Essas emoções podem não ser bonitas ou sequer eticamente aceitáveis, mas isso não significa que não sejam poderosas ou universais. Talvez você se lembre da expressão chocada no rosto do seu ex-namorado quando lhe disse que jogara fora sua coleção de discos de 45 rotações — afinal, como iria saber que ele ia querê-los de volta? Faziam-na lembrar-se dele e, num momento de sentimentalismo, você teve que colocá-los no incinerador. A nova namorada dele é sete anos mais nova e não possui nada em sua coleção que seja mais velho do que Blind Melon? Que pena.

Ou talvez você ainda sorria ao se lembrar da firma — à qual dedicara dezesseis anos leais — perdendo mais da metade dos clientes quando a mandaram embora. Esses clientes, que reconheciam seu valor mais do que os patrões, preferiram segui-la com a sua capacidade e sua personalidade, ao invés de permanecerem com aquele velho bando de engravatados.

Talvez você e sua irmã mais velha agora possam rir da ocasião em que você substituiu o colorante de cabelos Sun-In por

Como É Doce

água oxigenada pura quando você tinha dez anos e estava furiosa por ela ter escondido a cabeça de sua Barbie num ataque de raiva.

A vingança compreende tudo, desde atos passivo-agressivos como "esquecer" de telefonar para alguém que está esperando junto ao telefone ou engomar a roupa de baixo de seu parceiro "por engano", até agir agressivamente, como colocar pimenta no iogurte de alguém ou denunciá-lo à Receita Federal pela linha direta gratuita.

Mas uma coisa é certa: embora a vingança possa ser errada, egoísta ou motivada por profundas inseguranças, raramente ou mesmo nunca é maçante. Essa é uma das razões pelas quais livros, filmes, programas de televisão, entrevistas — e as vidas de muitas pessoas — estão cheias de histórias deliciosas e diabólicas de vingança.

Colocando o "re" em retribuir

A vingança funciona com base em uma economia de emoção altamente estruturada: sua metodologia básica parece tirada do mercado, dada sua ênfase em "pagar na mesma moeda" por uma ofensa passada. O *Oxford English Dictionary* define a palavra *vingança* como "a. Ato de causar dano ou sofrimento a outra pessoa em resposta a uma ofensa ou injúria sofrida; satisfação obtida na retribuição de ofensas. b. Desejo de desforrar-se infligindo danos em troca." A ênfase em "retribuição" de ofensas é significativa. A pessoa que sonha com vingança já foi atraída para a troca de emoções; está agindo em reação a uma ação cometida por outra pessoa.

O prefixo "re" é importante porque reforça a parte reativa desta atividade, a noção de que a vingança é um retorno ao cenário de um momento anterior de dor. Na recordação per-

Doce Vingança

pétua da dor sobra muito pouca liberdade para aceitar o futuro. "Uma vida de reação é uma vida de escravidão, intelectual e espiritualmente", afirma a escritora Rita Mae Brown. "Deve-se lutar por uma vida de ação, não de reação." Seu ponto é crucial e destaca uma das razões da vingança ser destrutiva quando se torna um hábito.

A popularidade da vingança

A vingança sempre esteve em voga. É impossível calcular se a platéia inicial que assistiu *Medéia* em 436 a.C. era mais ou menos receptiva do que o público de Nova York que viu Diana Rigg na produção de 1994. O espetáculo de Nova York foi um evidente sucesso e recebeu inúmeras críticas elogiosas. Ficou claro que a peça ainda exercia um fascínio significativo sobre os que a assistiam. Afinal, Medéia consegue destruir a vida de seu ex-marido egoísta e, no fim da peça, é levada pelas carruagens dos deuses, livre do castigo terreno. Isso soa bem para muitos de nós.

A vingança na cultura popular possui extraordinária semelhança com a vingança na cultura "alta", que por sua vez tem uma extraordinária semelhança com os sonhos de vingança na vida cotidiana de muitas pessoas. A vingança, como o parceiro perfeito, pode muito bem ser algo pelo qual todos ansiamos, ainda que nossa concepção da versão ideal precise ser ajustada exclusivamente às vidas individuais.

A sociedade precisa de regras claramente definidas determinando o que certas pessoas podem fazer por justiça e o que não podem. A vingança tolda esses limites de maneiras que ameaçam a cultura como um todo, em parte porque a vingança reforça o fato de que o que pode ser permitido a um grupo — aos ricos, aos homens, aos brancos, aos habitantes do cen-

Como É Doce

tro da cidade, o que for — seria condenado se fosse usado por outro grupo. Se, por exemplo, uma mulher quebra o maxilar da amante de seu marido após encontrá-los na cama, provavelmente será julgada de modo diferente do homem que quebrou o maxilar do rival *dele*. Os alvos da vingança em tal caso também receberiam reações e simpatias diferentes: não se esperaria que a mulher se protegesse ou revidasse, mas o homem, sim.

Em uma cidade pequena, provavelmente seria um grave ato de vingança boicotar uma loja com uma história de práticas preconceituosas de contratação de empregados, mas o mesmo ato dificilmente seria considerado vingança se dirigido pelo mesmo número de pessoas contra uma filial de uma grande cadeia de lojas. Em uma cidade, essa vingança passaria despercebida, implicando que uma vingança em escala maior seria necessária se realmente quisessem garantir que alguém no poder seria afetado. É um lugar-comum aceito que os brancos em nossa cultura são tratados de modo diferente das pessoas de cor pelo tribunal e pelos sistemas penais. Se analisarmos a vingança com cuidado, fica claro que as regras que governam a justiça e o comportamento adequado diante da injustiça são arbitrárias ou meramente convenientes e não universais e inabaláveis.

O roteiro social para a vingança no mundo ocidental sofreu mudanças fundamentais e irrevogáveis nos últimos séculos. Na maioria das regiões já não colocamos as cabeças de nossos inimigos vencidos em estacas para a edificação e o júbilo da comunidade. Nem é comum atear fogo a um restaurante se por acaso o *maître* não reconhecer o seu nome. Entretanto, o desejo de vingança continua a ser uma emoção básica do ser humano, mesmo quando aparece de forma menos dramática ou óbvia.

Doce Vingança

O primeiro filme "interativo", veiculado em 1995, intitulava-se *Mr. Payback*. O filme permitia que os espectadores usassem dispositivos manuais para escolher os castigos que o vilão receberia. Provavelmente, os produtores sentiram que o público ficaria tão envolvido na vontade de expressar sua própria vingança que pagaria pelo privilégio de acreditar que a manifestação de sua vontade influía no processo de vingança mostrado na tela. Como se Charles Bronson ou Clint Eastwood pudessem ouvir os gritos de encorajamento por trás de suas peles de celulóide, permitia-se às platéias de *Mr. Payback* que encorajassem a retaliação; pelo que sei, não havia nenhum botão de "perdão". Dar a outra face não era uma das opções.

Faz você se lembrar de alguém que conhece?

Você se considera uma pessoa amável, responsável, honesta. É um bom amigo, um companheiro amoroso, um trabalhador infatigável e um bem para a sua comunidade, pelo menos tão gentil e agradável quanto a maioria das pessoas à sua volta. Então, por que se vê pensando em como estará numa posição invejável na festa de Natal do escritório, imaginando como seu colega de trabalho, competitivo e presunçoso, ficará furioso com toda a atenção que você vai receber? Por que sonha acordado com a expressão no rosto do empregado do posto de gasolina — aquele que presunçosamente lhe disse durante anos que você estava dirigindo um calhambeque — quando você chegar no seu Mercedes novo? Por que fica secretamente encantado quando sua filha ganha o concurso de ortografia, vencendo o filho da vizinha, cujo pai sempre lhe diz que os filhos dele estudarão em Yale, como o pai? Por que pensa em pegar todos os arquivos e simplesmente ir embora quando seu chefe

Como É Doce

lhe diz que não haverá gratificação para você este ano, apesar de ter lido no jornal esta manhã que todo o conselho diretor — inclusive o chefe — receberá aumentos significativos?

Por que você tem vontade de bater na traseira do carro que acabou de lhe dar uma fechada, devolver tudo que acabou de comprar quando a vendedora deliberadamente demora a registrar as compras, ou aparecer na reunião de ex-alunos do colégio dez quilos mais magro e dirigindo um Jaguar conversível apenas para sorrir e dar as costas ao seu antigo rival? Por que as pessoas aplaudiram quando Thelma e Louise explodiram o caminhão cujo motorista vinha importunando-as por quilômetros na estrada? E por que *Desejo de matar, Perseguidor implacável* e *O poderoso chefão* tornaram-se filmes famosos — tão famosos que geraram continuações? Por quê? Porque a vingança é tão humana e inevitável quanto a fome.

Podemos não chamar isso de vingança, ou ficarmos conscientes do modo como desejamos ajustar contas, mas a fantasia de vingança contra alguém que acreditamos nos tenha feito algum mal tem se apossado da imaginação de quase todos nós quando menos esperamos. E às vezes envolve pessoas que amamos profunda e sinceramente. Os sentimentos de vingança não são regidos pela lógica ou controlados pelo intelecto, mas emergem das mais ocultas profundezas do nosso ser, aquelas que nos sentimos menos à vontade para reconhecer.

A vingança, como a pipoca, é boa no cinema

Em *O poderoso chefão*, Michael Corleone acredita que a honra é representada em atos de retaliação. Os personagens vividos por Charles Bronson e Clint Eastwood vingam-se em nome de todo mundo. Sigourney Weaver enfrenta uma alienígena feminina em uma espécie de briga de gatos de ficção científica.

Doce Vingança

Glenn Close lança a última cartada em *Atração fatal*. Harrison Ford consegue desmascarar e desacreditar profissionalmente seu inimigo em *O fugitivo*. E todos os dias muitas das pessoas mais agradáveis furtivamente planejam vingar-se de seus chefes, companheiros, cônjuges e totais estranhos.

Desde a primeira vez em que vi imagens numa tela, gostei de filmes com um toque de vingança. Não gostava era dos filmes para os quais minha mãe e minhas tias me arrastavam. Eram dramalhões piegas destinados a mulheres que não se casaram com Omar Sharif, David Niven ou Laurence Olivier — mulheres, em outras palavras, cujas vidas de silencioso desespero eram inevitáveis. Eu me contorcia na poltrona para ver senhoras distintas na grande tela desperdiçarem seu tempo chorando copiosamente nos lenços quando ninguém que eu tivesse conhecido agisse assim, muito menos assoando o nariz nos lenços de linho bordados que todas carregavam. Eu detestava os filmes em preto-e-branco finamente elaborados sobre vidas confinadas em pequenos cômodos.

Por que aquelas frágeis louras dos filmes não *faziam* alguma coisa quando abandonadas ou quando descobriam que eram casadas com brutamontes? Eu sabia que minha tia Maggie uma vez raspara a metade do cabelo de meu tio Ronnie enquanto ele dormia porque ele andara dando muita atenção a uma vizinha nova no andar de cima, mas as estrelinhas de cinema obviamente não tinham essa imaginação. Quando ameaçadas de abandono, tudo que faziam era convidar A Outra para jantar e tentar Ser Corajosas. Esses filmes pareciam pregar que elas deviam se acomodar e calar. Suspeitando que eu não poderia fazer nenhuma das duas coisas, sabia que teria de encontrar histórias mais satisfatórias. Eu via filmes antigos na televisão e aos sábados uma amiga e eu podíamos caminhar os três quarteirões até o cinema, desde que eu pagasse a entrada da minha própria mesada.

Como É Doce

Quando criança, em geral gostava dos meus filmes grandiosos e espalhafatosos. Paguei do meu próprio dinheiro para ver *Os Dez Mandamentos* não porque reafirmasse qualquer coisa que eu tivesse aprendido no catecismo, mas porque eu adorava ver os egípcios serem arrasados pelas tribos de Israel. Eu planejava algo parecido, em escala menor, para acontecer no pátio da escola, quando me atribuía o papel de uma versão em miniatura de Charlton Heston. Eu partia ao meio os garotos que importunavam as garotas na hora do recreio, tal como Moisés partiu o mar Vermelho. Em seguida, transformaria os apagadores da Srta. Morrow em cobras na próxima vez em que ela me chamasse para fazer contas no quadro, porque ela sabia que eu não conseguia somar mais do que os dedos dos pés e das mãos sem um pedaço de papel e uma tarde inteira sem interrupções. Já naquela época, eu adorava *Amor, sublime amor* e preferia a personagem de Rita Moreno à delicada heroína de Natalie Wood. Eu cantava com entusiasmo "[*I Like to Be in*] America" e praticava respostas espirituosas e atrevidas enquanto levantava provocativamente uma das sobrancelhas. Entretanto, a ação maravilhosamente exuberante do filme ia por água abaixo mais depressa do que em *Os Dez Mandamentos*, porque todo garoto bonito tinha que matar ou ser morto. Claro, Tony tinha que matar Bernardo, que matou o melhor amigo de Tony. Visceralmente apreendendo o drama antes que qualquer pessoa nos ensinasse sobre inimizades tradicionais e sangrentas entre famílias via Romeu e Julieta, as garotas na platéia prendiam a respiração e os rapazes (que foram ver as cenas de brigas de gangues e não as partes piegas) praticavam usar invisíveis canivetes automáticos para defender sua honra prépubescente. *Amor, sublime amor* ensinava que a vingança era desastrosa. O que mais se poderia deduzir de um filme que deixava Rita e Natalie se tornarem o que somente podíamos

Doce Vingança

imaginar como solteironas (um destino pior do que a morte em um filme onde as mulheres ganhavam a vida fazendo vestidos de noiva?). Mas também aprendemos que a vingança estava ligada a lealdade, paixão e honra. Aprendemos, tanto as garotas quanto os rapazes, que era covarde afastar-se quando você tinha de lutar. Ninguém queria que Tony fugisse da briga depois que seu melhor amigo foi morto, mesmo à custa da própria vida. A vingança era tão inevitável quanto os créditos finais.

A única exceção à minha preferência por filmes grandiosos, exagerados, era a clássica comédia *As três noites de Eva*. Por alguma razão, era passado uma semana sim outra não no canal de filmes antigos e eu era apaixonada por ele. No filme, uma charlatã se faz passar por uma mulher da sociedade que joga cartas por dinheiro, vencendo por meio de trapaças os ávidos ricaços a quem envolvia em jogos de azar que estavam muito além da habilidade deles, mas que não causavam nenhum estrago em suas contas bancárias. Por fim, a heroína casa-se com um homem esnobe, irritadiço, por quem um dia fora apaixonada, só para vingar-se dele. Depois, passa a noite de núpcias inventando histórias sobre antigos amantes a fim de torturá-lo tal como ele a havia torturado. Claro, tudo isso é resolvido com a contumaz elegância de qualquer filme de Preston Sturges, mas a idéia de que pudesse vingar-se *ficando* com ele ao invés de deixá-lo intrigou-me antes mesmo que eu compreendesse suas implicações.

O fato de saber de cor todas as falas de *As três noites de Eva* me instigou a agir do mesmo modo quando enfrentei meu primeiro amor verdadeiro no colégio. Era a história de sempre: o sujeito era lindo e charmoso e me apaixonei no instante em que ouvi a risada mais gutural que já ouvira — afinal, eu tinha apenas dezesseis anos. Por ele, terminei o namoro com

Como É Doce

um excelente rapaz que me mandava flores toda semana, como se ele tivesse lido em algum lugar que isso magicamente garantiria a felicidade. Resolvi correr o grande risco e optar pela magia.

Que erro.

Pelo Sr. Charmoso, fiz um pequeno papel num musical da escola, embora eu dançasse com a graça e a desenvoltura de uma girafa recém-nascida e tivesse de usar um traje que me fazia parecer um dos hipopótamos de *Fantasia* — apesar de não ser gorda. Por ele cantei com uma voz que fazia o barulho do tráfego nas ruas soar bem. Por ele cortei o cabelo, deixei as unhas crescerem e tentei não rir alto demais quando achava graça. Alegremente chacinei e depois regateei minha personalidade como se fosse alguns quilos de cordeiro a ser sacrificado em seu altar — e fiz tudo isso sozinha, com bem pouco incentivo da parte dele.

Para ser franca, ele gostava de mim o suficiente para mandar bilhetes e todas essas coisas românticas associadas a namorados de colégio, mas só fez isso até se apaixonar por uma garota que sabia cantar, dançar e rir com charme. Depois, me deu o bolo, indo para uma escola de dança com ela. Finalmente apareci lá duas horas depois e sozinha, só para vê-los dançando juntos na pista pontilhada de luzes com nossos amigos — que deviam ter deduzido exatamente o que havia acontecido.

Lá estava eu, com minhas lições profundamente arraigadas aprendidas em filmes antigos e uma repentina necessidade de colocá-las em prática. Nos meses seguintes, fiz minha melhor imitação de Claudette Colbert; transformei-me na garota que rivalizava com a garota de seus sonhos. Não segui a receita dele. Em lugar disso, apenas me aprimorei naquilo em que já era boa e comecei a brilhar no minúsculo firmamento de nosso colégio. Dirigi uma peça de verão. Todos os nossos colegas queriam

Doce Vingança

participar e de repente todos estavam do meu lado. Esmerei-me nas disciplinas que fazíamos juntos e ao invés de não rir, ria espontaneamente. Deixei meu cabelo crescer, lixei as unhas e fiquei mais parecida comigo mesma. Ele começou a prestar atenção. Começou a telefonar e correspondi ao flerte. Convidou-me para sair. Concordei. Combinamos de nos encontrar em uma lanchonete local. Enviei quatro de minhas amigas. Elas sentaram-se em outra mesa. Observaram-no esperando por mim; uma delas tirou uma foto dele sozinho, agitando nervosamente os polegares. Ele entendeu. Foi embora. Elas voltaram para minha casa para comer uma pizza e rimos tanto que não conseguíamos comer. Mandei fazer um pôster da foto e preguei no armário dele na escola. E assim pude finalmente virar as costas e ir embora sem olhar para trás. Não era como Preston Sturges teria escrito a história em 1941, talvez, mas para 1975 parecia perfeita.

O jardim de vingança de uma criança

A vingança faz parte da vida de todo mundo — *todo mundo*. Nenhum político jamais governou sem ela e nenhum amante perdeu o ser amado sem pensamentos vingativos. Mostre-me um empregado que não fantasiou sobre isso, uma irmã que não a considerou e uma criança que não ouviu falar do assunto. Vamos para a cama como lindas criancinhas inocentes, chupando o dedo, e nossos pensamentos vagueiam para contos de fadas repletos de vingança.

Sentar-se para ler os irmãos Grimm ou Hans Christian Andersen em voz alta para uma criança pode ser surpreendente se você não teve um desses livros em suas mãos desde a infância. Quando meu irmão e minha cunhada precisaram de uma babá para ficar com as crianças, há dez anos, ofereci-me com

Como É Doce

prazer — meu irmão, incapaz de guardar rancor, achou que a essa altura podia confiar seus filhos, bem como seus bichinhos de estimação, a mim. Encantada de ver a capa familiar de um dos livros, comecei a ler ansiosamente. Teriam aquelas histórias mudado de algum modo desde que eu era criança? Analisei o livro cuidadosamente; era o que eu e meu irmão usáramos quando crianças — o mesmo livro em que aprendi a ler aos cinco anos. Mas não me lembrava das histórias serem absolutamente assim. Mal podia acreditar quantas eram contos de represália e desagravo.

Peter Rabbit passou sua juventude sendo avisado por sua mãe sobre o fazendeiro malévolo que matara o pai de Peter (e o comera em um empadão). Tendo que vingar a morte do pai e assegurar sua própria posição como um coelho másculo, Peter finalmente triunfa sobre o Sr. McGregor. *Totem e tabu*, de Freud, converge para Potter, os Grimms e Disney em cada curva ou canto. *Peter Rabbit* foi escrito por uma senhora inglesa e não por um psicanalista vienense, mas quase todos os contos de fada usam a vingança como um tema primário ou secundário.

Os livros infantis politicamente corretos de hoje estão cheios de histórias de criaturas benevolentes trabalhando juntas (dragões que buscam terapia para sua ira e monstros que na verdade têm apenas problemas de personalidade), mas esses não podem ser comparados com a satisfação visceral proporcionada pelas versões integrais de histórias infantis. Lembra-se do clímax de *Chapeuzinho Vermelho*? O lenhador, resgatando Chapeuzinho e sua avó, corta o lobo ao meio com seu machado. Ninguém pode me dizer que esse *grand finale* não ajudou a sustentar um apetite por vingança aparentemente inato como um desfecho adequado.

Lembra-se de João e Maria? A feiticeira acaba sendo chu-

Doce Vingança

tada para dentro do forno e assada como uma maçã. A Branca de Neve come a maçã envenenada de sua madrasta e fica inconsciente por causa da inveja da malvada por sua juventude e beleza (e é de admirar que as crianças não gostem de comer frutas? Pode imaginar cair adormecida com a história de uma maçã envenenada?).

Forçar Branca de Neve a comer é a vingança de sua madrasta; a vingança de Branca de Neve é uma vida inteira de felicidade com um homem sensível, em vez de um espelho. As histórias que ouvimos na infância ajudam a moldar a maneira como lidamos com a vingança em nossas vidas adultas, mesmo que os personagens que nos fizeram entender do riscado estejam mais completamente enterrados do que nossos velhos ursinhos e bonecas.

"Eu vou te pegar, coelho miserável!"

Os desenhos animados, é claro, usam a vingança como usam as cores primárias. Pernalonga e Papaléguas são vingadores astutos e bem-sucedidos porque são os oprimidos, os injustiçados. São perseguidos incansavelmente por criaturas que, à primeira vista, parecem mais poderosos que eles: Elmer Fudd é sócio de carteirinha da Associação Nacional do Rifle e tem sempre a arma pronta para abrir fogo, e Wile E. Coyote possui dentes e, quase sempre, dinamite. Como seu predecessor Golias, Elmer e Wile não estão preparados para qualquer contestação de sua superioridade.

Obviamente, Elmer e Wile, consistente e hilariamente, perdem para aqueles que se encontram mais abaixo na cadeia alimentar. Não considerando suas presas como iguais, são automaticamente o que Bugs denominaria "patetas" por subestimarem o adversário.

Como É Doce

Compreender que a vítima aparentemente indefesa não é impotente está no cerne de muitos desenhos animados, imitando em celulóide a dinâmica encontrada nos contos de fada tradicionais. Piu-piu sobrevive ao gato Frajola porque Piu-piu é o passarinho bonzinho que alegremente denuncia as maldades do seu rival para a velhinha, dona dos animaizinhos de estimação, que então espanca o balbuciante Frajola com seu imenso guarda-chuva. A vingança final de Piu-piu sobre o desafortunado carnívoro que compartilha a mesma casa é permanecer o inocente favorito. Competem por atenção em um pequeno espaço emocional, como fazem colegas de trabalho, cônjuges e irmãos. Não é de admirar que a vingança geralmente seja um fenômeno íntimo.

Os planos de vingança raramente limitam-se aos contos de fadas ou ao mundo dos desenhos animados; não desistimos de nos vingar quando chegamos à idade adulta. Pelo contrário: a vingança na mitologia, literatura, filmes e cultura popular é um tema simbolicamente importante e recorrente. Clitemnestra quer a punição da morte da filha, Shylock quer seu pedaço de carne, Hamlet contempla a tarefa de vingar a morte do pai, Lizzie Borden quer registrar sua insatisfação com o segundo casamento do pai.

Civilizados e descontentes

A vingança infiltra-se em nossos sonhos e secretamente se manifesta em pequenos incidentes em nossa vida real. É um apetite herdado, que nos é legado, mas que ainda assim é reprimido em sua jornada através das gerações. O momento em que um grupo decide adotar regras e sistemas de punição comuns, e confiscar o direito de vingança pessoal, é sempre marcado como um momento decisivo. Em O mal-estar na civilização,

Doce Vingança

Sigmund Freud argumenta que "essa substituição do poder do indivíduo pelo poder de uma comunidade constitui o passo decisivo de civilização. Sua essência reside no fato de que os membros da comunidade restringem-se em suas possibilidades de satisfação, ao passo que o indivíduo não conhecia nenhuma de tais restrições. O primeiro requisito da civilização, portanto, é o da justiça — isto é, a certeza de que uma lei, uma vez instituída, não será violada em favor de um indivíduo". Se Freud estiver correto, então em um momento da história da humanidade a ameaça de retaliação teve uma função importante no desenvolvimento da civilização, ensinando uma tribo a ser cautelosa com outra. Mas a vingança não pode se justificar como um instrumento de sobrevivência — exceto metaforicamente.

E entretanto a fantasia — e a realidade — da vendeta ainda existe. A própria natureza da vingança é difícil de definir na prática porque o assunto continua a ser tabu. O que quer que a vingança realmente seja, entretanto, a idéia de desforrar-se pode ser útil como um catalisador para nós, ajudando-nos a descobrir ou revelar nossas mais profundas decepções, raivas, esperanças e desejos. A vingança nos força a examinar nossos conceitos convencionais de justiça e nos incita a questionar onde nos posicionamos em termos de perdão, misericórdia e capacidade de continuar a vida depois de receber uma ofensa à nossa percepção do próprio eu.

Muitos homens e mulheres nunca colocaram em prática conscientemente seus desejos de vingança, mas isso não significa que suas vidas têm sido livres do desejo, da necessidade e mesmo dos efeitos de ajustar contas. Geralmente nos denunciamos nos menores detalhes de nossas ações, no modo como silenciosamente fazemos um cônjuge sentir-se culpado por querer ir a um lugar sem nós, ou talvez simplesmente ficando

Como É Doce

doente no dia do acontecimento mais feliz de um amigo ou irmão. "Está vendo?", grita a vingança. "Você não pode esperar que eu simplesmente fique sentada agüentando isso" — o fato acontece mesmo que a voz esteja abafada por um comportamento aparentemente impecável, ou mesmo a melhor das intenções.

Queremos ajustar contas quando somos insultados, enganados, humilhados, abandonados, injustiçados e quando somos lembrados das inúmeras iniqüidades da vida diária. Freqüentemente, mordemos a língua e superamos a necessidade de vingança, mas às vezes descobrimos um modo de ajustar contas — de conseguir o que pode ser chamado de "reciprocidade".

Em seu importante e cativante ensaio "O valor do caráter vingativo", a psicanalista Karen Horney confronta o fato de que para muitas pessoas consideradas "perfeitamente normais", o impulso de vingar-se é, no entanto, familiar: "Os impulsos de desforrar-se por ofensas recebidas não são universais? Não são até mesmo culturalmente consentidos em muitas civilizações?", pergunta.

Horney salienta que as sociedades universalmente tentam redirecionar o desejo de vingança para um sistema de leis socialmente mais aceito, que tenta canalizar a necessidade de vingança pessoal. No entanto, sugere: "Enquanto [os sistemas sociais] implicitamente reconhecem a existência geral das necessidades de retaliação, também psicologicamente retiram essas necessidades das mãos de um indivíduo transformando-as em um dever cívico."

Em outras palavras, a raiva pessoal e o desejo de vingar-se são traduzidos em uma obrigação de usar as leis e avenidas de jurisprudência existentes. Uma pessoa deve ir à delegacia de polícia local em busca de justiça, e não à casa de seu inimigo para quebrar as janelas. Mas Horney concentra-se nas várias

Doce Vingança
ೆ

personificações da vingança que são, psicologicamente falando, muito comuns. Ainda que possam não ser identificadas como o desejo de vingar-se pelos que experimentam essas emoções, Horney tem absoluta consciência de que "os impulsos conscientes, ou a ação (...) são considerados apenas punição, apenas reações perfeitamente normais pela injúria causada".

Há tantas maneiras de se pensar em vingança quanto há cardápios para se preparar um jantar, mas a maioria das receitas de desforra recaem em uma das três seções que Horney delineia em "O valor do caráter vingativo" — três maneiras como o desejo de vingança pode aparecer em diferentes psicologias pessoais. Vale a pena examiná-las atentamente porque a maior parte do comportamento descrito neste livro pode ser visto através da lente que ela oferece.

Agressão óbvia

"A vingança abertamente agressiva", escreve Horney, "parece desinibida na ação. A pessoa pode agressivamente atacar outras. Ela está explorando abertamente. Em geral, ela é orgulhosa dessa capacidade, embora, como mencionei, não perceba o caráter vingativo dessas ações. Ela pode achar que é apenas mais honesta e franca do que os outros, que está meramente fazendo justiça, que sua dignidade se recusa a ser insultada com impunidade." Essa é a espécie de comportamento com alto nível de testosterona que vimos nos filmes de Charles Bronson e Clint Eastwood, exemplificado pelo arrogante homem da lei (sempre pronto a agir fora da lei à menor provocação) que tem a missão de limpar as ruas e fazer justiça com suas próprias mãos grandes e calosas.

Como relatado no *Connecticut Law Journal*, o caso Richard L. Preston *vs.* Phelps Dodge Copper Products Company pare-

Como É Doce

ceu envolver "vingança abertamente agressiva". "Em agosto de 1988, por causa de sua frustração e raiva de seu empregador, o queixoso entrou no banheiro usado pelo gerente da fábrica e pelo gerente de pessoal e colocou sumagre venenoso no assento da privada e no compartimento", segundo o relatório. "O queixoso, então, contou a três amigos seus o que havia feito, avisando-os para não usar o banheiro. O queixoso achou que esse era seu modo de desforrar-se da administração. Em conseqüência, o gerente da fábrica, que é extremamente alérgico a essa planta, desenvolveu uma grave reação que levou mais de dois meses para ser curada." Quando o queixoso processou a companhia pela demissão injusta, a história de sua vingança pessoal apagou — ao menos na mente e na imaginação dos que não estavam diretamente envolvidos no julgamento — os acontecimentos do seu emprego e de sua exoneração. Era difícil para muitos dos que estavam seguindo o caso ver o queixoso como uma simpática e indefesa vítima de injustiça, quando parecia ter lidado com a situação com a bravata de um consumado vingador. Seu ato de vingança pessoal pode ter comprometido sua posição como uma vítima legítima de má administração.

Em contraste, também podemos reconhecer padrões do que Horney chama de "vingança discreta". Se a "vingança abertamente agressiva" pode ser classificada como tradicionalmente "masculina", a "vingança discreta" poderia ser considerada como adequada aos comportamentos convencionalmente "femininos". Segundo Horney, "a vingança discreta funciona subversiva e indiretamente. O sofrimento é usado inconscientemente para fazer com que os outros se sintam culpados. A ênfase em necessidades, sofrimento, apelo à piedade e sacrifícios, serve como base inconsciente sobre as quais fazer exigências". Isso me faz lembrar da velha piada sobre "Quantas sogras é preciso para trocar uma lâmpada?", para a qual a resposta é: "Nenhu-

Doce Vingança

ma. Ficarei sentada no escuro. Está bom para uma mulher velha como eu, que ninguém quer visitar. Saia e divirta-se, eu ficarei sentada aqui", *et cetera ad nauseam*. Dito no tom certo de lamúria, a pessoa que está contando a piada corre o risco de ser estrangulada por alguém que se lembre da última vez que foi, ele mesmo, vítima desse tipo de comentário.

Horney diz que "a vingança discreta coloca menos ênfase em justiça do que a agressiva [porque a pessoa] se vê como uma pessoa boa que constantemente é maltratada pelos outros. A vingança nesse caso não é absolutamente menor ou menos eficaz, mas suscita a surpreendente impressão de estar sendo feita à custa da própria pessoa". Em muitos desses casos, os homens aprendem a inspirar temor, enquanto que as mulheres aprendem a inspirar culpa.

Falsos benfeitores malignos

Uma amiga minha surgiu com o termo *falsos benfeitores malignos* para aqueles que praticam a vingança discreta quando nos preparávamos para um evento em seguida à leitura de poesia na universidade. Sugeri que pedíssemos a uma jovem para nos ajudar a planejar o jantar depois da leitura, mas Julie rapidamente salientou que Rosalinda inevitavelmente deturpava e estragava qualquer incumbência que recebia.

— Ela concorda em telefonar para todo mundo que virá para o jantar a fim de saber suas preferências — observou Julie — e começa a lhes dizer o quanto foi difícil localizá-los, o quanto está sobrecarregada e o quanto exigem dela. Todo mundo com quem fala acredita que ela é uma mártir e uma força motriz, que dá tudo pela Causa e que ninguém mais faz nada.

Julie, mulher modesta, inteligente e eficiente, não costuma

Como É Doce

fazer essas invectivas; fiquei curiosa sobre a fonte do que parecia, à primeira vista, uma reação exagerada. Perguntei-lhe se o martírio lamuriento seria suficientemente forte para merecer o termo *maligno*.

Julie respondeu:

— Sem dúvida. Essa gente suspira e geme durante qualquer tarefa, engana e conspira para ser lisonjeada pelas questões mais triviais, quando todos os outros já estão fazendo mais que o dobro. Essas pessoas detêm o poder porque manipulam sua posição, fazendo-a parecer de um heroísmo extraordinário, mas não recompensado. Normalmente oferecem-se como voluntárias apenas para que lhe digam o quanto são boas, generosas, encantadoras. Enquanto isso, atacam à distância, de pequenas maneiras imperceptíveis, aqueles que estão desempenhando o mesmo trabalho e denigrem aqueles que realizam mais com menos esforço. Sua vingança sobre alguém que é mais rápido, mais inteligente ou mais eficiente do que elas é crucificar com falsos elogios.

Pedi mais um exemplo.

— Quando nossa comissão foi formada, com a finalidade expressa de celebrar os sucessos de mulheres na profissão, Rosalinda pediu para ser co-presidente. Passou todo o tempo dizendo: "Se eu fosse tão dinâmica e determinada quanto essas mulheres, seria reconhecida como alguém especial" ou "Que pena que ainda estou tão envolvida em proporcionar amor e cuidar de minha família que não possa me projetar como essas mulheres". Ela escreveu uma carta convidando as pessoas para uma festa de fim de ano que parecia uma ladainha para a sociedade dos Falsos Benfeitores Malignos. Começava com a frase "Venho convidá-lo para uma celebração às mulheres que aprenderam que ter êxito é o mais importante na vida, uma lição que nem todos nós aprendemos". Quando Rosalinda pediu para

Doce Vingança

ajudar a organizar o evento, portanto, sugerimos alegremente que dessa vez ela deveria comparecer como uma das convidadas de honra, vir para divertir-se e deixar todo o trabalho com algumas voluntárias novas. Dizer-lhe para divertir-se, riu Julie, foi seu próprio e pequeno ato de vingança.

Vingança desapaixonada

Finalmente, "vingança desapaixonada (...) a menos dramática de todas", onde os "pecados são de omissão em vez de cometimento. Em silêncio, mas com eficácia, a pessoa desapaixonada pode frustrar outras não prestando atenção, negligenciando suas necessidades, esquecendo suas vontades, fazendo com que se sintam incômodas intrusas, não manifestando elogio ou afeto, esquivando-se psíquica ou fisicamente".

Todos nós já lidamos com a "vingança desapaixonada" sempre que esperamos na fila no Departamento de Trânsito, na Imigração, no Controle de Passaporte ou no depósito onde nossos carros vão parar quando são rebocados da rua. Mais seriamente, podemos ser vítimas da "vingança desapaixonada" quando enfurecemos um professor que então se recusa a pedir nossa colaboração ou dar a nota em um trabalho a tempo, quando uma vendedora a quem fizemos uma desfeita diz que não tem mais nenhum vestido daqueles no nosso tamanho e que não irão receber mais daquele item em particular ou quando uma criança se recusa a nos dar um abraço porque não tivemos tempo para ajudá-la com o dever de casa na noite anterior. Praticamente todo ato ou fantasia individual de vingança pode ser facilmente encaixado em uma dessas categorias.

Como É Doce

Por que não há nenhum Manual do Instrutor com este livro?

Este livro não possui uma seção destacável de "como fazer". *Doce vingança* não trata de como ensaiar para representar Norman Bates (à moda de *Psicose*), como deixar uma cabeça de cavalo na cama de seu sócio (à moda de *O poderoso chefão*) ou como instalar explosivos em sua escola (à moda de *Heathers*). Muitas pessoas com perspicácia, visão, inteligência e sutileza — aliadas a um pouco de bom senso — não sentem nenhuma necessidade de recorrer à violência a fim de restabelecerem uma noção de equilíbrio. São suficientemente inteligentes para usar suas cabeças e corações em lugar de seus punhos e armas de fogo.

O impulso que sentimos de restabelecer nossa auto-estima quando achamos que alguém a tirou de nós deliberadamente é um dos mais universais e fidedignos da natureza humana. Tirar o doce de uma criança, por exemplo, com certeza fará com que ela atire um brinquedo em sua cabeça tão logo você vire as costas — nem mesmo as crianças pequenas são de tão boa índole que possamos confiar nelas cegamente. Assim que emerge a noção do eu, também surge a vontade de desforrar-se de um desafeto. Não que essa seja uma boa maneira de angariar atenção; fazer amigos e influenciar pessoas bate facilmente a vingança em qualquer época quando se trata de obter o melhor da vida. Mas em uma ou outra ocasião, todos sonhamos com a vingança e às vezes a maioria de nós põe em prática versões mais simples ou mais elaboradas do sonho. Carregamos conosco, às escondidas e por toda a vida, nossas idéias e recordações de vingança, revelando os preciosos segredos apenas a alguns amigos íntimos, se é que chegamos a revelá-los.

E no entanto, tal como a lembrança de um determinado

Doce Vingança

sucesso delicioso pode nos fazer suspirar de satisfação, a recordação de um momento de triunfo ilicitamente assegurado pode nos dar força quando nos sentimos impotentes ou prejudicados. Obviamente, podemos nos encolher à lembrança de uma ocasião em que nossa tentativa de vingança voltou-se contra nós como um bumerangue, causando o mesmo impacto que esperávamos causar em outra pessoa. Ou talvez percebamos, como Erma Bombeck, que algumas formas familiares de vingança simplesmente não funcionam. Uma vez ela observou: "Vou ter que parar de punir minha família retrucando 'Então está bem. Eu mesma farei isso' quando se recusam a ajudar-me nas tarefas domésticas."

Viver bem não é a melhor vingança?

Que o desejo de vingança é a manifestação expressa de uma falta interior de valor próprio tem sido colocado por inúmeros teóricos; se você sentir-se bem consigo mesmo, argumentam, não sentirá necessidade de "revidar" ou mesmo "vingar-se" de um velho inimigo. Cantando o famoso refrão "Viver bem é a melhor vingança", fazem parecer fácil ser livre de raiva, mágoas e do desejo de ajustar contas.

Eu, por exemplo, nunca conheci ninguém que sinta-se tão bem a respeito de si próprio que uma parte pequena, mas fundamental do coração já não tenha alguma vez ansiado por justiça imediata e pessoal. Todos os seres humanos — quer sejam padres, rabinos, pastores, donas-de-casa, padeiros, juízes, assistentes sociais, advogados, estudantes, médicos, caminhoneiros ou enfermeiras — gostariam de ver suas posições e a si mesmos vingados. A vingança não é algo que *outras* pessoas fazem — a maioria de nós já participou de um plano de vingança ainda que não tenhamos lhe dado esse nome.

Como É Doce

Uma grande amiga minha — uma das mulheres mais amáveis que conheço — foi uma das que não conseguiram vencer a tentação de se vingar. Quando eu estava na universidade — em uma época de vacas magras para universitários e trabalhando em dois locais diferentes para garantir um futuro que incluísse salários regulares — eu quase nunca considerava meus pares como rivais. Estávamos todos juntos naquele barco e parecia-me fundamental que, ao menos, pudéssemos apoiar uns aos outros em um mundo que parecia decidido a frustrar nossos sonhos bastante modestos de ensinar e escrever. Durante três anos mantive essa visão de comunidade sem me preocupar com ela; todos do grupo estavam sinceramente ansiosos para comemorar o sucesso e deplorar o fracasso. Todos, isto é, exceto Jim.

Bonito como Byron e incisivamente inteligente, Jim presunçosamente já se considerava a história de sucesso da turma. Membro da Ivy League, gabava-se do seu desempenho nos extensos exames e claramente via a si mesmo como destinado a se tornar um professor universitário de casaco de *tweed* com aplicações de camurça bem antes dos trinta. Isso o colocava em flagrante contraste com a maioria dos alunos do programa, especialmente as mulheres cujo lema coletivo era "Ocupação do cargo antes da menopausa". Muitas mulheres (e alguns dos outros homens) só foram capazes de começar seus programas de Ph.D. por volta dos quarenta anos e Jim, em sua elegante adolescência tardia era uma criatura rara naquela faculdade. Ainda assim, ninguém se ressentia ativamente de seus brilhantes feitos, preocupados demais que estavam com sua própria situação para gastar tempo pensando sobre um mundo aparentemente livre de preocupações. Ele tinha poucos amigos, mas não parecia se importar com a ausência de nenhuma outra companhia. Era antipático, mas considerado inofensivo.

Doce Vingança

Tudo isso mudou quando Sandy, uma amiga minha, descobriu que uma faculdade local havia telefonado para nosso departamento a fim de oferecer-lhe um cargo de professor em meio expediente, que poderia levar a um emprego de tempo integral em menos de um ano. Sandy só soube desse convite depois que Jim já tentara arranjar uma entrevista para si próprio visando ao cargo. De algum modo ele soubera do recado para ela e se antecipara, a fim de tentar marcar uma entrevista. Felizmente, um antigo colega de faculdade de Sandy participava dos planos de contratação e explicou o que acontecera.

O recado fora dado a uma secretária, a quem pediram que deixasse no escaninho de Sandy. Os escaninhos dos alunos de pós-graduação eram uma estante antiga, um autêntico "balaio de gatos", onde não havia qualquer privacidade; toda a correspondência ficava lá e qualquer pessoa suficientemente inescrupulosa podia examinar o material de outra pessoa. O amigo de Sandy disse que não houve nenhum erro; a faculdade não colocara um anúncio aberto para o cargo — tratava-se da substituição de um membro do corpo docente que adoecera e o nome de Sandy fora o único apresentado em recente reunião. Não havia como Jim ter sabido do emprego a não ser lendo a correspondência de Sandy, uma ação indicativa de que lia a correspondência de todo mundo, já que não havia razão para ter escolhido Sandy. Era revoltante e era errado.

O que poderia ser feito? Sandy esperara evitar um confronto cara a cara com Jim, mas quando tudo o mais falhou, ela confrontou-o com a informação, só para vê-lo negar enfaticamente qualquer prática escusa. Alegou ter ouvido de um conhecido que havia uma vaga e acusou-a de ser invejosa. Ele foi perverso em seu contra-ataque a Sandy e a deixou querendo uma satisfação mais apropriada do que desejara inicialmente. Sandy queria que Jim fosse forçado a admitir que andara vas-

Como É Doce

culhando a correspondência de outras pessoas e que tentara, na verdade, roubar-lhe algo. A chefe do departamento, entretanto, não quis envolver-se no que considerava mesquinhas disputas domésticas das massas desgovernadas e o conselho de alunos da pós-graduação estava ocupado tentando impedir que os aumentos nas anuidades mandassem a todos para a rua. Não havia nenhum órgão oficial a quem pudéssemos dar queixa e que estivesse disposto a agir.

Sandy resolveu deixar um recado para si mesma escrito em papel timbrado do departamento (a secretária era sua amiga) solicitando que ela, Sandy, se preparasse para discutir os detalhes de sua acusação em uma sessão fechada com vários administradores. A carta dizia que a questão era da maior importância e que seria tratada imediatamente. Foi dobrada e colocada no escaninho de Sandy, parecendo em tudo verdadeira; qualquer pessoa que a lesse pensaria que Sandy estava levando uma questão muito séria à direção da pós-graduação.

Se alguém que com sentimento de culpa lesse aquela carta, ficaria muito preocupado. Mas, é claro, ninguém deveria estar lendo a correspondência endereçada a ela. Era melhor do que uma ratoeira com queijo forte; o rato não conseguiria resistir.

Naquela noite Sandy recebeu o que considerava o telefonema inevitável de Jim (que de alguma forma conseguira se apossar do número do seu telefone, assim como das suas ofertas de trabalho), acusando-a de atacá-lo e de colocar a diretoria contra ele. Disse que ouvira de uma das secretárias do reitor que essa reunião seria realizada no dia seguinte e ele estava profundamente ressentido com o segredo em torno do assunto e de lhe estar sendo negada a chance de se defender. Nada disso era verdade, claro, já que na realidade não havia nenhuma reunião planejada. Jim foi enredado na confusão de suas próprias mentiras e narcisismo.

45

Doce Vingança

A vingança de Sandy foi bater o telefone no meio de sua ladainha e tirá-lo do gancho, de modo que não pudesse ter acesso a ela. Sabendo que ele iria se contorcer como um *pretzel*, tentando imaginar como lidar com a reunião inexistente e que poderia até se meter em dificuldades com a diretoria ao tentar se livrar de suas acusações — talvez irrompendo no escritório do chefe do departamento e exigindo que a reunião fosse cancelada — Sandy pôde experimentar uma satisfação baseada em sua crença de que Jim agora infligiria a si mesmo seu próprio castigo por seu comportamento antiético.

Ela contou a apenas uns poucos sobre seu plano e observamos com certo prazer Jim tentando extrair informações de alguns colegas, nenhum dos quais fazia a menor idéia do que estava acontecendo. Tendo passado seu tempo bisbilhotando a vida dos outros e tentando tirar seus pertences, ele agora acreditava que todo mundo estava lhe dando o troco. "Tudo que vai, volta", disse Sandy, rindo, e embora professores de inglês devam evitar clichês, era um ditado muito apropriado para não ser usado.

Analisei minha reação a esse incidente e ainda não conseguia descobrir como me sentia em relação a ele. Sandy era uma amiga íntima e o processo exigira bastante tempo emocional de todos. Então, com que sensação dominante fiquei ao final? Decepção com Sandy? Decepção comigo mesma por apoiá-la e "rebaixar-me" a uma represália? Raiva de ter sido encurralada por Jim?

Arrastei minha sensação para a luz, encarei-a e examinei-a. Quais eram meus sentimentos sobre a história da vingança que eu vira ser representada — e sentada na fila do gargarejo? Puro prazer. Era um prazer semelhante ao que sinto ao ler uma poesia magnificamente equilibrada ou um romance policial bem planejado; era como ouvir uma ópera perfeitamente orques-

Como É Doce

trada. Apaziguava meu amor pela simetria e meu gosto pela conclusão de um problema.

Eu esperava algo mais nobre do meu senso interior de ética, mas o que senti principalmente era que agora havíamos terminado com todas as recriminações e ruindades e podíamos voltar às nossas vidas rotineiramente respeitáveis. Em algum canto da minha mente, eu tentara dizer a mim mesma que ignorar minhas próprias reações era saudável, mas nunca gratificante. Oferecer a Jim uma prova do seu próprio remédio proporcionou uma oportunidade de se obter o encerramento da situação.

Além (atrás, sob e ao lado) das normas

Mesmo as pessoas que costumam oferecer a outra face podem se sentir tentadas a uma pequena vingança. Certa vez, conheci um padre que sempre cozinhava com alho porque sabia que isso incomodava o bispo. Era um pecado venial, sem dúvida, uma infração menor, mas o quadro mais amplo ainda mostra o cenário do desejo de se vingar de uma figura poderosa que freqüentemente domina sua vida.

— Fui jogado na sarjeta muitas vezes por esse homem — confessou o padre, sorrindo. — Tinha que encontrar uma maneira de dar o troco, ainda que só um pouquinho.

— A vingança está em toda parte — ecoa uma das minhas alunas de vinte anos, uma jovem meiga e inteligente que não se esperaria que tivesse pensado profundamente no assunto. Mas ela decidira que em determinados pontos a vingança era tão inevitável e incontrolável quanto a gravidade. Quando pedi a uma aluna da turma de "Vingança na Literatura" para definir o termo, ela escreveu que "a vingança faz parte da vida diária de quase todos. Pode ser ignorar o namorado porque ele ficou

Doce Vingança

jogando Gênesis em vez de ir vê-la ou falar mal da colega de quarto porque ela não a esperou para saírem para jantar. A mentalidade 'você vai ver' ou 'você vai se arrepender' surge como uma reação natural às ofensas emocionais diárias. Só quando se torna mais consciente e deliberada é que a vingança é considerada perigosa ou mesmo negativa".

Mas enquanto o desejo de vingança é inteiramente humano, o direito de vingança permanece divino. Em Romanos 12:19, está escrito: "A mim me pertence a vingança, eu retribuirei, disse o Senhor." Entretanto, como declarou Mark Twain em uma ocasião: "A vingança é perversa e anticristã e, sob todos os aspectos, imprópria... (Mas, ainda assim, é poderosa e doce.)"

O desejo de vingar-se pode ser considerado, de modo simples, como a necessidade de usar uma forma pessoal e extraoficial de justiça. Em geral, emerge em casos onde um indivíduo acredita que os caminhos normais da justiça estão bloqueados ou conduzem na direção errada. A maneira como nos sentimos em relação à vingança — se a punimos, louvamos ou ambos — é um indicador de importância vital do relacionamento das leis e normas públicas com o poder, o espaço, a propriedade e a moralidade pessoais. Suas implicações vão das literárias às históricas, da esfera do indivíduo ao mundo da instituição, do social ao cultural. Um desejo de vingança é o que leva George de *Seinfeld* a declarar: "Se eu fosse um ditador, instituiria a pena de morte pelo estacionamento em fila dupla."

Certos momentos, entretanto, permanecem memoráveis em nossa história pessoal não porque as emoções envolvidas sejam pouco convencionais, mas porque nossa reação a elas é inovadora. Uma pessoa raramente é mais criativa do que quando planeja um modo de revidar uma ofensa, especialmente se

Como É Doce

a tarefa tiver de ser realizada sem que o perpetrador seja descoberto. E, freqüentemente, as pessoas se surpreendem ao descobrir que reagem com menos tolerância do que seria de esperar que tivessem à sua disposição.

"OK, agora já chega, todo mundo pra fora!"

Até mesmo pequenos atos de vingança podem nos mover da indignação particular a uma ação pública (ainda que permaneçamos anônimos). O mesmo incidente que hoje incita seus sentimentos de vingança podem ter ocorrido no passado sem que você tivesse feito sequer um comentário, mas agora você está farto. Em vez de simplesmente ferver por dentro, a raiva explode.

Há uma história antiga sobre uma mulher que tomava banho de sol nua em um campo. Uma borboleta passa diretamente sobre seu nariz e faz cócegas, mas ela apenas sorri. Uma formiga percorre seu estômago, a mulher olha para ela, vira-se, mas não se esquiva. Finalmente, uma abelha vem e ferroa seu traseiro. "OK", ela grita, "agora já chega, todo mundo pra fora!" Há um momento em que sabemos que já basta, tudo tem limites.

Decidir *quando* já basta pode ser um momento crucial para a maioria de nós e, na melhor das hipóteses, pode marcar a decisão de não aceitar a impotência como um estado natural. Talvez você tenha derrotado aquele aparentemente incansável garoto provocador da escola depois que você descobriu seu profundo medo de aranhas e tirou um vidro cheio delas de dentro do bolso do seu casaco quando ele o agarrou pela gola. Não só ele nunca mais o agarrou, como começou a deixar outros garotos em paz também (especialmente se pareciam estar carregando alguma coisa em seus bolsos).

Doce Vingança

Sonhando com a vingança

A vingança, como o sexo ilícito, alimentos substanciosos, decorações rebuscadas, carros extravagantes e cortes de cabelo de cem dólares sempre parecem desejáveis porque são tabu. É vergonhoso. É um desperdício. É exagerado. É desnecessário. Mas desde quando essas razões fizeram alguém deixar de querer satisfazer tais desejos?

Quando você sente que tem direito a vingar uma ação ou comentário, quer a vingança o mais rápido e sem esforço possível. Você escreve cartas anônimas mentalmente, catálogos de ações pusilânimes. Você quer que outra pessoa sancione seu apetite, mas você irá em frente e o satisfará mesmo sem uma bênção. Está além de viver segundo as normas; as normas já não se aplicam ao seu caso. Você precisa disso, diz a si mesmo, porque merece. Jamais conseguirá viver sem essa desforra. A vingança transforma-se no item número um de sua agenda particular e, enquanto desempenha suas rotinas diárias, se vê pensando em como seria vingar-se.

Vingar-se pode acabar se transformando no objeto dos seus devaneios, especialmente porque em geral esperamos secretamente que a vingança, na verdade, permitirá que possamos prosseguir vivendo. Você quer vencer. O desejo de vingança cada vez mais assemelha-se ao desejo de amor, à medida que ocupa sua imaginação.

Como um amante, você imagina como seria um encontro de surpresa; fantasia sobre conversas onde você é inteligente e espirituoso; sonha com cenas complexas de onde emerge triunfante. Você se vê sorrindo furtivamente ao pensar em como rirá por último, dirá a última palavra, deixará uma impressão marcante. Algumas pessoas suspiram por vingança pelos motivos mais triviais, é claro, como a comediante que contou lutar

Como É Doce

para entrar em um vestido tamanho 44 em uma butique elegante, quando uma jovem magra como uma vara entrou e pediu o mesmo vestido no tamanho 36. "Ela então grita da cabine de provas: 'Está grande demais. Você teria o tamanho 34?', e penso que aquela jovenzinha precisa mesmo é de uma experiência próxima da morte, de preferência enquanto fico olhando."

Tais pensamentos podem ser passageiros, que nem mereçam o nome de "vingança", mas estão lá, ainda assim, e são inevitáveis tanto para os melhores quanto para os piores de nós. Há maneiras melhores e piores também de lidar com essa emoção. Zsa Zsa Gabor, uma mulher de considerável experiência quando se trata de indignação (como evidenciado no fato de um dia ter esbofeteado um policial de Los Angeles), salientou o fato de que nem ela "nunca odiou tanto um homem a ponto de lhe devolver seus diamantes". A vingança é uma mesa de banquete cheia de deliciosas possibilidades e você é o convidado encantado e ávido.

Capítulo Dois

PRÓPRIO DE UMA MULHER

A *vingança caracteristicamente feminina*

"Quando um juiz deixa um estuprador em liberdade porque a mulher usava uma minissaia e portanto 'estava pedindo' para que acontecesse, pensei que todas nós devemos atirar no primeiro sujeito feio que virmos na rua. Afinal, ele sabia que era feio ao sair de casa. Estava pedindo para que isso acontecesse."

ELLEN CLEGHORN, COMEDIANTE

*"Os céus não conhecem nenhuma raiva como
a do amor transformado em ódio,
Nem o inferno nenhuma fúria
como a de uma mulher menosprezada."*

WILLIAM CONGREVE, *The Mourning Bride*

Será que as mulheres trocam receitas de vingança por cima da cerca do quintal, como antigamente trocavam receitas de carne assada? Terá uma geração de mulheres crescido acre-

Doce Vingança

ditando que Glenn Close é na verdade a *heroína* de *Atração fatal*? Você deveria fazer um seguro extra toda vez que faz uma cópia da chave de sua casa para uma nova amiga?

Certamente mulheres e vingança é um tema investigado e explorado por todos os meios de comunicação, inclusive, imagine, as histórias em quadrinhos. "Cathy", de Cathy Guisewite, é uma das personagens mais amplamente comercializadas e publicadas em cadeias de periódicos no mundo ocidental. As atribulações e aflições familiares, profissionais, domésticas e românticas da heroína transformaram-na na queridinha de muitas leitoras dos dezoito aos 45 anos. A competição usual por namorados e rosquinhas, entretanto, certa vez foi substituída por uma interessante discussão entre Cathy e suas colegas de trabalho referente a sofisticadas fantasias de vingança que todas elas alimentavam.

— Alex e eu tivemos uma briga — revela Cathy — e de repente tudo em que eu conseguia pensar era o quanto queria entrar furtivamente em sua casa e esvaziar todos os seus pneus...

Uma colega de trabalho, rindo timidamente, admite:

— Sem mais nem menos, no outro dia comecei a sonhar em passar uma supercola no controle remoto do meu marido e em despachar sua sacola de tacos de golfe para um endereço falso na Europa!

Uma outra acrescenta alegremente:

— Às vezes, fico planejando como vou dar um salto da cama de manhã, fazer a torta preferida de Walter e atirá-la através da seção de esportes do jornal na cara dele!

Enquanto as três mulheres afastavam-se da cafeteira, o chefe que ouviu a conversa por acaso percebe, horrorizado, que "após uma vida inteira de esperança, um homem finalmente fica a par das fantasias secretas das mulheres". E essas fantasias secretas não são as prometidas pelos telefones 900.

Próprio de uma Mulher

Porque os homens temem a vingança das mulheres

Um amigo meu, jornalista de quarenta e poucos anos que escreve freqüentemente sobre questões de relacionamentos com grande percepção e sensibilidade, pareceu nervoso quando lhe perguntei sobre vingança e gênero.

— Tenho pavor das mulheres quando estão com raiva — disse, para minha surpresa. — Sei que se eu enfurecer uma mulher ou desrespeitá-la, mesmo sem intenção, ela fará com que eu pague pelo que fiz. Um sujeito pelo menos manda você se danar, dá-lhe um soco no estômago ou algo assim, mas uma mulher o mata tão lentamente que você nem percebe o que ela está fazendo.

Quando pedi exemplos, começou a desfiá-los quase em ordem alfabética, começando com histórias de como suas duas irmãs mais velhas costumavam colocar sua cueca no cachorro quando estavam com raiva dele, e depois deixavam o cachorro correr na rua enquanto gritavam seu nome; até uma namorada do colégio que fez com que seus colegas na preparação do Livro do Ano imprimissem a pior versão possível de sua foto do último ano — aquela em que estava com os olhos semicerrados e a boca semi-aberta — e depois dissessem que se tratara de um erro burocrático; até a amarga ex-mulher que sempre lhe mandava assinaturas de revistas para o trabalho com títulos como *Big Penis Quarterly* e *Bottoms Up*, de modo que a sala de correspondência e sua secretária fossem os primeiros a ver; até uma colega de trabalho que desligou a geladeira do seu escritório quando ele saiu de férias, "transformando-a em sua própria e pequena biosfera, onde ecossistemas inteiros se formavam".

E esse era um homem engraçado, atraente, aparentemente gentil. Mas enquanto ouvia suas histórias, vi-me de repente ima-

Doce Vingança

ginando se ele realmente *era* um sujeito agradável. Certamente, ele deve ser um Barba Azul disfarçado para provocar tudo isso. Assim, resolvi perguntar-lhe. Se ele era tão correto quanto eu pensava, por que todas essas reações de tantas mulheres?

— Porque as mulheres da minha vida simplesmente não lutam honestamente. Como não queriam ser abertamente agressivas e simplesmente atirar um tijolo na minha cabeça, arquitetavam planos muito mais perversos. Acredite-me, eu preferia ser atingido pelo tijolo.

Agressões femininas

A vingança de uma mulher nem sempre envolve algo tão direto como atirar um tijolo através da janela, quanto mais em uma cabeça. Ensinada desde a infância a ser amável, compreensiva e delicada, uma mulher está mais apta a encontrar sua expressão natural de raiva voltada para dentro, para a repressão ou dor auto-infligida, experiências tão agradáveis quanto uma unha encravada. Como as mulheres não são encorajadas a aceitar a raiva ou a fúria como reações legítimas a determinadas situações — até as mais calamitosas —, refugiam-se em métodos "femininos" de expressar sua agressividade.

A vingança ocupa o topo da lista. Como a escritora francesa Colette comentou em seu trabalho *Chéri*, de 1920, sobre uma mulher infantil: "A vida como criança e depois como menina, ensinaram-lhe paciência, esperança e silêncio; e deram-lhe a competência de um prisioneiro em manipular essas ferramenta como armas." Se paciência, esperança e silêncio são as ferramentas oferecidas às mulheres, não é de admirar que mesmo esses instrumentos possam ser transformados em munição quando uma mulher está desesperada em sua própria noção de sofrimento e injustiça.

Próprio de uma Mulher

— Se as mulheres não podem assumir uma autonomia genuína sobre suas vidas, o que lhes permitiria evitar que algum mal lhes acontecesse, não podemos nos surpreender que, em seu ressentimento, achem que só podem agir depois do fato consumado — explica a psicanalista de Nova York Dr.ª Natalie Becker. — Por exemplo, uma mulher que não consiga impedir que um chefe a trate mal porque receia perder seu emprego pode ainda assim aplicar-lhe uma punição em resposta. Todos perdem quando a base de poder é irregular; seria muito melhor que as mulheres, se não todas as pessoas, pudessem evitar uma ofensa em vez de meramente reagir a ela.

A vingança, argumenta, é mais fácil para as mulheres porque muitas das principais formas de expressão e ação lhes são negadas.

— Se vivêssemos em um mundo onde todos realmente tivessem igual acesso à justiça, a incidência de vingança cairia drasticamente — argumenta a Dr.ª Becker.

Em outras palavras, a vingança é um mecanismo compensatório para muitas mulheres, especialmente aquelas que se acreditam impedidas de percorrer as avenidas "legítimas" da recompensa e da reparação. Para aquelas que estão cansadas de não ter voz e não ser levadas a sério ou aquelas que sentem-se amordaçadas e tolhidas por uma sociedade que, acreditam, atribui a pecha de "megera" ou "pouco feminina" às mulheres que se recusam a sofrer um insulto caladas, a vingança pode servir como uma válvula de escape — quer a vingança planejada seja executada ou permaneça uma fantasia.

Algumas palavras bem escolhidas

— Eu descobri sobre o caso do meu marido com a filha de vinte anos de uma vizinha depois que a garota voltou para a faculdade.

Doce Vingança
❧

Jennifer tem um serviço de fornecimento de comida e eu a observava sovando a massa enquanto falava. Antes de começar essa história, descreveu-a como uma "bela história de vingança". Embora sorrisse enquanto falava, o vigor por trás dos socos que dava na massa certamente me deixariam nervosa se fosse casada com ela.

— A filha da vizinha estava passando o verão em casa, meu marido ficou sem trabalho por um breve período e passando muito tempo em casa, e as coisas aconteceram. Eu passava a maior parte dos dias fora, às vezes até tarde da noite, por causa do meu trabalho, mas nunca pensei que ele fosse me trair. Em uma semana tranqüila, eu estava em casa limpando o porão e encontrei uma pilha de cartas que ela lhe escrevera. Ele as guardava na caixa de ferramentas, que até mesmo na época ocorreu-me que era bem apropriada para a situação. Deixei-as no mesmo lugar, mas anexei um bilhete que dizia: "Acho que sei que ferramenta você andou usando com ela." Coloquei a caixa de volta no lugar e esperei que ele a encontrasse. Fingi não saber de nada. No fim de semana seguinte, ele desceu ao porão para consertar alguma coisa e de repente o ouvi exclamar "Ah, droga!" e soube que ele encontrara o bilhete. Entrei imediatamente no carro e fiquei fora o dia inteiro. Nenhuma explicação, nada. Deixei que ficasse imaginando.

— Quando voltei para casa por volta da meia-noite, ele estava aos prantos e obviamente sentira-se infeliz o dia inteiro. Suplicou-me para aceitá-lo de volta. Suplicou e chorou, e eu lhe disse que voltaria com uma condição: que ele tatuasse no traseiro a frase "Eu adoro minha mulher Jennifer". Pensei em escrever "Se você pode ler isto, está perto demais", mas decidi não fazê-lo. Ele fez a tatuagem e nunca mais lhe perguntei nada sobre o caso. Ele fizera algo permanente à minha idéia de mim

Próprio de uma Mulher

mesma e eu queria fazer o mesmo a ele. Se ele tivesse se recusado a fazer a tatuagem, não creio que tivéssemos continuado juntos. — Jennifer ergue o olhar da massa de pão e posso ver que ela fala sério.

Ao lidar com a idéia de mulheres e vingança, o conceito de mulheres-bruxas emerge com significativa força cultural. Não é incomum que os homens considerem que as mulheres tenham uma conexão com poderes sobrenaturais. "Minha mulher consegue ler a minha mente" não é uma declaração incomum, e embora haja ocasiões em que a leitura de mente da mulher pareça ideal a seu marido (quando ele está pensando no que gostaria para o jantar), também há ocasiões em que pode ser enervante (quando ele está observando uma linda mulher numa festa). "O vocabulário surrado dos folhetins que descrevem a mulher como uma feiticeira, uma bruxa, fascinando e lançando seu feitiço sobre o homem, reflete o mais antigo e universal dos mitos. A mulher é dedicada à magia", explica Simone de Beauvoir em *O segundo sexo*. Não é de admirar que os homens tenham medo.

Uma dose do seu próprio remédio — ou vinho

Uma noite, eu e um grupo de amigos ouvimos uma impressionante história de vingança relatada por uma rica mulher. Ela explicou como fora ridicularizada diante de convidados por seu pretensioso marido por não pronunciar um termo estrangeiro com o que ele achava que deveria ser a necessária "entonação". Ouvimos em silêncio e admirados, compreendendo seus sentimentos de traição e raiva reprimida. O que ela poderia dizer? Seu marido a fizera parecer ignorante, até mesmo ridícula, quando ele próprio era profundamente inseguro e defensivo quanto a sua própria falta de sofisticação. Não querendo fazer

Doce Vingança

uma cena e deixar seus amigos ainda mais constrangidos, jurou silenciosamente se vingar mais tarde.

Seu marido marcara um importante jantar para o fim de semana seguinte, para receber um casal que esperava que fosse proponente da admissão deles a um exclusivo clube campestre. Naquela noite, ele levou os convidados até a adega para exibir sua valiosa coleção e pegar uma garrafa de champanhe, quando descobriu que sua mulher havia laboriosamente removido cada rótulo de cada uma das garrafas. Ele não fazia a menor idéia de quais eram as safras mais valiosas e quais eram os vinhos de mesa comuns recebidos como presente de fim de ano. Claro, ele não podia ficar furioso diante das pessoas que desejava tão desesperadamente impressionar, como sua mulher não pudera enfurecer-se no jantar anterior. Quando começou a tirar garrafas sem nenhuma identificação, parecendo conter vinho feito em casa, ficou balbuciando uma explicação implausível a seus convidados. Sua mulher, que contou a história com um sorriso, disse que simplesmente perguntou a ele se estava tudo bem e que "foi maravilhoso ouvi-lo tentar soar como se tudo estivesse normal enquanto falava com os dentes cerrados".

Para que ele compreendesse suas ações e sua raiva, a mulher escreveu-lhe um longo bilhete, calmamente explicando por que sentia-se desconfortável com as ações e atitudes dele e explicando por que fizera aquilo. Prendeu o bilhete no travesseiro dele e passou a noite no quarto de hóspedes.

— Quando ele desceu para o café da manhã na manhã seguinte, estendeu-me a mão e ofereceu uma trégua. Após alguns instantes, já podíamos rir do caso. Posteriormente, convidamos alguns amigos íntimos para um jantar com "vinho misterioso" e tivemos uma ótima noite.

Próprio de uma Mulher

Somente mulheres?

Medéia, a rainha da vingança, declarou que "uma mulher é fraca e tímida na maioria das questões; o barulho da guerra, a visão do aço transformam-na em uma covarde. Mas atinja-a no casamento e não haverá espírito mais sanguinário". E Medéia nem ouvira falar de Lorena Bobbitt. Juvenal, o Rush Limbaugh de antigamente, que obviamente não se importava com o politicamente correto, fez a provocadora observação de que "realmente, é sempre uma mente mesquinha, fraca e vil que sente prazer na vingança. Pode-se deduzir isso sem outra evidência que não o fato de que ninguém sente maior prazer na vingança do que uma mulher".

Será verdade? Serão as mulheres mais propensas a usar uma faca ou divertir-se com um colchão em chamas? Será que muitas mulheres acreditam, como sugeriu o cartunista Libby Reid, que a maneira mais rápida de chegar ao coração de um homem traidor é uma faca nas costas? A promotora-assistente do julgamento de Lorena Bobbitt, Mary Grace O'Brien, declarou em um sumário que "não vivemos em uma sociedade governada pela vingança". Como sabemos, seu lado perdeu.

Discutindo o assunto

Minha própria e mais recente experiência com planos de vingança ocorreu há alguns meses. Uma das minhas melhores amigas do colégio fora maltratada, mais ou menos como Frankie em *Frankie e Amaury*.

— Eu disse a ele que podia ficar comigo ou me deixar — lamentou-se —, mas na realidade ele fez as duas coisas, e nessa ordem.

Cinco de nós estávamos sentadas há horas em torno de uma

Doce Vingança

mesa, tomando infindáveis xícaras de um café que, por volta da meia-noite, mais parecia água escoada do vazamento de óleo da Exxon Valdez.

Cinco mulheres, uma dor e uma sensação de desafio concorrem para uma atmosfera intoxicante, pesada, acredite-me.

— Batom no colarinho dele — entoou Rose com um toque de veneno —, deve ao menos igualar-se a açúcar no tanque de gasolina, não acham?

— Ouvi a história de uma mulher de Detroit que foi abandonada pelo namorado, um representante de vendas — adiantou-se Clara. — Para vingar-se, ela ligou para o número de previsões meteorológicas gravadas no Cairo e deixou o telefone fora do gancho pelos dez dias em que ele esteve fora. Custou-lhe uma fortuna.

Muitas de nós demos uma risadinha indecorosa, improvável em mulheres da nossa idade.

— Pode-se telefonar para a Receita Federal e anonimamente sugerir que examinem as três últimas declarações de imposto de renda dele — sugeriu uma contadora pública recém-saída de um divórcio conturbado, que sentia-se feliz em participar da discussão.

Fui convidada inicialmente para me juntar a esse grupo porque uma vez eu explicara a Cindy que eu pessoalmente traduzia *vendetta* como a palavra em italiano para "O que quer dizer, você quer sair com outras mulheres?" Ela gostou da minha tradução.

Nossa convenção de conspiradoras não oferecia perigo real nenhum aos homens em discussão e certamente nenhum problema para os homens em geral. Somos todas mulheres gentis, de quem não se espera a ânsia por vingança, mesmo quando sofremos dor, traição, humilhação ou ingratidão. Portanto era divertido, por algumas poucas horas, não sermos tão boazinhas.

Próprio de uma Mulher

ə

A agressividade da noite permanecia sob o controle da realidade e finalmente ríamos mais uma vez da nossa impiedade imaginária e voltávamos para casa. Mas também é verdade que partíamos com uma sensação de euforia por termos sido capazes de expressar aqueles desejos mais secretos de justiça pessoal rápida e sem arrependimentos. Trocar idéias sobre como derrotar o inimigo era extremamente gratificante. Excitantes, perturbadoras, deliciosas e desagradáveis, as fantasias de vingança não podem ser completamente exorcizadas — isto é, se é que podem mesmo ser exorcizadas.

Uma vez que a mulher poderosa ou de vontade própria permanece uma ameaça para as definições tradicionais de feminilidade, há uma necessidade em nossa sociedade de considerá-la uma desviada: excêntrica, obcecada de raiva e incapaz de viver racionalmente. A vingança de uma mulher é inicialmente desconsiderada com um leve desprezo do tipo "Ela não fica bonitinha quando está com raiva?" — a menos que a gravidade de suas intenções fique evidenciada pela violência ou pela ameaça de um poder "verdadeiro" (leia-se: tradicionalmente masculino). A vingança das mulheres caracteriza-se pela necessidade de subterfúgio e demora. Se a vingança é um prato melhor servido frio, você tem muitas mulheres aprendendo a usar o congelador.

Ou elas podem estar aprendendo a usar outros tipos de equipamento. Quando a comediante Roseanne e seu ex-marido Tom Arnold se separaram, a imprensa noticiou o fato de que Roseanne estava resolvida a não deixar que Tom pusesse as mãos na casa dos sonhos de ambos, o local onde deveriam viver felizes para sempre e que ainda estava em construção na época em que os papéis do divórcio começaram a correr. A casa, ela decidiu, seria demolida. "Eu mesma dirigirei o trator", Roseanne teria dito. Embora Roseanne obviamente não seja

Doce Vingança

pretendente à escola de Salomão de comportamento sensato, certamente seus sentimentos são compreensíveis.

Vim, vi e vinguei

Geralmente excluída da maquinaria usual do poder, a vingadora tem que inventar um método particular para sua situação. É talvez o inverso da ética de situação; o que temos é retaliação de situação. A mulher em tal caso não estará procurando restituição, já que muito provavelmente não vai querer ser "restituída" a nenhuma posição original.

— Eu não o quero de volta — disse minha amiga traída.
— Só quero vê-lo infeliz.

As mulheres nesses casos buscam vingança e afirmação de um indefinível senso de direito. Desejam reconhecimento do fato de que foram exploradas, magoadas ou menosprezadas. Querem recriar em seus amados a mesma sensação de perda que sofreram.

Em seu romance amplamente aclamado, *The First Wives Club,* Olivia Goldsmith vai beber na fonte de um rio de ressentimentos que corre sob os assoalhos brilhantes das senhoras solitárias que povoam os subúrbios de classe média alta de Manhattan. Um grupo de mulheres abandonadas pelos maridos faz o seguinte manifesto: "É hora de dar o troco. Vamos falar da total destruição desses homens. Emocional, financeira, social. Vamos nos certificar que seus casamentos fracassem, seus negócios desandem, seus amigos os abandonem. Eles fizeram isso conosco. Podemos fazer o mesmo com eles." Impassível, sem desculpas pela abordagem particularmente feminina das questões, o livro ainda assim foi aplaudido pela grande imprensa: *The New York Times Book Review* considerou-a "uma história verossímil e profundamente prazerosa". Os homens

Próprio de uma Mulher
&

costumavam perguntar se não haveria dois pesos e duas medidas: Se um livro como esse fosse escrito por um homem, sobre destruir um grupo de mulheres bem-sucedidas, teria recebido a mesma aprovação da crítica? Provavelmente não. Mas é assim que as histórias de vingança funcionam em sua maior parte: gostamos mais daquelas onde os personagens aparentemente mais fracos desforram-se dos poderosos que os ofenderam. E como nesse momento de nossa cultura os homens continuam mais poderosos que as mulheres, as histórias de vingança contra ex-maridos vendem livros.

O BMW vs. o DVA

Algumas histórias de vingança são particularmente satisfatórias a curto prazo, quando a raiva é recente e a indignação é impossível de ser ignorada, e muitas das histórias de vingança que me foram contadas envolviam uma mulher recém-divorciada querendo acertar contas com o antigo cônjuge.

— Meu ex-marido era paranóico por controle — contou a divorciada de 45 anos, mãe de dois filhos —, e detestava que lhe pedissem para fazer tarefas que considerava triviais, como trabalho doméstico, cuidar de crianças ou atividades sociais. Eu era incumbida de cuidar de tudo isso porque eu "não trabalhava", como ele nunca se cansava de me lembrar. Disse-lhe inúmeras vezes que eu trabalhava tanto quanto ele, mas como não tinha uma renda externa, ele nunca me levava a sério. Eu fazia tudo para ele, da roupa lavada aos impostos. Quando me deixou por outra mulher, fiquei horrorizada e furiosa. Ele tinha dinheiro suficiente para pagar o que pedi, não se importava realmente se ninguém o convidava mais para jantar e, assim, eu tinha poucas opções para me vingar dele.

— Concluí que a pior coisa que eu podia lhe fazer era

Doce Vingança
❧

importuná-lo. A cada duas semanas, durante seis meses, eu ia ao estacionamento do seu escritório e retirava as placas de licenciamento do seu BMW. Desaparafusava-as cuidadosamente, sem nunca danificar o carro, e levava-as para casa.

Fiquei intrigada com esse tipo de vingança — o que lhe dava tanta satisfação nesse ato?

— Significava que ele tinha que comparecer ao Departamento de Veículos Automotores e solicitar placas novas o tempo todo. Tinha que esperar na fila como todo mundo e ser apenas um sujeito comum nas malhas da burocracia. Ele passava mais tempo no DVA do que no seu BMW e isso me dava uma grande alegria.

Em situações que envolvem ex-cônjuges e ex-amantes, geralmente queremos nos vingar com a mesma intensidade com que um dia amamos. Desse modo, a vingança torna-se paradoxal porque assegura uma intimidade continuada com a outra pessoa. Nossas cabeças estão repletas de encontros imaginários e conversas ensaiadas quando estamos no calor de um desejo de vingança.

Por exemplo, digamos que você imagina a expressão desconcertada no rosto de sua antiga paixão quando ele a vislumbra de mãos dadas com um novo amor exótico e fascinante. Digamos que você também, além disso, imagina que seu ex topa com seu nome como uma das principais palestrantes de um encontro profissional e percebe que esse novo emprego de alta-voltagem é apenas uma medida parcial do seu sucesso sem ele. No que diz respeito a fantasias, essas são bastante ilustrativas.

A falha reside no fato de que você ainda está preenchendo sua vida de fantasias com encontros, conversas e emoções estreladas por alguém do seu passado. Ainda está presa a essa pessoa. Você torna-se tão absorvida pela idéia de vingança quan-

Próprio de uma Mulher

to um dia o foi pela idéia de romance — em parte porque elas estranhamente se assemelhem.

"Arsênico puro"

Um longo estudo antropológico/sociológico singularmente intitulado "Arsênico puro" dá uma idéia do assunto excêntrico e perturbador que aborda. O pesquisador Ferenc Gyorgyey discute uma prática extravagante que ocupou as mulheres de uma pequena cidade da Hungria durante muitos anos, o de matar os homens. Bem, algumas pessoas podem pensar: ora, é o que acontece quando os homens não dão às mulheres o direito de ocupar cargos públicos e, de certo modo, elas não estariam erradas. Gyorgyey escreve: "Houve suspeitas de que o governo húngaro, relutante em revelar que esse costume de eliminar radicalmente os homens datava não de vinte anos, mas na verdade de um século ou mais, colocou um limite de vinte anos para exumação. Se essa suspeita tinha qualquer fundamento ou não, os registros tanto do julgamento quanto da investigação mostram que o limite de vinte anos era escrupulosamente obedecido.

O número de mortes suspeitas ultrapassava 200, segundo os relatórios publicados. O número confirmado de vítimas de arsênico pode ser estimado em cerca de 165, segundo Gyorgyey, que declara sem rodeios: "Os assassinatos eram cometidos exclusivamente por mulheres." O promotor público Janos Kronberg declarou em seu sumário do segundo julgamento: "Faz parte da natureza básica das mulheres sentir prazer com o sofrimento alheio. É por isso que a maioria dos envenenadores é de mulheres. As mulheres são covardes e, assim, matam insidiosamente." Essa é uma das razões. Observando padrões típicos de comportamento na aldeia pode levar a outras explica-

Doce Vingança

ções. As mulheres matavam os homens que as espancavam, que espancavam suas filhas, que deixavam os filhos passar fome. Não dispondo de nenhum recurso aos olhos da lei — ou acreditando que não possuíam nenhum — resolviam fazer justiça com as próprias mãos. Os atos não eram tão ritualizados, mas simples atos de vingança, embora fosse vingança em uma escala *notável*. Na verdade, tratava-se de uma guerra.

Como se fossem soldados, implacáveis na vingança de antigas ofensas perpetradas por seus inimigos vencidos, essas mulheres extravasavam sua raiva nos homens que as feriam. "Um dos aspectos mais enigmáticos do fenômeno é sua natureza conspiratória", observa Gyorgyey. "É do conhecimento geral que mexericos, boatos, vazamento de informações e chiadeira sempre acompanharam atividades ilícitas de grupos em toda parte. Mas aqui, a aldeia inteira, ao menos toda a população feminina da vila, sabia — não há um ano ou dois, mas ao menos há duas décadas — porque e como todos esses homens haviam morrido. Entretanto, o segredo era tão antigo, tão esmagador, que à exceção de umas duas cartas anônimas no final, ninguém quebrava o silêncio. Não se pode deixar de imaginar por que os homens nunca perceberam e suspeitaram. É igualmente notável que um grupo de pessoas viesse a aceitar uma prática medonha e antinatural como norma e a seguisse sem hesitação ou culpa."

Aqui, é óbvio, reside a dificuldade. Em parte, essas mulheres estavam reagindo a práticas antinaturais, medonhas e violentas, usadas contra elas durante muitos anos. Os horrores que ocorreram nessa comunidade não podem de modo algum ser justificados — mas os horrores que precederam os envenenamentos não podem ser sancionados tanto quanto os que as mulheres ofereceram em resposta.

Próprio de uma Mulher

"Muita paciência para perder"

Afeto, respeito e desejo não são jogos de soma zero; se alguém sente-se bem, isso não significa que tiraram nossa felicidade. Se perdemos o auto-respeito, em geral não quer dizer que outra pessoa o roubou de nós. Geralmente é porque o deixamos escapar. A pessoa que acreditamos deter nosso destino nas mãos provavelmente desconhece o fato de que foi embora com toda a nossa invisível bagagem emocional.

— Aprendemos a perdoar nossos inimigos, mas onde está escrito que devemos perdoar as pessoas que amamos? — pergunta minha amiga Rose. É uma boa pergunta.

"Tenho muita paciência, meu bem", cantava Laura Nyro no meu disco favorito durante o ginásio, "e é muita paciência para perder." Como já vimos, aprendemos a abafar nossos desejos de vingança à medida que envelhecemos, mas podem continuar a ser uma parte em combustão lenta, fumegante, de nós mesmos, se não resolvemos o que causou o incêndio no começo.

Instintos básicos

A vingança fascina todo mundo, mas vamos encarar os fatos — temos um apetite particular por histórias de jovens mulheres ficando furiosas e, em seguida, vingando-se. Lorena Bobbitt, Amy Fisher e Tonya Harding podiam ter a aparência de escoteiras, mas agiram como as três bruxas de Macbeth. Lizzie Borden continua a ser um ícone na cultura americana, em parte porque é o símbolo da escola de pensamento "boa menina fica furiosa" — e porque ela conseguiu vencer. Essas mulheres, para o melhor ou para o pior, tomaram conta de nossa imaginação coletiva.

Doce Vingança

Parece que recorremos a essas histórias tanto para confirmação quanto para negação de nossos instintos básicos: verificamos que elas confirmam a máxima de que a fêmea da espécie é mais mortífera do que o macho e que, como sugeriu Nietzsche, "na vingança e no amor, a mulher é mais bárbara do que o homem". Mas também vasculhamos histórias de vinganças por um desafio à outra pressuposição a respeito das mulheres: a de que as mulheres são passivas e impotentes. Examinamos essas mitologias não para desculpar o vilão, mas para explicar e explorar nossos próprios medos, raivas e senso de injustiça. Parece que nos importamos menos com a história real do que com a mitológica; descobrir que as mulheres e homens reais, de carne e osso, são trágicos e torturados não diminui nossa preocupação com suas ações. Em outras palavras, o que realmente acontece é menos significativo do que imaginamos.

Com muito mais freqüência, fixamo-nos particularmente nas mulheres que colocam suas vinganças em prática do que em suas contrapartes masculinas. Em outubro de 1992, *The National Law Journal* relatou que somente nos primeiros nove meses daquele ano, sete homens descontentes mataram um total de três ex-esposas, dois advogados e dois parentes no tribunal, tendo ferido mais de doze outras pessoas. A estatística não foi manchete nos noticiários. (Alguns homens não situados muito no alto da escala evolutiva podem olhar essas estatísticas de 1992 e comentar cinicamente, como fez um dos meus conhecidos mais amargos, "Coitados dos parentes".) Em sua maior parte, não nos focalizamos na violência masculina. "O homicídio é justificável quando cometido pelo marido contra o homem flagrado no ato de adultério com a mulher, desde que o assassinato ocorra antes que os envolvidos no ato se separem", declara uma lei do Texas de 1961. Aparentemente, as coisas

Próprio de uma Mulher

não mudaram tanto quanto gostaríamos de acreditar, exceto que obviamente não é preciso mais esperar até pegar "os dois" juntos na cama. Em 1994, um juiz deu uma sentença de um ano e meio de prisão a um homem que, tendo descoberto a mulher em flagrante delito, assassinou-a. O juiz explicou no tribunal que, se dependesse apenas dele, não teria condenado o assassino a nenhuma pena. São apenas os homens sendo eles mesmos: com raiva de leis injustas e pensão alimentícia. Apenas homens com revólveres e homens com armas. Eles não são manchete, a não ser que um dia tenham sido aparentemente gentis, heróis altamente fotogênicos do futebol americano e tenham circulado nas rodas dos extremamente ricos de Los Angeles.

Retratos das mulheres vingativas

Em contraste, histórias de violência e raiva de mulheres têm um caráter inesperado de inversão que as torna atraentes para a mídia, simplesmente como novidade. Dê uma faca a uma mulher e depois fique observando as câmeras girarem e páginas dos originais rolarem na tela do computador. Afinal, é uma trama padrão para um filme de *drive-in*, mais ou menos como a mulher de doze metros reduzida ao tamanho de um apartamento. Uma mulher enfurecida ainda é suficientemente monstruoso para ganhar a primeira página e para garantir o sucesso de bilheteria.

E não pense que são apenas as mulheres que vêem ou lêem sobre mulheres e vingança; não se trata de uma reprise de Mary Tyler Moore. Muitos homens ficam inteiramente fascinados. Bares que antes mostravam apenas campeonatos mundiais de luta livre de repente começaram a mostrar vídeos de patinação no gelo, depois que Nancy Kerrigan foi tirada da

Doce Vingança

competição por Tonya Harding. O incidente entre as duas mulheres foi um dos eventos olímpicos mais vistos na história da televisão.

Uma mulher que se vinga de seu homem é a matéria das fantasias masculinas sobre mulheres. As probabilidades de uma vingança violenta realmente acontecer em suas vidas provavelmente situam-se no mesmo nível de outros eventos improváveis que povoam a imaginação masculina, como descobrir se as Doublemints Twins são ninfomaníacas em busca de um encontro amoroso. Entretanto, quando o personagem de Tom Hanks em *Sleepless in Seattle* grita para seu filho pré-adolescente que *"Atração fatal...* deixou todos os homens americanos apavorados", a platéia explode em aplausos.

Não são apenas os filmes que estão oferecendo esses retratos. Em *Acima de qualquer suspeita,* * o best-seller de 1987 de Scott Turow, lemos sobre uma mulher que acredita que qualquer vingança que deixe o amante com vida é ineficaz. "Ela tem um desejo", escreve Turow sobre a mulher calma, uma matemática, "um ardente desejo secreto de que a mulher com quem ele anda dormindo possa acabar morta. Quando o ódio da mulher está no auge, ela está pronta para abandonar o marido e sair em busca de espaços abertos. Mas não haveria nenhuma satisfação nisso se a outra mulher continuasse viva, porque o marido, o inveterado palerma que é, simplesmente voltará rastejando para ela e terminará com quem sua mulher acredita que ele quer. A mulher só pode vingar-se se a outra mulher desaparecer". A mulher furiosa, com a faca ou a arma, é uma extensão perigosa de um ícone que todos nós reconhecemos: a *femme fatale.*

---

*Publicado no Brasil pela Record. (*N. do T.*)

Próprio de uma Mulher

Talvez se as mulheres no centro desses espetáculos de vingança se parecessem com aquelas matronas da prisão que vemos em filmes classe B, não nos interessaríamos tanto por suas histórias. Se pertencessem a uma subclasse, não lhes concederíamos o mesmo número de entrevistas exclusivas ou filmes para a televisão. Se fossem inteiramente sem atrativos ou muito gordas ou muito velhas, provavelmente as afastaríamos para o mais longe possível da cena. Não gostamos de ver a dor e a raiva daqueles que são genuína e irrevogavelmente insignificantes. O que gostamos de ver é Michelle Pfeiffer como a Mulher Gato. Gostamos de uma bonita figura de mulher em nossas Medéias.

As mulheres atraentes e fatais são assustadoras — e fascinantes. O que não conseguimos entender — e que portanto prende a nossa atenção — é que tais figuras sempre pareçam ser "garotas reais" do tipo de salto alto, cabelos armados e lábios brilhantes. Parecem que iriam chorar se você as insultasse, e não decepar seu pênis, atirar em sua mulher ou tentar quebrar seus joelhos. Não parecem perigosas, mas obviamente os que estão à sua volta aprendem a sentar-se com as costas voltadas para a parede de restaurantes e a dormir um sono muito, muito leve. Talvez com um abajur aceso.

"Ela pensou coisas muito piores a seu respeito..."

O que dizer dos tipos de vingança — arquitetadas, sutis, emocionais, em vez de mecânicas — que as mulheres têm uma probabilidade muito maior de perpetrar? É muito menos provável que as mulheres queiram derrubar os homens a tiros às claras, em plena luz do dia, do que eles, mas isso não significa que o resultado de sua raiva seja menos fatal. "Nunca sinta remorsos pelo que você pensou sobre sua mulher", disse o escritor fran-

Doce Vingança

cês Jean Rostand. "Ela pensou coisas muito piores a seu respeito."

Ela, a ex-mulher, certamente pensou coisas piores a seu respeito, o ex-marido, se você a deixou por outra mulher. Para começar, é provável que ela se vingue contando às pessoas tudo que sabe a respeito da mulher pela qual você a deixou. Ela pode, por exemplo, culpar o medo que você sente do sucesso dela pelo abandono. Segundo Cynthia Heimel, cujas coletâneas de ensaios incluem uma com um título propenso à vingança, *Se você não pode viver sem mim, por que ainda não está morto?*, a mulher moderna é informada que: "Arranje um emprego, seu marido a odeia. Arranje um bom emprego, seu marido a deixa. Arranje um emprego fabuloso, seu marido a deixa por uma adolescente."

A popular revista feminina *Marie Claire* inclui como uma de suas matérias regulares a inspiradora seção "Modelos de papéis", presumivelmente para levantar nossas esperanças e estado de espírito mostrando-nos como outras mulheres estão conseguindo sobreviver. Imaginam-se histórias sobre Madre Teresa, Oprah Winfrey ou pelo menos Hillary Rodham Clinton. Até eu mesma fiquei surpresa, portanto, ao ver um artigo intitulado "Vingança das abandonadas", de Lisa Simmons, nessa seção. Simmons claramente diverte-se com sua discussão pouco comum de como "o escândalo e a humilhação pública não abateu essas mulheres. Ficamos felizes em anunciar que elas estão de volta e melhores do que nunca. Que as suas histórias sejam uma inspiração para vocês". Atraindo nossa atenção para um grupo de mulheres famosas que se desforraram de seus maridos canalhas ou circunstâncias adversas, vemo-nos envolvidas com um bando de improváveis heroínas, como Ivana Trump, Vanessa Williams, Tonya Harding e Mia Farrow. O grande argumento de Simmons é que viver na riqueza e na fama

Próprio de uma Mulher

≈

é a melhor vingança, o que na verdade é uma pequena decepção para aquelas leitoras que esperavam histórias de como Ivana atirou todas as abotoaduras de Donald nos ralos de esgoto em frente ao Plaza Hotel.

Boas garotas não ficam com raiva, elas se vingam

O desejo de vingança é um sentimento humano básico (e não estou dizendo isso apenas porque meu sobrenome termina com uma vogal). A Bíblia declara que o homem foi criado por Deus à Sua imagem e sabemos que Deus, tanto no Velho como no Novo Testamento, gosta de vingança. Na verdade, Ele possui tal propensão à vingança que os homens querem direitos exclusivos. Estarão as mulheres (e os homens) muito perto de estar brincando de Deus quando a idéia de justiça e vingança é afastada de suas formas institucionalizadas e ritualizadas e interpretada por nós? O que denuncia a diferença entre as fantasias de vingança de homens e de mulheres?

Obviamente, John Wayne Bobbitt (e você algum dia pensou que ouviria o primeiro sobrenome de alguém sendo usado com essa freqüência depois que esqueceram William Kennedy Smith?) achou que sua mulher era uma boa garota, que poderia encolher de propósito sua camisa favorita, mas não encolher sua anatomia. Os homens simplesmente não pensam em vingança do mesmo modo que as mulheres. Por exemplo, os homens geralmente pensam em destruir a propriedade de alguém quando se trata de ir à forra, mas tenho a impressão de que em geral não pensam em termos de uma mulher desregulando o carro do marido para se vingar. Eles sentem, com uma intuição incômoda, que muitas mulheres não se contentam com a idéia de que viver bem é a melhor vingança. As mulheres, especialmente as meigas, de fala ma-

Doce Vingança
✍

cia, bem femininas, em geral acreditam que a *vingança* é a melhor vingança.

Lorena Bobbitt queria ser chamada de *Mrs.* Bobbitt, lembre-se. Nada de "Ms" para Lorena, que aparentemente adotou na íntegra a fantasia do vestido de noiva. Essa não era uma mulher que estivesse fazendo campanha para a NOW (National Organization for Women), mas uma mulher cujo retrato de casamento a mostrava sendo erguida bem alto, como se fosse uma bandeira para seu marido levar para a guerra. Ela aparentemente gostava do papel de esposa, ao menos inicialmente. Fazendo lembrar um personagem de *The Stepford Wives*, Lorena Bobbitt parecia desempenhar integralmente o papel da boa esposa. Sua vingança foi demonstração de impotência, não de força. Seu ato de vingança foi perpetrado não com o intuito de controlar, mas porque seu casamento estava fora de controle.

Não era o frio Al Pacino em *O poderoso chefão*. Era a histérica Kathy Bates em *Louca obsessão*.

"Quem sou eu, para que tenha de ser gentil?"

Parte da questão, claro, é que tradicionalmente as meninas têm sido educadas para ser gentis em vez de vitoriosas, triunfantes ou poderosas. Só depois de terem sido levadas a extremos de decepção ou indignação é que as mulheres conseguem abandonar a idéia de que têm de perdoar todos os que as maltratam, independente da extensão dos danos. Como a Srta. Havisham, o personagem feminino central de *Grandes esperanças,* de Charles Dickens, as mulheres que buscam a vingança há muito recusam-se a ser apaziguadas pela máxima de que deveriam perdoar e esquecer as injustiças porque estão ligadas a códigos de instintos maternais e cortesia. Tais mulheres podem muito bem fazer eco às palavras da Srta. Havisham: "Quem sou eu", ela

Próprio de uma Mulher

grita, batendo sua bengala no chão e enfurecendo-se para surpresa dos que estavam à sua volta. "Quem sou, pelo amor de Deus, para que tenha de ser gentil?" Somente depois que profundos ferimentos são gravados em suas almas é que a maioria das mulheres acredita que possa ou mesmo que deva buscar a vingança em um mundo que nega a validade da experiência feminina.

A Srta. Havisham não é bondosa, mas gostamos e nos lembramos dela por sua crueldade maliciosa, seu desejo obsessivo de vingança e a manipulação das pessoas que a cercam. A Srta. Havisham e Estella, sua aprendiz de vingadora, estão no âmago do romance de 1861 de Dickens, embora não sejam tecnicamente os personagens principais. A Srta. Havisham é a mãe má (Estella a chama de "mãe adotiva"), a sombria tutora que errônea ou manipuladoramente defende sua protegida não do mal, mas do desenvolvimento natural, ou do desenvolvimento de qualquer bem possível — como diz a filha adotiva Estella, contando ao seu amigo Pip por que sente tanta raiva do mundo: "Você não teve suas faculdades mentais aguçadas por tramarem [o mundo] contra você, reprimido e indefeso... eu, sim." Criada pela Srta. Havisham como filha, para emocionalmente seduzir e trair o amor dos homens (como a própria Srta. Havisham foi emocionalmente seduzida e traída), Estella está destinada a viver uma vida sem alegria, calcada em recusa e vingança.

Alegre vingança

Mas a vingança não precisa ser triste. Algumas das melhores vinganças dependem quase inteiramente de uma celebração da anarquia feminina — de uma mulher romper com os papéis tradicionais da sociedade. Como afirmou Simone de Beauvoir

Doce Vingança

há quase cinqüenta anos, em *O segundo sexo*: "Ela [a mulher em geral] é criada e companheira, mas [seu parceiro] espera que ela seja também sua platéia e crítica, e que o confirme em sua maneira de ser; mas ela confronta-o com sua indiferença, até mesmo com seu sarcasmo e zombaria." A vingança e o humor das mulheres geralmente atuam como um registro de rebelião.

Embora seja verdade que as formas tradicionais de comportamento masculino registram a revolta dos homens contra certas injustiças em um determinado sistema social, permanece uma diferença entre como os homens e as mulheres abordam o objeto de sua irreverência. E a diferença entre a vingança dos homens e das mulheres geralmente é a diferença entre revolta e revolução. Quando a vingança de uma mulher é dirigida contra a autoridade, pode ser entusiasticamente aplaudida. Virginia Woolf escreveu em um de seus ensaios políticos, "Three Guineas": "O medo do ridículo que grandes psicólogos, como Sófocles, detectam no dominador (...) é também peculiarmente suscetível segundo a mesma autoridade ou ao ridículo ou à rebeldia por parte do sexo feminino. (...) O riso como um antídoto à dominação talvez seja indicado."

Rir do opressor não se restringe às mulheres — certamente Mark Twain e Will Rogers, Garrison Keillor e Dave Barry nos mostraram isso —, mas as mulheres usam o humor como vingança de forma particularmente apaixonante. As platéias em todo o país bradaram e fizeram algazarra com a cena em *Tomates verdes fritos*, quando nossa agora familiar heroína de vingança, Kathy Bates, dirigiu seu veículo contra o carro estacionado de duas adolescentes implicantes, que não só haviam roubado sua vaga, como ainda zombaram dela, dizendo em meio a risadas que eram mais jovens e mais bonitas e podiam

Próprio de uma Mulher

fazer o que bem entendessem. Bates, tendo chegado ao limite de sua tolerância, respondeu, enquanto batia repetidamente no lindo carrinho delas: "Sim, mas eu sou mais velha e tenho um seguro maior."

Embora essa tenha sido a principal cena de vingança do filme, a história pinta um retrato ainda mais rico de fantasias de vingança alimentadas por Evelyn, a personagem representada por Kathy Bates. Em seus devaneios, Evelyn pensa em si mesma como "Towanda a Vingadora". Fannie Flagg, a autora de *Tomates verdes fritos no Whistle Stop Café*, explica que "poucas pessoas que vissem essa dona-de-casa de classe média, gorda, simpática, de meia-idade, fazendo compras ou qualquer outra de suas tarefas domésticas rotineiras imaginaria que, em seus pensamentos, ela estava metralhando a genitália de estupradores e pisoteando até a morte maridos violentos com suas botas especialmente destinadas a esse fim.

"E enquanto Evelyn prosseguia sorridente com suas tarefas", continua Flagg, "Towanda ocupava-se cutucando molestadores de crianças com aguilhões elétricos para gado até seus cabelos ficarem em pé [e ela] forçava aquele médico, que disse a sua mãe que ela estava com câncer, a descer a rua nu, enquanto toda a classe médica, inclusive dentistas e profissionais de higiene oral, zombavam e atiravam pedras. (...) Ela deixava que ratos devorassem até a morte todos os senhorios de cortiços. (...) Os pichadores seriam mergulhados em um tonel de tinta indelével. Os filhos de pais famosos não poderiam mais escrever livros."

E muitas das fantasias de vingança de Evelyn são específicas do sexo feminino: "Ela foi para Hollywood e ordenou a todos os atores principais que contracenassem com mulheres de sua idade e não com mocinhas de vinte anos de corpos perfeitos. (...) Esta noite, enquanto Evelyn fazia o jantar, Towanda

Doce Vingança

a

acabava de matar um bando de produtores de filmes pornográficos e de exploração de crianças. (...) Colocou minúsculas bombas dentro das revistas *Playboy* e *Penthouse*, que explodiriam quando fossem abertas. (...)"

O filme de 1994 de John Waters, *Mamãe é de morte*, tendo Kathleen Turner como um clone de Donna Reed com um temperamento muito, muito mau, seguia a mesma linha. Waters, diretor do abominável filme *Flamingos cor-de-rosa*, cria uma vingadora que não está envolvida em romance, mas que é uma atenta defensora dos valores familiares. Como a Evelyn de Flagg, Mamãe vai atrás de todo tipo de vagabundo, até mesmo daqueles que não fizeram mais do que irritá-la ou a um membro de sua família. Atropelar repetidamente o horripilante professor de matemática de seu filho proporciona-lhe grande satisfação, não diluída por angústias de consciência ou arrependimento. Logo depois do "acidente" (que pode ser mais adequadamente chamado de "intencional" nesse caso), ela surge da cozinha com uma bandeja de biscoitos caseiros, anunciando sorridente e alegre: "Não sei o que há hoje, mas me sinto ótima." Mamãe mata um rapaz que faltou a um encontro com a filha e é inflexível em seu direito de livrar-se de importunos do mesmo modo que insiste em livrar-se de chicletes. Como Evelyn, ela tortura uma mulher que uma vez roubou sua vaga no estacionamento, mas, ao contrário de Evelyn, ela arquiteta sua vingança cuidadosamente e age com cautela. Essa é a comédia doméstica que é a contrapartida de *Atração fatal* — essa é a personagem em que Glenn Close teria se transformado quando se mudasse para o subúrbio e entrasse para a Associação de Pais e Mestres. Seu alvo já não é o amante que a traiu, mas o mundo cruel e desordenado em geral.

Próprio de uma Mulher

Vitupério como vitória

A feminista do século XIX Elizabeth Cady Stanton declarou: "Se as mulheres se deixassem levar mais livremente pelo vitupério, teriam dez vezes mais saúde. Parece-me que sofrem de repressão." Suas palavras espelham a repressão que as mulheres continuam a sentir hoje, porque afinal não progredimos tanto assim. Sempre dizemos a nós mesmas que buscamos vingança por motivos nobres: desagravo a uma deplorável ofensa, criar equilíbrio onde havia transtorno e desigualdade. Você não gostaria de perpetrar algum tipo de vingança em, digamos, alguém como o reitor de uma prestigiosa faculdade que declarou no final dos anos 60: "É ridículo e ingênuo sugerir que alguém com grau de bacharel possa ser tão atraente para as garotas quanto alguém com grau de mestrado"?

Eu soube de uma mulher com bacharelado que foi eleita para o conselho diretor e estimulou, com sucesso, a saída desse reitor.

Realmente uma doce vingança, porque em geral essas ações altruístas são ao menos iniciadas por um momento de desejo pessoal de "vingança" e não de "desagravo", sendo a justiça um subproduto do *momentum* de vingança. As mulheres, ao que parece, possuem um apetite genuíno tanto para ouvir quanto para contar suas histórias; a vingança virtualmente reclama a atenção há tanto tempo merecida. Não se trata de verdadeiras confissões. Trata-se do modo como as pessoas isoladas do poder aprendem a praticar uma espécie de terrorismo emocional a fim de recuperar sua auto-estima em um mundo que geralmente parece inclinado a roubar-lhes até isso.

A assistente administrativa que sustenta a família não pode se dar ao luxo de colocar seu emprego em risco, não importa quanta humilhação ritual lhe seja infligida por seu chefe. Ela

Doce Vingança

não ousa passar por cima dele e dirigir-se a um supervisor por medo de represálias. Assim, ela irradia a conversa dele com a amante pelos alto-falantes "acidentalmente". Ela propala aos quatro ventos que o café que está servindo ao chefe é descafeinado, sabendo muito bem que ele agora ficará acordado pelas próximas seis semanas com toda a cafeína que inunda o seu sistema. Ela faz justiça com as próprias mãos e se aproveita de ser uma funcionária terrorista.

E se as mulheres vão à forra por si mesmas, elas duplicam seus esforços quando se trata de seus filhos. As mulheres podem tornar-se ferozes até quando simplesmente acham que suas famílias *possam* estar correndo algum perigo. Em *The Woman Warrior*, de Maxine Hong Kingston, a mãe da heroína é completamente obcecada por vingança, porque tem certeza de que os habitantes da nova cultura americana estão tentando tirar vantagem do que consideram sua ignorância. Quando uma farmácia manda um remédio receitado por médico para sua casa por engano, a mãe toma esse ato ao acaso como um insulto pessoal:

— Vingança. Temos que nos vingar dessa injúria ao nosso futuro, nossa saúde e nossas vidas. Ninguém vai adoecer meus filhos e sair impune.

Para sua filha, a farmácia apenas cometeu um erro, mas a mãe insiste em que há um complô contra elas que precisa ser vingado. Ela pensa assim porque a vingança faz parte da história e da cultura particular de sua família, e também porque é a sua própria herança de envelhecer em um mundo onde as mulheres não podem agir por si mesmas. Agora, a temível matriarca da família está decidida a destruir o inimigo, ainda que o inimigo não seja real.

Próprio de uma Mulher

"Agir como uma dama não é tudo que se presume que seja"

Mas às vezes as lições aprendidas com cenários de vingança adequados oferecem resultados de longo alcance e essencialmente positivos.

— Fiquei tão transtornada que parecia que alguém estava descarregando uma corrente elétrica pelo meu corpo — revelou uma mulher de fala mansa, de cerca de sessenta anos, enrubescendo ligeiramente e baixando os olhos.

Ela traía seu passado sulista de inúmeras maneiras encantadoras, sugerindo uma versão anterior de comportamento feminino que não fora apagado nem pelas décadas em Boston nem pelo fato de viver sozinha nos últimos quinze anos.

— Fui para a biblioteca e analisei todos os tipos de classificações do consumidor, de modo que finalmente pudesse comprar o aparelho grande de televisão que queria, a fim de que tudo ficasse pronto para quando me aposentasse no ano seguinte. Depois que meu marido se foi, não investiguei esse tipo de produto para comprar, mas achava que já era hora de fazer um agrado a mim mesma. Embora estivesse nervosa em abrir caminho por uma daquelas grandes lojas de eletrodomésticos, encontrei uma boa oferta, armei-me como uma guerreira com todos aqueles documentos e entrei na loja. Os vendedores caíram sobre mim como formigas em um piquenique, mas preferi comprar com uma senhora, não muito mais jovem do que eu, porque ela parecia muito, muito conhecedora do assunto.

"Ela era persuasiva e gastei mais dinheiro naquele único lugar do que em toda a minha vida. Comprei uma televisão que custou mais do que meu anel de casamento, um videocassete e uma daquelas garantias extras. A vendedora jurou que tudo seria entregue na semana seguinte e, assim, no dia programado pedi

Doce Vingança

licença do trabalho para esperar a entrega da encomenda. Estava muito alvoroçada e, sinto-me envergonhada em dizer, parecia uma garotinha à espera de Papai Noel. Imagine minha decepção quando, no final da tarde, ninguém apareceu ou sequer teve a gentileza de telefonar. Quando liguei, disseram-me que chegaria no dia seguinte, sem dúvida. Não chegou. Em seguida, juraram pelas próprias mães que levaria mais um dia e a encomenda estaria lá, que o caminhão de entregas quebrara, qualquer coisa assim. O problema é que acreditei neles. Pareciam tão sinceros e tão extenuados que pensei: Bem, não precisam que eu aumente seus problemas. Mas a essa altura eu já perdera três dias de trabalho. Seriam descontados como dias de férias e, embora eu não estivesse perdendo dinheiro do meu pagamento, ainda assim estava desperdiçando meu tempo de férias sentada no meu pequeno apartamento. O dia seguinte veio e se foi e nada de televisão.

"A essa altura, eu já estava à beira de um ataque. Telefonei para o Serviço ao Consumidor e um gerente disse que iria cuidar do meu pedido assim que possível, mas não podia prometer nada. Respondi que já tivera promessas demais. Ele respondeu que todo mundo tinha problemas; eu lhe disse que estava sendo mal-educado. Ele me mandou deixar de ser uma velha rabugenta e egoísta. Acredite-me, pensei que fosse desmaiar. Como alguém que era gerente de um Serviço ao Consumidor podia tratar um freguês dessa forma? Ele não teria falado assim com um homem, disso tenho certeza.

"Bem, decidi que se ele ia me chamar de velha rabugenta e egoísta, eu ia agir de acordo. Telefonei para uma emissora de TV local e falei com uma jovem que era assistente de produção ou algo parecido. Expliquei, delicadamente e com a minha melhor voz de doce velhinha, que fora muito maltratada por aquela loja e que achava que isso se devia a minha idade e ao

Próprio de uma Mulher

fato de ser mulher. Ela compreendeu e adorou minha história. Mandou um carro me buscar e me levar para a emissora. Fui entrevistada ao vivo e contei minha história com se fosse a irmã mais nova de Sarah Bernhardt. Depois, levaram as câmeras para a loja e tentaram entrevistar a vendedora, que não quis falar, e o gerente, que também se recusou a falar. Pegou muito mal para eles. Antes mesmo do programa ir ao ar, recebi um telefonema do homem que fora tão rude comigo. Ele se desculpou e disse que não só garantiam a entrega de tudo até o dia seguinte, mas que *ele* arcaria com as despesas da garantia e talvez também do aparelho de videocassete. Cancelei o pedido na hora e desliguei o telefone, sentindo-me uma rainha.

"Na noite seguinte, um grupo de amigos e eu assistimos à reportagem na televisão de um restaurante local e todos me aplaudiram quando apareci para contar minha história. Foi maravilhoso. Comprei uma aparelhagem eletrônica completa numa loja concorrente e me tiraram uma foto de cliente satisfeita para colocar na vitrine, imaginando que todos tivessem visto o que me aconteceu na outra loja.

Ela conclui, com um sorriso terno e amável:

— Nunca fui tão indelicada, mas valeu a pena. E, após todos esses anos, de repente percebi que agir como uma dama não é tudo que se presume que seja.

O maravilhoso nessa história é que essa mulher normalmente afável compreendeu e admitiu que queria uma reparação. Geralmente as mulheres negam com um vigor surpreendente o fato de desejarem corrigir uma situação por um sentimento pessoal de raiva. "Não é por mim", diz a voz que nega a vingança enquanto a executa. "Só não quero que aconteça com outra pessoa." Mas a voz da mulher que busca vingança é a mesma voz da mulher que decidiu que, se o mundo não vai defendê-la, ela se defenderá sozinha e se vingará.

Doce Vingança

∂

"Que ninguém pense que sou humilde, fraca ou passiva; quero que compreendam que sou de outra espécie: perigosa para os inimigos, leal com os amigos. Essa é uma vida gloriosa." Esse é um trecho de *Medéia*, mas podia ser o lema de uma mulher contemporânea que decide que já basta.

Gorda recompensa

Às vezes, ouve-se falar de uma mulher que se compraz com o fato de ter reparado uma injustiça.

— Acho que meu marido casou-se comigo na doença e na saúde, na riqueza ou na pobreza, mas eu deveria ter acrescentado as palavras "na esbeltez e na obesidade".

Georgia, uma mulher grande e bela, de 31 anos, explicou que após ter engordado dez quilos, seu marido achou perfeitamente justificável não só fazer comentários sobre sua forma, como também sobre as formas preferíveis de todas as mulheres que conhecera. Pela descrição de Georgia, ele também não era nenhum astro de cinema; estava com excesso de dez quilos, mas convencido de que isso dava-lhe uma boa aparência.

— Resolvi fazer dieta. Mas se eu ia fazer dieta, ele também iria. Eu fazia as piores comidas do mundo, o que é difícil sendo uma cozinheira de mão-cheia como sou, e as servia todas as noites. Fazia feijão com freqüência, para que ele tivesse gases no trabalho no dia seguinte... seus colegas na loja adoravam... e preparava-lhe *milk shakes* cheios de vitaminas que faziam-no passar metade do dia no banheiro. Joguei fora os doces que ele escondia na cômoda. E joguei fora sua cerveja. Eu me sentia melhor e ele se sentia pior. Comecei a recortar fotos de Fabio das revistas e deixá-las com bilhetinhos em sua lancheira, com os dizeres: "Você quer ser tão atraente quanto ele, não é, querido?" Até que um dia ele voltou do traba-

Próprio de uma Mulher

lho suplicando-me para voltarmos ao nosso antigo modo de vida.

— Eu lhe disse que, se o fizéssemos, eu nunca mais ia querer ouvir meu corpo comparado ao de outra mulher, em nenhuma hipótese. Ele prometeu e fizemos macarrão com queijo. Comemos melhor agora e mantive alguns quilos a menos, mas o ponto principal foi que retifiquei a situação. Senti que uma noção de equilíbrio fora restaurada em nosso relacionamento.

Georgia tentou pedir-lhe compreensão, tentou fazer o marido ver a injustiça da situação, apelou para seu amor por ela, mas quando nada disso funcionou, ela escolheu a vingança. A criatividade de seu plano foi resultado de seus sentimentos feridos, mas nem por isso foi menos inteligente. Às vezes, a vingança é a mãe da invenção.

Às vezes, a resposta errada é a certa

Um dos tipos mais satisfatórios de uma forma particularmente feminina de vingança depende de uma recusa descarada de deixar-se envergonhar por um provocador valentão que acredita que você pode ser "colocada em seu lugar" pela autoridade. Minha ilustração favorita dessa dinâmica vem de uma escritora muito famosa e admirada que foi indicada para aparecer em um programa um tanto pretensioso de entrevistas, onde seria solicitada a discutir sobre literatura, música, suas obras de arte preferidas. Poucos minutos antes do programa ir ao ar — onde ela e o apresentador apareceriam diante de uma platéia e que seria transmitido ao vivo para grande parte do mundo — o apresentador disse que considerava-a uma das piores e mais medíocres escritoras da atualidade. Enquanto caminhavam para o palco, ele disse-lhe que fora contra sua aparição no

Doce Vingança

programa, mas que os produtores desconsideraram o seu bom senso.

Inicialmente sem fala, humilhada e com raiva, ela mordeu a língua enquanto ele a apresentava. Recompondo-se, porém, preparou-se para sua primeira pergunta.

— Se lhe permitissem levar apenas uma peça musical para uma ilha deserta, o que escolheria?

Bem, a maioria das grandes figuras da cultura, diante de tal pergunta, responderia Mahler, Mozart ou similares, pensava o apresentador exultante, e depois discutiriam a natureza lírica da sinfonia ou da ópera mencionada. Quando ele lhe fez essa pergunta, ela respondeu sem hesitação:

— Eu levaria a trilha sonora de *The Wiz* comigo.

Foi a vez do apresentador enrubescer e gaguejar:

— *The Wiz*? P-p-or quê?

— Porque eu realmente gosto da música *Ease on Down the Road*, é claro — respondeu ela alegremente.

O público riu e aplaudiu, claramente encantado com sua irreverência e simplicidade. A platéia deliciou-se também com a expressão desconcertada no rosto geralmente impassível do entrevistador. Ele odiou o jeito sabichão dela, mas não demonstrou; continuou sério e sisudo mesmo enquanto ela se tornava cada vez mais irreverente às suas custas. Respondeu a todas as perguntas no mesmo estilo: levaria um exemplar de *Smart Women, Foolish Choices* para a ilha como uma grande obra literária e um pôster *Magic Eye* representando uma grande obra de arte. Disse que realmente gostava quando finalmente conseguia ver a figura do coelho emergir do desenho de fundo.

Respondendo a todas as perguntas com uma expressão calma e inocente e com grande seriedade, não podia ser considerada sarcástica ou tola. Via-se apenas que ela estava no controle da situação. Às vezes, a única maneira de vencer um jogo é

Próprio de uma Mulher

mudar as regras. Suas respostas erradas, paradoxalmente, eram sua vingança. Levantar a voz e dizer o que pensa quando se espera o silêncio pode ser um momento de grande triunfo, especialmente para uma mulher que não está mais disposta a anular-se, calar ou simplesmente deixar passar. Sua voz pode soar como música de vingança.

Capítulo Três

A LINHA DE FOGO ENTRE O AMOR E O ÓDIO

A vingança nos relacionamentos sexuais

"Embora o interesse do marido em outra mulher possa ser uma questão do passado, embora possa consistir meramente em atenções insignificantes, uma mulher pode atormentá-lo incessantemente com tal fúria cega — às vezes contra seu próprio bom senso — que pode pôr todo o casamento em sério risco."
Psicanalista Karen Horney, "O valor do caráter vingativo"

O que lambe, pode morder.
Provérbio francês

A comediante Susie Essman entra no palco e explica, com voz triste e olhar abatido:
— Meu namorado acabou de me trocar por uma mulher mais jovem. — Todos na platéia emitem exclamações de simpatia. Essman então ergue os olhos e tranqüiliza a platéia alegremente: — Não fiquem aborrecidos. Ele já está morto.

Doce Vingança

A piada de abertura, como a de todo comediante de sucesso, joga com a pressuposição de que seu público vai entender imediatamente o sentido e a graça da piada, entendendo que um sujeito que a abandona por uma adolescente tem de pagar por isso. Os homens riem tanto quanto as mulheres da piada de Essman porque o instinto de ferir o amado que vai embora talvez seja o instinto menos específico do gênero masculino ou feminino depois de respirar ou querer o último pedaço de chocolate. Como ver alguém pegar o último pedaço de chocolate depois que você corajosamente disse "Não, vá em frente", ver um amado sair de sua vida é enfurecedor, mesmo que você tenha dito a si mesma que tudo está bem, que de qualquer maneira você não queria mesmo ter mais nada a ver com ele.

Histórias sexuais de vingança eram as que as pessoas mais queriam contar, sussurrando e rindo em bibliotecas, bares, táxis e salas de aula, falando em voz baixa como se de algum modo isso tornasse seus atos mais aceitáveis. Dessa maneira, descobri uma verdadeira orgia de histórias de vingança, muitas reveladas a mim pelas fontes mais improváveis. Tornou-se claro para mim que qualquer um que tenha descoberto um caso do parceiro, que foi deixado à espera junto ao telefone por um telefonema prometido que nunca foi feito ou que foi alvo de injustas humilhações em um relacionamento razoável nos demais aspectos alimentou idéias de vingança, ainda que transitoriamente.

Uma confissão...

Talvez eu tenha ouvido tantas dessas histórias porque eu também tinha uma para trocar, como um cartão de beisebol emocional. Quando trabalhava como monitora no centro de redação e era aluna do último ano da faculdade, ajudando outros

Entre o Amor e o Ódio

alunos com seus artigos e orientando aqueles cujas habilidades necessitavam de aprimoramento, apaixonei-me profundamente por um estudante. Ele definitivamente não era o meu tipo habitual. Alto, corpulento, de barba, entrou para o centro porque seu professor de inglês dera-lhe um ultimato: aprenda a escrever uma frase ou estará fora do time de rúgbi. Usando camisetas com ditos espirituosos como "Jogadores de rúgbi comem seus mortos", esse sujeito parecia mais uma geladeira com cabeça do que um membro civilizado da espécie humana. Por alguma estranha razão, ele me pareceu muito atraente naquele estágio da minha vida.

É difícil admitir, mas eu ficava entusiasmada sempre que ele entrava na sala, e lisonjeada porque sempre pedia a minha ajuda. Comecei a deixar de lado o *jeans* surrado e as camisetas, trocando-os por suéteres cor-de-rosa e saias de veludo cotelê verde (que tinha que pedir emprestados a uma surpresa colega do grêmio). Eu tentava fazê-lo compreender idéias da magnitude de pontuação e quebra de parágrafos, mas na realidade não havia muita esperança; ele me olhava como uma baleia encalhada na praia olha para um reboque salva-vidas. Não iria funcionar. O que fiz — e é aí que entra a parte embaraçosa — foi praticamente escrever os malditos trabalhos para ele. Ele chegava com um ensaio para escrever e eu dizia a mim mesma que estava apenas esboçando-o para ele ou escrevendo um modelo detalhado para ele seguir quando voltasse para o grêmio. Cheguei até a ir à biblioteca levantar fontes para ele e, quando escrevi a bibliografia, disse a mim mesma que estava apenas sendo mais gentil porque ele vinha se esforçando tanto e era tão amável comigo.

Forcei-me a acreditar que minhas ações desonestas não eram realmente desonestas e que minhas intenções eram desinteressadas. O que eu de fato queria, claro, era um encontro de ver-

Doce Vingança

dade com ele, talvez em alguma daquelas festas do grêmio que passei anos evitando e desdenhando. Como os suéteres cor-de-rosa, as festas de repente pareciam atraentes — por causa da presença dele.

Isso continuou por algumas semanas, ele entrava na sala, preenchendo a moldura retangular dos batentes da porta com seu volume e espremendo-se em uma das pequenas cadeiras que se alinhavam ao longo das paredes forradas de painéis de madeira. Então, exibia um sorriso tímido, eu me derretia e começava a fazer os seus trabalhos. Ele observava por cima do meu ombro, elogiava, emitia uns ruídos como sinal de alguma forma de compreensão e fitava intensamente meus olhos enquanto eu explicava a diferença entre *mais* e *mas*. Não importava que ele não ouvisse uma palavra; o que importava para mim era que eu, no mínimo, fizera minha parte.

O que eu me recusava a fazer era digitar seus trabalhos. Suas mãos, grandes e inflexíveis como patas, moviam-se pesadamente pelas teclas, mas eu não cedia. Eu repetia, para benefício dele tanto quanto meu, que não estava fazendo o trabalho dele – estava apenas ajudando-o. Dizia-lhe para verificar as fontes que eu lhe fornecia e refazer os esboços que eu criava, a fim de chegar às próprias conclusões. Não importava que as chances de um marciano de olhos de inseto entrar na biblioteca antes que ele o fizesse fossem maiores. Eu insistia em falar como um virtuoso enquanto cometia os atos de um inescrupuloso. Imaginava que ele logo me convidaria para sair, talvez assim que terminássemos a dissertação principal do semestre. Trabalhando com mais afinco para ele do que para mim mesma, passei horas nas estantes da biblioteca desenterrando críticos obscuros que escreveram extensos livros sobre o autor americano do século XIX que ele escolhera como tema, redigindo sinopses dos seus principais pontos e fornecendo-lhe todas as informa-

Entre o Amor e o Ódio

ções de que ele precisaria para redigir adequadamente as notas de rodapé.

Uma tarde, quando eu vasculhava as estantes do subsolo, os cabelos ondulados cobertos de poeira e o mofo das páginas deixando meus dedos pegajosos, ouvi por acaso duas mulheres rindo baixinho a alguns corredores de distância. Prendi a respiração quando percebi que falavam e riam a respeito do meu jogador de rúgbi.

Parei completamente de respirar quando compreendi que também estavam rindo de mim.

Em momentos como esse, você acha que nunca mais esquecerá as palavras exatas enquanto penetram em sua consciência, gravando, palavra por palavra, a dor que causam, mas o melhor da vida é que você realmente esquece — ao menos esquece os detalhes. O que me lembro é da essência da conversa: que esse sujeito que ambas conheciam — e obviamente muito bem — arranjara uma idiota deslumbrada no centro de redação para fazer todos os seus trabalhos, que ele a estava engabelando até terminar a dissertação do meio do período, mas que nem podia pensar em voltar lá toda semana até as provas finais. Ele achava que, se apresentasse um excelente trabalho na semana seguinte, poderia relaxar durante o resto do semestre. Ao menos, não seria eliminado do time. Continuaram com suas risadinhas enquanto subiam as escadas em direção à luz.

Pensei que fosse chorar, mas não pude. Fiquei entorpecida, depois com raiva e, finalmente, mais lúcida do que estivera há semanas. Para o seu trabalho seguinte, fui à biblioteca central e retirei o ensaio mais famoso sobre o autor, escrito pelo crítico mais famoso. Copiei-o palavra por palavra. No dia seguinte, escondi minha raiva, como uma espada em sua bainha — afiada, mas oculta. Entreguei o artigo ao Sr. Rúgbi, toda sorrisos, e adverti-o alegremente que ele deveria saber que aquelas eram

Doce Vingança
∂

apenas algumas de minhas próprias idéias e não deixar de fazer a pesquisa e escrever o artigo sozinho. Nada mais seria correto. Lançou-me um amplo sorriso, enrolou o artigo na pata e partiu para as diversões do grêmio.

Acho que a notícia deve até ter sido publicada no jornal dos estudantes quando ele foi suspenso por plágio. Disseram que seu professor não ficou realmente surpreso que ele tivesse trapaceado, mas o que chocou até esse professor veterano foi o fato do aluno ter trapaceado estupidamente — copiando palavra por palavra o mais famoso ensaio sobre o assunto, sem nenhuma referência.

Satisfeita com o resultado, ainda assim senti-me humilhada pela minha tolice inicial e minha própria desonestidade autoiludida. Embora tivesse seguido a lei ao pé da letra, eu certamente comprometera o espírito por trás dela. Senti-me culpada por estar tão disposta a abrir mão dos meus princípios por um rosto bonito. Nunca mais faria isso, mas não me senti culpada por entregar-lhe aquele artigo. Ele obviamente sentiu-se tolo e envergonhado o suficiente para não tentar se vingar de mim. Estávamos quites. Quando foi readmitido no semestre seguinte, ouvi dizer através de amigos que ele contratara um professor particular.

A *vida real imita a ficção*

Portanto, talvez não seja de admirar que mulheres *e* homens sintam-se felizes o suficiente para compartilhar suas próprias histórias de vingança depois que comecei por contar a minha própria história. Algumas histórias de vingança até envolvem casais relativamente felizes. Às vezes, ao que parece, há apenas momentos em que o relacionamento precisa ser alertado de um desequilíbrio. Enquanto a retaliação vai da dolorosa à humo-

Entre o Amor e o Ódio

rística, é inevitavelmente fascinante. Inúmeros filmes para televisão dedicaram-se carinhosamente ao assunto, mas poucos igualam as cenas da vida real dirigidas por aqueles que levaram a pior em um relacionamento.

Cortinas para você...

Uma das minhas histórias de vingança favoritas envolve uma mulher de 35 anos, moradora de um subúrbio de Londres, que ficou horrorizada ao descobrir que seu marido há quatorze anos vinha tendo um caso com uma mulher que ambos conheciam bem. A mulher suspeitara que o marido estava sendo infiel, embora nunca tivesse conseguido provar nada e decidiu tentar, com mais empenho ainda, manter o casamento. Quando ele a acusou de não parecer tão jovem quanto devia, ela matriculou-se em aulas de aeróbica. Quando ele a acusou de não ser bastante doméstica (ela era uma artista gráfica), ela matriculou-se em aulas de culinária e de corte e costura. Aparentemente, o momento em que decidiu dar um basta àquela situação foi quando descobriu que a outra mulher de quem estava tentando recuperar o marido era uma de suas melhores amigas. "Foi quando se tornou uma guerra", como minha correspondente, uma amiga dela, escreveu. "Ela vivera com a idéia da traição do *marido*, mas que sua grande *amiga* a traísse foi realmente um golpe."

O divórcio arrastou-se por um longo tempo porque os termos do acordo foram difíceis. O marido lutou com todas as forças pelo direito de manter a casa e finalmente ganhou na justiça — apesar do fato de sua mulher sempre ter pago metade da hipoteca. "Ele devia saber que ela não iria simplesmente partir tranqüilamente", minha amiga explicou. "Aqueles que a conheciam, sabiam que iria à forra."

Doce Vingança

Ela fez as malas e preparou-se para ir embora sem muito alarde. Não pichou as paredes com tinta vermelha e não ateou fogo à cozinha. Mas deixou um pedacinho de sua raiva para trás.

Antes de partir para sempre, a agora ex-mulher resolveu pôr em prática aquelas habilidades de costura que se esforçara tão diligentemente para adquirir. Ela costurou minúsculos camarões em cada bainha de cada cortina da casa e partiu. Dessa forma, encontrou um modo de deixar o novo casal com uma lembrança das suas maneiras traiçoeiras e desonestas.

Em pouco tempo, velhos amigos diziam-lhe que seu ex-marido e sua nova esposa haviam parado de receber amigos em casa porque descobriram que havia problemas com a casa. Foi uma surpresa, é claro, porque o homem vivera lá durante muitos anos sem que houvesse nada de errado. O casal providenciou uma extensa — e cara — obra para remover o penetrante e desagradável odor, mas nada parecia funcionar. As janelas eram deixadas abertas dia e noite. Finalmente, não tiveram escolha senão se mudarem.

A ex-mulher ficou imensamente satisfeita porque agora podia andar pela cidade sem ter que se preocupar em deparar com as lembranças do passado. Ficou ainda mais satisfeita ao descobrir que levaram a maior parte da mobília com eles para a nova casa — inclusive todas as cortinas.

Apenas superar?

Há várias maneiras de encarar as ações dessa mulher. Ela poderia ser vista como meramente despeitada, um ladrão de galinhas da felicidade de outra pessoa. Afinal, que vantagem conseguiu com seu jogo de camarões? Ela não deveria apenas ter seguido seu próprio caminho sem olhar para trás? A melhor

Entre o Amor e o Ódio

maneira de superar a dor de um relacionamento não é "deixar passar", como somos inevitavelmente aconselhados por aqueles que não estão envolvidos no rompimento? Sim e não. Superar um período infeliz da vida — especialmente quando envolve um relacionamento sexualmente íntimo — é difícil de conseguir sem atravessar um estágio de desejo de vingar-se do amado que partiu. Da mesma forma, quando um homem anonimamente envia pelo correio fotos de sua ex-mulher nua para o novo namorado dela, ele quer humilhá-la ao ponto que sente que ela o humilhou, deixando-o ou pulando a cerca às suas costas.

Mary, do Maine, estava ferida e com raiva por seu namorado não querer apresentá-la à mãe, que estava chegando de outra cidade para visitá-lo, apesar do fato de manterem um relacionamento firme há quase um ano.

— Eu sempre quis conhecê-la porque eles eram bastante chegados para mãe e filho, mas quando ele disse frouxamente "Não creio que seja o momento certo para você conhecê-la", fiquei perplexa. Ele não quis nem considerar o assunto. Assim, no dia seguinte, encomendei o maior buquê de crisântemos que pude encontrar e mandei entregar em sua casa, na hora em que sabia que estariam se sentando para jantar. No dia seguinte à partida dela, fui ao apartamento. Ele vivia em um apartamento bastante espartano, de linhas sóbrias e formas simples. E assim que entrei, vi aquele volume colorido. Sobre a mesa da sala de jantar, em um jarro que obviamente era pequeno demais, estavam as flores. Ele não havia nem cortado os talos das flores no tamanho certo, de modo que estavam pendentes de todo o jarro, parecendo monstros saídos de um pesadelo. Perguntei-lhe: "E então, como foi?". Ele respondeu: "Essas flores. Tudo que fizeram foi ficar entre nós a noite toda. Tudo que ela fez foi perguntar sobre quem as enviou e tudo que fizemos

Doce Vingança

foi conversar sobre você. Teria sido mais fácil se estivesse aqui."
O que era, é claro, o que eu queria que ele tivesse dito desde o
princípio.

Imaginando a reação dele

Ao passar a noite com um homem casado que a levou ao seu
apartamento apenas para arrancar as alças de seu vestido na
ânsia de fazer amor com ela, Gloria Wandrous rouba o luxuo-
so casaco de visom da mulher dele e usa-o sobre sua roupa de
baixo quando retorna para o centro da cidade. Gloria, protagonista de *Butterfield 8,* de John O'Hara, acordara sozinha no
apartamento daquele homem e foi tomada pelo desespero. A
única coisa que a fez sentir-se melhor foi a idéia de roubar o
casaco e imaginar como o marido iria explicar a perda para sua
mulher quando ela voltasse à cidade. "O desespero dissipava-
se. Agora que sabia a maldade que iria fazer, encarou-a e sentiu-se bem a respeito. Mal podia esperar." Não é vantagem financeira que move Gloria — é o desejo ardente de vingar-se
do homem que a seduziu e abandonou inescrupulosamente.
Deixada com o vestido e a dignidade em trapos, Gloria não vê
razão para não lhe causar esse transtorno.

Claro, há histórias de vingança trágicas sobre atos de de-
sesperança e desespero que inexoravelmente afetam as vidas
até dos mais inocentes espectadores. Talvez se desforrar de um
antigo amante seja a mais problemática de todas as fantasias
de vingança porque a vingança circula na mesma matéria dos
primeiros estágios do amor: paixão, concentração e imagina-
ções exacerbadas. Como escreveu D. H. Lawrence, autor de *O
amante de Lady Chatterley*: "A luxúria do ódio é o desejo
imoderado de consumir e execravelmente possuir a alma da
pessoa odiada, assim como a luxúria do amor é o desejo de

Entre o Amor e o Ódio

possuir ou ser possuído pelo amado, completamente. Mas em qualquer dos casos, o resultado é a dissolução das duas almas, cada qual perdendo-se ao ultrapassar seus próprios limites." O oposto da vingança pode ser não o perdão, mas a indiferença — que é também o oposto do amor.

Edição seletiva

— Eu me senti como um personagem de conto de fadas em um estado de animação suspensa que repentinamente percebe que os relógios do reino voltaram a funcionar — declarou Allison, apuradora de fatos para uma revista nacional. — Meu namorado da faculdade e eu discutimos o casamento desde o nosso segundo encontro e, embora não estivéssemos oficialmente noivos, eu considerava que tínhamos um relacionamento exclusivo. Ele continuou na faculdade, fazendo pós-graduação em redação literária, quando vim para Nova York trabalhar, mas quanto a mim tudo estava indo bem. Gastava rios de dinheiro em telefonemas e procurava nas lojas os mais belos e perfeitos cartões para lhe mandar. Eu até fazia seus biscoitos favoritos e enviava para ele pela entrega rápida toda semana.

"Então, recebi uma carta dizendo-me que ele vinha saindo regularmente com essa mulher da sua turma nos últimos três meses e que achava que devia me escrever contando o quanto eram profundos seus sentimentos por ela. Foi uma carta realmente dolorosa para mim, não só porque ele me fez ver que eu fora uma tola por três meses, mas porque entrou em detalhes sobre o motivo de estar fazendo a escolha certa ao ficar com *ela* — como era maravilhosa, como abominava (palavra dele) todo consumismo e zombava dele acerca dos cartões que eu enviava, dizendo o quanto nosso relacionamento era adolescente. Ele disse que acabou concordando com ela. A carta era

Doce Vingança

incrivelmente pretensiosa e egoísta, mesmo quando tentava parecer melancólico e adulto.

"Terminou a carta dizendo que eu deveria encontrar uma nova vida para mim, que devia ampliar meu círculo de relações (já que muitos de nossos antigos colegas de faculdade eram mais seus colegas do que meus, ele disse) e como eu não deveria chorar por muito tempo depois de ler o que ele chamou de 'esta missiva de infelicidade'.

"Reli a carta tantas vezes que, embora já se tenham passado cerca de dois anos, odeio admitir que ainda me lembro do texto de cor. Foi uma dolorosa experiência.

Allison, que se mostrara bastante abatida enquanto contava sua história, animou-se de repente: "Mas decidi que iria seguir seu conselho e não chorar. Em vez disso, fiz fotocópias de sua carta e enviei as páginas para meus colegas do escritório, amigos da minha cidade e nossos velhos amigos da faculdade, pedindo-lhes que comentassem seu estilo e criticassem a prosa em geral. A maioria mostrou-se maravilhosamente sarcástica, dizendo que sua redação era 'empolada' e 'sentimental'. Enviei-lhe cópias das respostas. Eu sabia que a coisa mais importante para ele era a visão superdimensionada dele mesmo como um grande escritor e que aquelas cartas seriam um verdadeiro golpe. Ele achou que eu teria vergonha de admitir para as pessoas que tínhamos rompido. Em vez disso, eu me diverti com o fato e convidei as pessoas que nos conheciam a se divertirem também. Nunca me arrependi de ter reunido aquele grupo editorial improvisado, porque já não me sentia a vítima no "roteiro de outra pessoa". A história de Allison é interessante por diversas razões, não sendo a menor delas sua ênfase na necessidade de renovar a auto-estima, entregando sua carta pomposa e cruel a um enxame de críticos.

Allison conseguiu acrescentar seus próprios toques finais à

Entre o Amor e o Ódio

história e não permanecer solitária com uma desconfortável sensação de rejeição. Ela concentrou-se no que a faria sentir-se melhor — e, significativamente, fazê-la sentir o apoio e a lealdade de seus amigos — e não permitiu que se passasse muito tempo antes de agir. Ela deu um golpe mortal em seu desejo de isolar-se de todos e, ao fazê-lo, assegurou que o processo de sofrimento com sua perda não fosse algo que tivesse de suportar sozinha. Colocar um ponto final nesses casos é essencial. A ânsia de simetria e de encerramento do caso estão no âmago da maioria das histórias de vingança. Existe, afinal, um gosto pela precisão que informa a necessidade de vingança.

Allison poderia perfeitamente ter seguido o exemplo de uma longa relação de mulheres realizadas, de diferentes épocas, que conseguiram quebrar a força repressora da passividade feminina socialmente encorajada por um tempo suficientemente longo para se fazerem ouvir quando a ocasião exigisse. Sua história faz-me lembrar de uma sobre a escritora e atriz do início do século XX Ilka Chase. Chase fora casada com Louis Calhern, que se divorciou dela para casar-se com Julia Hoyt. Quando arrumava seus pertences, pouco tempo depois do infeliz episódio, encontrou alguns cartões de visita que mandara imprimir com o nome Sra. Louis Calhern. Generosamente, e considerando sua própria experiência, enviou-os para a nova Sra. Louis Calhern com um curto bilhete: "Cara Julia, espero que receba estes a tempo." Somente alguém íntimo poderia atingir com tanta precisão o centro da vulnerabilidade de sua rival direta.

Ajude a si mesmo

Em uma astuta paródia dos livros usuais de auto-ajuda, *Como evitar o amor e o casamento*, Dan Greenburg e Suzanne

Doce Vingança
❧

O'Malley aconselham casais sobre como se vingar de seus parceiros, qualquer que seja a situação. Propõem que uma das maneiras mais eficazes de punir seu parceiro é ficar doente. "Somente doenças graves constituem punições eficazes. Sugerir que seu companheiro causou-lhe uma dor de cabeça, caspa ou gases estomacais é bobagem. Para tornar sua punição eficaz, aposte alto... Se conseguir contrair uma doença grave, provavelmente estará se candidatando a muita dor e, finalmente, à morte. Mas pense na vingança que será sobre seu parceiro!" Nessa sugestão facciosa, tocam em um método de vingança que possui uma longa história nos anais da doutrina do relacionamento.

"Bem, se não posso manter Heathcliff como amigo — se Edgar é mesquinho e ciumento, tentarei partir seus corações partindo o meu próprio", declara Cathy em *O morro dos ventos uivantes,* de Emily Brontë, quando o ciúme que seu marido sente do primeiro amor ameaça arruinar a vida de Cathy. "Será um modo rápido de terminar com tudo, quando eu estiver à beira do desespero!" Cathy é bastante sensata para perceber que ficar doente é "um ato a ser reservado para uma esperança perdida", mas ao qual assim mesmo se entrega por completo quando seu marido, Edgar, recusa-se a ceder e permitir a presença de Heathcliff em suas vidas. Cathy na realidade entrega-se à inanição, morrendo no parto, a fim de punir os dois homens que ama. A ironia é que ambos também a amam apaixonadamente e nenhum dos dois deseja que morra. A raiva de Cathy só pode ser direcionada contra o próprio corpo, já que não tem acesso a outras formas cavalheirescas de agressão, como um duelo ao nascer do sol ou uma faca no pescoço ao fim da tarde. Como a anoréxica que se recusa a comer para punir sua mãe por ser tão possessiva, ou o paciente que se recusa a melhorar a fim de punir o médico por não ter levado

Entre o Amor e o Ódio

sua doença a sério, a amante que destrói a si mesma tragicamente confia no poder de sua capacidade de eliminar a possibilidade de salvamento.

O marido de Cathy, Edgar, chora sua morte e lhe dá um enterro cristão, mas Heathcliff jura vingar-se de Cathy, mesmo após sua morte. "Com uma assustadora veemência, batendo o pé no chão e rosnando em um repentino paroxismo de paixão incontrolável [Heathcliff grita] 'Ela é uma mentirosa até o fim! Onde ela está? Não aqui — não no céu — não morta — onde? Ah! Você disse que não se importava com meus sofrimentos! E eu rezo uma única prece — vou repeti-la até minha língua entorpecer — Catherine Earnshaw, que você não descanse em paz, enquanto eu viver! Você disse que eu a matei — então, me assombre! Os mortos assombram seus algozes. Acho — sei que fantasmas vagueiam pela Terra. Esteja sempre comigo — assuma qualquer forma — me enlouqueça! Apenas não me deixe neste inferno, onde não posso encontrá-la!'" As mulheres têm chorado por causa dessa cena no livro durante quase 150 anos — e têm chorado em versões de filmes, minisséries e até desenhos animados por quase o mesmo tempo.

O morro dos ventos uivantes é considerado há muito o paradigma do romance gótico, mas é também uma história clássica de autodestruição como vingança sexual. Devia haver um meio de Cathy e Heathcliff terem amado sem essa perda; devia haver um meio de Cathy vingar-se de Heathcliff e Edgar que não envolvesse a destruição de seu corpo. Em todas as histórias de vingança, mas especialmente nas que dizem respeito a vingança sexual, percebemos com espanto que *devia* haver meios de evitar a dor, de oferecer compaixão, de chegar a um entendimento — mas quando essas soluções não ocorrem, o desejo de vingança apressa-se a preencher o vácuo.

Doce Vingança

Bang! Bang! Eu te amo

É paradoxal, ainda que familiar, que queiramos ajustar contas com as pessoas que mais amamos. Lembro-me de ver um filme de faroeste quando criança que terminava com um tiroteio entre a xerife da cidade e seu namorado, o ladrão de cavalos. Tendo matado a maioria dos habitantes da cidade inadvertidamente durante uma série de combates, eles esconderam-se atrás das árvores e atiraram um no outro, enquanto declaravam a veracidade e o alcance de seu verdadeiro amor. Eu tinha cerca de seis anos e tinha prazer em interromper minha descrença (se eu podia aplaudir até Sininho reanimar-se em *Peter Pan*, podia acreditar em qualquer coisa), mas lembro-me de ter tido dificuldade em compreender aquele filme. Eu sabia que meus pais brigavam constantemente e ainda assim pareciam se amar, mas aquele tiroteio enquanto gritavam "Eu te amo" deixou-me preocupada. Ainda deixa.

As formas mais perigosas de vingança são aquelas que envolvem a necessidade de punir enquanto ainda depende da necessidade de ser amado. Desforrar-se de alguém que você amou um dia faz o mesmo sentido que faria vingar-se de um chefe que um dia respeitou — você foi ferido, tudo está acabado, você quer ver o caso encerrado. Mas torturar alguém que ainda ama, o tempo inteiro dizendo "Por favor, corresponda ao meu amor", é perturbador porque não há um final positivo possível para esse tipo de padrão repetitivo. Se você continua retornando à necessidade de vingança, então existe um problema que não pode ser resolvido por uma medida punitiva rápida e inteligente.

Mas pode haver um lado mais simples, que envolve ajustar contas como uma maneira de superar o problema. Usa a vingança para alcançar o encerramento do caso, para des-

Entre o Amor e o Ódio

cer a cortina no ato final de uma peça que seria melhor esquecer.

Ser capaz de atingir uma sensação de liberação do velho relacionamento é o que o melhor tipo de vingança consegue em tais situações. Isso pode ser feito sem quebra de louça ou destruição de janelas de carro, mas raramente é conseguido sem que alguém fique entediado. "Não há nada bom ou ruim, pensar é que o torna assim", declarou Hamlet de Shakespeare, e inúmeras histórias de vingança dizem respeito a ações que, fora de contexto, não parecem destrutivas em si mesmas ou de si mesmas.

Fazer aos outros o que você acha que foi feito a você

Quando Freddy levou o cachorro de Genny ao veterinário para ser castrado, ele bem poderia estar lhe fazendo um favor. Mas levar seu cachorro para ser castrado era, entretanto, um ato de vingança. Genny era sem dúvida uma mulher atarefada e sempre censurara Freddy no passado pelo seu descaso em empreender tarefas domésticas. Quando Freddy descobriu que a própria Genny empreendera algumas tarefas extradomésticas com um atraente vizinho novo, ele resolveu compensar o descaso que sofreu.

Genny pagara uma enorme soma pelo *pedigree* do cachorro, pensando na procriação tão logo ele se tornasse adulto. O que Freddy fez ao cachorro foi o que ele sentiu que Genny fizera com ele ao dormir com o vizinho. Talvez até sem fazer disso uma escolha consciente, Freddy vingou-se de Genny perpetrando sua vingança de uma forma que a enfurecesse, mas não fizesse mal a ninguém diretamente. Milhares de animais são castrados todos os dias e não há nada no procedimento em si que seja inerentemente vil ou mesquinho. O que tor-

Doce Vingança

nou o gesto de Freddy uma vingança foi sua intenção, não a ação em si.

O caminho para o inferno nas histórias de vingança sexual raramente é pavimentado com outra coisa que não a pior das intenções. Levado ao extremo da decepção no amor, uma pessoa normalmente amável e atenciosa pode se ver alimentando pensamentos frios e sombrios. Ou pensamentos quentes e sombrios — especialmente quando se trata de brincar com fogo.

Quente demais para manusear

O fogo figura amplamente nas histórias de vingança sexual, talvez em parte por causa da maneira como sempre nos referimos a "arder de amor" ou ser "consumida pela paixão". De canções clássicas como a ardente "Fogo", de Peggy Lee, ou mesmo "Pedaço de amor em brasa", de Elvis, a "Caminhando através do fogo", de Mary Chapin Carpenter, ou "O fogo lá embaixo", de Bob Seger, o fogo é o elemento ligado ao erotismo, à energia — e a desfazer-se em nuvens de fumaça. O fogo, como a paixão, consome tudo que abraça. Não é de admirar que esteja no centro ardente de inúmeras fantasias de vingança.

Parece que as mulheres, em particular, vêem o fogo como um elemento amistoso, que pode vingá-las. É apreciado por inúmeras mulheres descontentes e popularizado por ex-esposas e amantes. Desde o romance de Charlotte Brontë do século XIX, *Jane Eyre*, os leitores foram apresentados à mulher como um anjo vingador empunhando o fogo. Brontë primeiro nos deu a mulher maltratada Bertha Rochester e, cem anos mais tarde, Jean Rhys retomou sua história e escreveu *The Wide Sargasso Sea*, que seria transformado em um popular filme independente em 1992. Parte da atração de Bertha como vingadora advém do grau de comportamento intolerável a que ela

Entre o Amor e o Ódio

era submetida. Considerada simplesmente uma louca no sótão por seu marido, Rochester, Bertha é trancafiada e tratada como um animal. Os animais não têm acesso ao fogo; os seres humanos têm. O caráter humano de Bertha é ironicamente sublinhado por seu último, louco e desesperado ato de vingança — Bertha destrói a casa do marido com um incêndio, como certa vez presenciara sua própria casa ser destruída pelas chamas quando criança. Sua consumação final pelo fogo parece indicar um movimento de exteriorização da raiva e da fúria que ela interiorizou durante muito tempo; é como se, ao confrontar seu próprio poder, fosse consumida por ele. O fogo é apenas sua mais externa e óbvia manifestação. Ela morre nas chamas ateadas por suas próprias mãos; Rochester, entretanto, sobrevive. Aleijado e parcialmente cego, ainda assim casa-se com Jane Eyre e tem um filho. A vingança de Bertha é na verdade incompleta e ineficaz, trágica somente por ter afetado a própria mulher.

Versões posteriores de Bertha, entretanto, tiveram a permissão de seus autores para ser mais bem-sucedidas. Em *The Life and Loves of a She-Devil*, de Fay Weldon, Ruth também ateia fogo à casa depois que o marido a abandona por outra mulher. Mas, ao contrário de Bertha, Ruth sabe que não é a perda do símbolo da vida conjugal que afetará seu marido — é a perda de propriedade e dinheiro. Ruth envia os filhos para o McDonald's, retira o cachorro e o gato de casa e, depois de alinhar as cadeiras estofadas com espuma de poliestireno e de ligar velhos aparelhos eletrodomésticos no máximo, joga um cigarro aceso em uma cesta de papéis cheia de contas, embaixo de um longo conjunto de cortinas. A cozinha explode e o resto da casa é completamente destruído pelo incêndio.

Mas isso não é o bastante para os propósitos de vingança

Doce Vingança
🙟

de Ruth. Seu golpe mais certeiro é desfechado quando o representante da companhia de seguros se apresenta. Ele oferece um cigarro a Ruth, que ela aceita com entusiasmo.

— Obrigada, tenho fumado muito desde que meu marido foi embora. Sabe como é. Nervos — explica ela, perfeitamente ciente do efeito de suas palavras.

— Será que foi assim que o fogo começou? Um cigarro numa cesta de papéis? — apressa-se a dizer o avaliador do pagamento do seguro, de má-fé.

— Deve ter sido. Agora que penso nisso — diz Ruth, respondendo às perguntas sobre as causas do incêndio —, eu estava arrumando uns papéis na sala de Bobbo e comecei a chorar... oh! — Tampou a boca com a mão. — O que foi que eu disse? – Sabendo muito bem que ao admitir culpa na deflagração do incêndio, ainda que acidentalmente, Bobbo não poderá receber o dinheiro do seguro, Ruth consuma sua vingança.

No romance de Terry McMillan, *Waiting to Exhale*, de 1992, vemos a contraparte americana de Ruth cometendo quase exatamente o mesmo ato quando colocada na mesma posição por seu marido mulherengo, que a abandona por uma mulher mais jovem. Bernadine, outra mulher relegada por um marido disposto a iniciar uma nova vida própria, está sozinha em casa tomando Xanax e sentindo-se deprimida, quando lhe ocorre uma idéia. "Esta maldita casa é arrumada demais", decide Bernie, dando início ao processo de estabelecer o caos. Entra no *closet* ridiculamente bem organizado de seu marido — os ternos estão em ordem alfabética por estilista, começando por Adolfo — e começa a empilhar nos braços as caras roupas feitas sob medida, levando-as para o BMW dele, agora estacionado no final da alameda para carros. Ela faz repetidas viagens para reunir seus sofisticados sapatos, colônias, gravatas, ber-

Entre o Amor e o Ódio

mudas (guardadas perfeitamente separadas das cuecas) — e uma lata de fluido de isqueiro.

"Ela acendeu o fósforo, jogou-o dentro do carro pela janela da frente e afastou-se (...)." Quando um dos bombeiros informa-lhe que a companhia de seguros não cobriria o sinistro, ela responde: 'Sei disso'. Quando ele lhe diz para queimar algo menor e menos dispendioso da próxima vez, ela assegura: 'Não haverá próxima vez.' Após um ato de caos e destruição premeditada, Bernie começa a ganhar um senso de perspectiva. Seu próximo ato de vingança é promover uma venda de objetos usados em sua garagem, onde cada um dos caros 'brinquedos' de seu marido — de seus esquis e tacos de golfe ao seu carro antigo, vinhos de qualidade excepcional e jóias de ouro — é vendido por exatamente um dólar. Ela deixa que as crianças fiquem com o dinheiro. Afinal, como Bernie diz ao marido ausente: 'Já que você quer começar uma vida nova, seu escroto, veja o que significa começar do zero.'"

E o fogo não precisa consumir tudo para ser uma forma de vingança. No poema de Marge Piercy *Que cheiro é este na cozinha?*, ouvimos os verdadeiros, embora inconscientes, motivos da mulher para o "erro" de queimar o jantar: "Se ela quer servir-lhe alguma coisa é um rato morto com uma bomba na barriga, batendo como o coração de um insone. (...) Queimar o jantar não é incompetência, mas guerra."

Há uma infinidade de outras histórias de vingança envolvendo o que acontece entre quatro paredes — quer dizer, quando as paredes em questão são as da cozinha.

Cozinhando uma surpresa

Helen, uma cabeleireira, ainda sorri quando se lembra da ocasião em que se vingou de seu ex-marido namorador.

Doce Vingança

— Eu o conheci quando tinha dezesseis anos, casei-me com ele aos dezessete e tivemos nosso primeiro filho aos dezoito. Ele estava no serviço militar e eu sabia que ficaríamos separados, mas acreditava piamente que ele honraria nosso casamento porque eu sabia, ou achava que sabia, o quanto ele era comprometido com nossa família e com valores tradicionais. Em um fim de semana, ele trouxe a mulher de um de seus companheiros para jantar porque o casamento deles andava problemático e ela precisava de companhia. Fiz o melhor que pude para preparar uma boa refeição, pus as crianças para dormir cedo, antes do jantar, para que pudéssemos sentar e ter uma boa e sincera conversa de adultos. Eu estava me esforçando para receber bem essa mulher porque sentia muita pena de suas dificuldades.

"Quando voltava, depois de ter ido ver se as crianças estavam dormindo bem, ouvi seus risos, como haviam rido toda a noite. Ela estava feliz demais para alguém que supostamente estava passando por maus momentos no casamento. Percebi então que eles estavam tendo um caso. Separaram-se um pouco rápido demais quando entrei na sala; entreolhavam-se um pouco demais e fitavam-se nos olhos por um tempo longo demais. Eu simplesmente soube. Tudo estava pronto para o jantar, exceto o arroz, e fui para a cozinha. Bati talheres e panelas, mas estava ouvindo. Ouvi os sussurros: 'Acha que ela sabe?' e 'Temos que tomar mais cuidado.' Minha mente deu um branco. Fiquei ali parada junto à pia, olhando para fora, para o quintal pequeno e feio, pensando em como estavam me fazendo de tola.

"Em seguida, tirei minha calcinha e coei o arroz deles por ela. Entrei na sala de jantar carregando aquele belo prato de camarão e fui uma companhia muito melhor porque estava satisfeita comigo mesma. O mais humilhante em saber que es-

Entre o Amor e o Ódio
⁊

tavam tendo um caso era o fato de compartilharem esse grande segredo e me deixarem de fora. Assim, virei o feitiço contra o feiticeiro. Agora, era eu quem tinha um segredo, se quiser ver as coisas desse modo. E eu sabia tudo que achavam que eu não sabia. Atravessei a noite sem fazer nenhuma cena. Fico horrorizada ao pensar no que fiz, mas não me arrependo. No dia seguinte, telefonei para nosso capelão em busca de aconselhamento, para uma empresa de mudanças por questões práticas e para um advogado para cuidar do resto.

A busca do destaque

Querer que o ex-amado sinta o que você sentiu — sozinha, magoada, desprezada — é parte típica da tristeza do mau — ou pós — relacionamento. É um estágio a ser aceito e enfrentado e que pode oferecer suas próprias perspectivas e possibilidades de cura dos ferimentos.

Pode parecer contraditório, já que pensar em vingança geralmente é considerado um bloqueio ao progresso emocional. Afinal, em seu clássico ensaio sobre vingança, *Sir* Francis Bacon declarou categoricamente que "um homem que estuda a vingança mantém seus próprios ferimentos verdes", e poucos questionaram essa declaração. No entanto, eu argumentaria que a inevitabilidade de sentir como se tivesse adquirido o direito de ajustar contas quando a pessoa amada vai embora deveria ajudar a aplacar ao invés de agravar as emoções; tanto santos quanto pecadores pensam em vingança quando se sentem abandonados. É importante, mais uma vez, enfatizar o fato de que não é preciso colocar esses impulsos em prática para que sejam catárticos.

Doce Vingança
☙

Bons sujeitos também se vingam

As mulheres não são as únicas capazes do tipo de vingança elaborada associada ao trauma pós-relacionamento. Diversos homens que entrevistei tinham histórias sobre vinganças não menos cuidadosamente arquitetadas das suas contrapartes femininas.

— Quando minha namorada decidiu que seu ex-marido era melhor para ela do que eu, achei que poderia simplesmente seguir com minha vida — disse um professor de colégio de 41 anos. — Fiquei transtornado, claro. Eu passara anos tentando ajudá-la a recompor a vida depois do divórcio desse homem que ela descrevia como frio e egoísta, e lá estava ela correndo de volta para ele. Mas achei que, ora, sou um bom sujeito. O que posso fazer? Mas, depois de mais ou menos uma semana, comecei a me sentir cada dia mais idiota. Eu fantasiava inúmeras maneiras de fazer com que ela se sentisse mal, mas não queria que se sentisse culpada pelo rompimento ou nada assim. Afinal, concordei que devíamos continuar amigos, algo que suspeito que ela desejava para ter alguém a quem recorrer se o novo-antigo relacionamento não desse certo. Não queria magoá-la, mas queria que se sentisse tão mal quanto me senti por algum tempo.

"Sabendo que ela detestava objetos de decoração folclóricos, engraçadinhos, imaginei uma maneira de me vingar dela gentilmente. Sua secretária era nova no cargo e telefonei para dizer-lhe que, como um velho amigo, eu achava que ela adoraria, mais do que qualquer outra coisa, que todos no escritório lhe dessem um objeto de artesanato, gracioso e gentil, no seu aniversário na semana seguinte. Eu tinha certeza que ela adoraria decorar o escritório com eles. Será, sugeri, que essa secretária poderia espalhar a informação?

Entre o Amor e o Ódio

ø

"Eu também sabia que minha amiga tinha dificuldades em manter funcionários e que não podia se dar ao luxo de dispensar ninguém. Não estava, portanto, colocando a secretária em nenhum tipo de risco. E como era de se esperar, quando chegou o dia de seu aniversário e fui ao seu escritório com uma caixa de bombons, o lugar parecia uma loja de brinquedos. Havia todo tipo de objeto que ela detestava pela sala inteira. Coelhinhos rajados feitos à mão. Vasos de cerâmica com desenhos de patos pintados em tom pastel. Caixas de música no formato de gatinhos. Alguém até lhe trouxe uma pequena panela de cobre para pendurar na parede, dizendo que era magnífico trabalhar para uma mulher que gostava de fazer o escritório parecer sua casa. Deram-lhe esses presentes durante um almoço de comemoração, de modo que ela teve de abrir um por um enquanto ouvia as exclamações de admiração, e não teve escolha senão pendurar pelo menos alguns no escritório.

"Dizer a todos que pegassem suas quinquilharias e as colocassem onde o sol nunca brilha era sem dúvida o que ela gostaria de fazer, mas não poderia sem parecer mesquinha. E não podia se dar ao luxo de parecer mesquinha diante de todas aquelas pessoas tão amáveis do escritório, que procuraram longa e duramente encontrar exatamente aquela capa de computador pintada à mão. Assim, ela ficou ali sentada, infeliz, em seu conjunto Armani, com uma batedeira de manteiga em miniatura junto ao cotovelo. Ela suspeitou que tive algo a ver com o ocorrido, mas nenhum de nós disse nada. Foi a última vez que a vi e desde então não tive mais nenhuma fantasia de vingança.

Uma recém-divorciada de 23 anos declarou:

— Às vezes, a dor emocional é simplesmente grande demais para ser suportada sozinha. Você precisa causar na outra pessoa uma dor emocional semelhante para saber que não é a

Doce Vingança

única a sofrer. Se eu telefonasse para meu ex-marido no meio da noite, mesmo que apenas deixasse o telefone tocar duas vezes, pelo menos sabia que não era a única furiosa e acordada às três da madrugada. Pensaria comigo mesma: Ótimo. Agora ele também vai estar com uma aparência horrível no trabalho amanhã de manhã.

Uma experiência comum a qualquer pessoa, mais cedo ou mais tarde, é o desejo de tornar seu ex-amante tão infeliz com o fim do relacionamento quanto você tentou torná-lo feliz no início desse mesmo relacionamento. Talvez, como acredita uma amiga minha, o desejo de ferir alguém que a magoou diminua com a idade, perca a intensidade quando compreendemos inteiramente que, com tão pouco tempo em nossas vidas, não podemos nos dar ao luxo de olhar para trás. Mas para muitas pessoas, especialmente depois do esfacelamento de um relacionamento de muitos anos, o desejo de retaliação está dentro dos limites da normalidade.

A indistinta fronteira entre o amor e o ódio

A retaliação é, na verdade, o tipo de vingança sobre a qual lemos desde que colocamos as mãos nos livros surrados do colégio. O clássico romance de amor ilícito de Nathaniel Hawthorne, *The Scarlet Letter*, é construído sobre o tema da vingança. "É um assunto interessante de observação e investigação, se o ódio e o amor, no fundo, não são a mesma coisa", escreveu Hawthorne. "Cada qual, em seu estágio máximo de desenvolvimento, supõe um alto grau de intimidade e conhecimento das coisas do coração; cada qual deixa o indivíduo dependente de outro para o alimento de suas afeições e vida espiritual; cada qual deixa o amante apaixonado, ou aquele que odeia não menos apaixonadamente, desolado e desamparado

Entre o Amor e o Ódio

com a retirada do objeto de sua paixão ou ódio." A vingança e a obsessão são companheiras, e essa é uma das razões de tão freqüente e imediatamente associarmos a vingança a traições pessoais do coração.

Não são apenas os livros surrados do colégio que incluem a traição como tema. Liderando a escola de pensamento de que escrever é a melhor vingança, tanto escritores populares quanto tradicionais procuram atingir aqueles que os feriram em uma fase anterior de suas vidas. A ex-mulher do escritor Jay McInerney, famoso por *Bright Lights, Big City*, escreveu seu primeiro romance intitulado, o que não é de admirar, *Ateando fogo à casa*. Quando lhe perguntaram por que escreveu uma crônica do casamento e divórcio de um casal literato de Manhattan, Merry McInerney respondeu: "Ah, foi por vingança", segundo o artigo 'Knife-like Fiction' no *New York Newsday*. Temendo que seu ex-marido satirizasse o casamento deles em seu novo trabalho, ela começou a escrever para "livrar-se dos demônios". No processo, descobriu as alegrias de contar sua própria história.

— No começo, acho que foi como purgar a mim mesma, como alguém com bulimia o faria — admitiu McInerney. — Meu casamento era praticamente toda a minha vida e então o perdi subitamente. (...) Ressinto-me da maneira como ele escreveu ficção sobre minha depressão. E sinto que ele me explorou. (...) Ressinto-me de que [seu novo romance] seja sobre nosso relacionamento. (...) — Ao colocar seu ressentimento no papel, entretanto, ela viu seu trabalho tornar-se "cada vez mais engraçado, cada vez mais ficcional". Claramente, ela era capaz de transformar seu desejo de vingança em um ato que lhe permitisse atravessar — e superar — seus antigos ressentimentos.

Outro romance de vingança, *Torch Song*, também é mencionado no artigo de McInerney, que cita a escritora Anne Roiphe

Doce Vingança

explicando que "a vingança faz parte da motivação de todo escritor, homem ou mulher. (...) Eu não me sentiria absolutamente ofendida se alguém dissesse que *Torch Song* foi um romance escrito por vingança. (...) Também há raiva e uma vontade de readquirir o poder perdido. Tudo isso me parece perfeitamente legítimo".

Em geral, é a pessoa abandonada quem deseja vingança, mas às vezes até mesmo o amante que resolve ir embora pode querer vingar-se de injustiças sofridas numa fase anterior do relacionamento. Se, por exemplo, alguém resolve terminar um relacionamento emocionalmente abusivo, podem ser necessários vários meses para que essa pessoa atinja um estado de bem-estar psicológico que lhe permita ficar com raiva. Para algumas pessoas, pode levar ainda mais tempo até o ponto em que ele ou ela possa admitir o desejo de vingar-se da pessoa que a fez sofrer. Espera-se, especialmente em um cenário como esse, que a pessoa possa auferir alguma satisfação e saciamento do *desejo* em si, sem que tenha de colocar em prática a vingança.

Com este anel

— Ela tinha o dom de me deixar arrasado — admitiu Lewis, um bancário de 26 anos, de San Diego. — Ela era fascinante, engraçada e rica. Nada impedia que todo homem na face da Terra se sentisse atraído por ela, e a maioria o fazia. Ela sabia disso e, pelos três anos que vivemos juntos, também fez questão de que eu soubesse. Especializou-se em me diminuir, em me abater, com uma única frase, rápida e aparentemente inocente. Eu comprava um casaco esportivo novo e ela dizia: "Você não devia fazer compras sozinho." A caminho de uma festa, dizia-me que eu devia "tentar conversar sobre *qualquer coisa* além de finanças e ações", fazendo-me sentir um idiota se al-

Entre o Amor e o Ódio

guém me perguntava em que eu trabalhava. Conseguia me fazer sentir tão estúpido que eu ficava em silêncio a noite toda. Ela conseguia me aniquilar em cinco segundos.

"Aturei essa situação até descobrir que ela estava dormindo com um canastrão tagarela do seu escritório que, tenho certeza, contou a todo mundo o que havia entre eles. Senti-me humilhado, além de chocado e magoado. Ela mudou-se, mas ainda nos víamos e achei que poderia ser assim, mas à medida que o tempo foi passando, tive uma reação retardada. Comecei a fazer terapia e compreendi o quanto ela se parecia com minha mãe. Acho que todo homem deve dizer isso na terapia, mas neste caso era a pura verdade. Compreendi que eu havia me submetido a esse tipo de afeto abusivo durante toda a minha vida e que era responsável por isso. Também vi que jamais conseguiria superar aquele relacionamento até rompermos realmente.

"Eu acumulara um enorme ressentimento, que transbordou quando admiti que o relacionamento não tinha nenhum futuro. A essa altura, estávamos de volta a uma inusitada situação de encontros e eu não conseguia imaginar o que fazer. Queria me vingar, não pela maneira como ela agia agora, mas por ter me traído quando estávamos juntos. Comprei-lhe um belo anel de noivado. Só que esse anel não era de brilhante, mas uma perfeita imitação em zircônio. Gastei mil dólares no anel e, acredite-me, não era possível notar a diferença, a não ser que você mandasse avaliar a pedra. Fui ao seu escritório certa manhã, fiquei de joelhos diante de todo mundo e pedi-lhe que se casasse comigo. Ela aceitou. E espalhou a notícia.

"Uma semana depois, rompi o noivado. Como um *gentleman*, disse-lhe que ficasse com o anel. Alguns dias depois, ela deixou uma mensagem furiosa na minha secretária eletrônica, gritando comigo por ter lhe dado um brilhante fal-

Doce Vingança

so. Foi interessante ver que ela não gritava comigo por lhe fazer uma falsa proposta de casamento. O episódio me provou que eu fizera a escolha certa ao livrar-me dela. Achei que havia vingado o pobre pateta, a versão anterior de mim mesmo, que um dia amara aquela mulher cegamente.

Se ele tivesse ido em frente e se casado com sua namorada, ainda não teria ultrapassado as fronteiras da vingança. Histórias de vingança que incluem casamento podem ser encontradas em algumas das mais populares narrativas da cultura. Após uma rejeição particularmente devastadora, algumas pessoas apressam-se a se casar com a primeira alma disponível e disposta que encontram.

"Se eu me casasse com ele imediatamente, mostraria a Ashley que não ligava a mínima para ele, que só estava flertando com ele", diz Scarlett em *E o vento levou*. Diante da recusa de Ashley de levar sua declaração de amor a sério, Scarlett jura vingar-se casando-se com um dos seus muitos pretendentes simplesmente por despeito. "A frieza começava a se apoderar dela novamente e sua mente se recompunha. Uma fina camada de gelo cobria todas as suas emoções e ela achava que jamais voltaria a sentir o calor de uma emoção outra vez. Por que não casar-se com aquele belo e ardoroso rapaz? Era tão bom quanto qualquer outro e ela não se importava. Não, jamais voltaria a se importar por alguma coisa outra vez, ainda que vivesse até os noventa anos." Felizmente para Scarlett (e para Charles Hamilton, o jovem rapaz em questão), ele morre na guerra, deixando uma bela viúva. A manobra de Scarlett não surte efeito, como todas as suas maquinações referentes a Ashley; ele parece encantado com o anúncio de seu noivado.

Na peça clássica de John Osborne *Geração em revolta*, uma jovem esposa confusa e deprimida explica ao pai aristocrático que ela percebeu que seu marido da classe operária queria ape-

Entre o Amor e o Ódio

nas conquistá-la e casar-se com ela por despeito. Queria vingar-se das pessoas elegantes e bem-educadas da classe alta roubando-lhes um produto de sua linhagem. Jimmy casa-se com Allison para vingar-se do mundo que ele acha que o excluiu, para desforrar-se de tudo que ela personifica: dinheiro, classe, elitismo e hipocrisia. A tragédia, é claro, é que Allison é apenas uma jovem mulher tentando alcançar seus objetivos na vida e não uma representante eleita do ambiente em que cresceu. Quando compreende que Jimmy casou-se com ela pelo *quê* era e não por *quem* era, vê, com desespero, que seu casamento foi construído do ódio e não do amor.

Um romance vitoriano, mais antigo, *Grandes esperanças,* de Charles Dickens, também contém o protótipo do amor-como-um-ato-de-vingança. Vimos anteriormente que um dos personagens principais, a Srta. Havisham, achava que nada devia ao mundo. Abandonada pelo noivo em seu vestido de noiva no altar, a Srta. Havisham resolve, como Jimmy, que se vingará de toda uma categoria de pessoas. Enquanto Jimmy queria vingar-se dos ricos, a Srta. Havisham queria vingar-se dos homens. Adota a pobre e bela Estella e educa-a "para vingar-se de todo o sexo masculino". Estella é criada para atrair os homens e depois rejeitá-los, como a Srta. Havisham foi rejeitada: "Criando-a para atrair, atormentar e enganar, a Srta. Havisham imbuiu-a da maliciosa convicção de que ela estava fora do alcance de todos os admiradores e todos que se incluíssem nessa categoria estavam fadados à derrota." Sem nenhuma percepção de que suas vítimas de sacrifício — Estella inclusive — eram os grandes perdedores em seu plano, a Srta. Havisham vê apenas que infligirá sofrimento aos corações dos homens e terá sua vingança.

"Eu a adotei para ser amada. Eu a criei e eduquei para ser amada. Eu a transformei no que ela é, alguém que deve ser

Doce Vingança
❧

amada", sussurra a Srta. Havisham ao jovem herói que idolatra Estella. "Ame-a!" O que está em jogo aqui é a definição de amor. O narrador nos diz que "se a palavra tão constantemente repetida tivesse sido ódio em vez de amor — desespero — vingança — morte terrível — não poderia ter soado mais como uma maldição vinda de seus lábios".

Quando se faz parte de um triângulo, independente da configuração, deve-se considerar a possibilidade de sair do canto e agir. Segundo um homem que me contou sua história, existe algo denominado "investida antecipada".

— Minha vingança? — disse esse homem. — Quando tive fortes suspeitas de que meu sócio e minha mulher estavam prestes a ter um caso, eu "inocentemente" peguei fotografias dela tiradas no colégio e mostrei a ele como era sua aparência com o velho nariz. Ele sentira-se atraído por ela por sua beleza tão "natural".

O empreiteiro de 36 anos que contou essa história acredita que sua mulher e seu sócio nunca levaram adiante a atração que sentiram. Embora não acredite que seu gesto tenha sido diretamente responsável em evitar o caso, acha que "realmente ajudou, porque a fez ver o longo caminho que já havíamos percorrido juntos. E mostrou a ele que eu falava a sério em minhas intenções de ficar com ela. Nada foi dito às claras, mas ficou evidente, embora ríssemos do assunto. Talvez tenha sido mais preventivo do que vingativo, mas agi com raiva e fico feliz por ter funcionado".

Promessas vazias, fala mansa e beija-mão

A história de vingança a seguir, contada por um ator de trinta e poucos anos sumariamente dispensado pela namorada com quem vivia quando ela conheceu um homem mais rico e mais

Entre o Amor e o Ódio

velho, baseia-se em uma atitude maldosa semelhante. Embora incapaz de competir com o sucesso financeiro e social do rival, ele sabia que sua ex-namorada ainda se sentia atraída por ele. No dia do seu casamento, vestiu-se elegantemente — embora o terno fosse alugado — e, imiscuindo-se na festa, beijou-lhe a mão na fila de cumprimentos.

— Lá estava ela, presa pelo resto da vida àquele sujeito com idade suficiente para ser seu pai e lá estava eu, deixando que meus lábios quentes se demorassem no dorso de sua mão, exatamente como sempre gostara. Levou apenas trinta segundos, mas foi tão eficaz quanto os proverbiais trinta segundos sobre Tóquio: aquilo a arrasou. Fiquei realmente feliz. Ora, ela havia me arrasado e, ao contrário dela, eu não tinha uma esposa rica para amenizar a dor.

— Promessas vazias e fala mansa são as armas mais eficazes de destruição — declarou uma atraente advogada de Filadélfia, de quarenta e poucos anos. — Quando minha ex-namorada resolveu que queria reatar comigo depois de ter me deixado para "encontrar-se" pela terceira vez em três anos (ela sempre precisava "encontrar-se" quando alguma outra mulher exótica também estava tentando localizá-la), resolvi dar-lhe uma dose de seu próprio remédio. Depois que ela declarou sua devoção inabalável, *et cetera*, concordei sem os protestos usuais. Disse-lhe que não podia viver sem ela. Sorri, abracei-a e disse-lhe que ligaria para ela logo pela manhã do dia seguinte, que eu precisava ficar sozinha por uma noite para colocar em ordem aqueles sentimentos maravilhosos e ficar pronta para ela.

"Eu não tinha a menor intenção de falar com ela outra vez, e quando ela telefonou deixei o telefone na secretária eletrônica. Disse ao porteiro para não deixá-la entrar no prédio. Disse a amigos que tudo estava acabado, mas nunca revelei isso a ela. Deixei-a esperando com o saco de promessas vazias. Talvez ela

Doce Vingança

tenha aprendido alguma coisa. Depois que tudo foi feito e ela parou até mesmo de tentar, senti uma enorme e genuína sensação de alívio. Finalmente, havia uma sensação de que o caso estava encerrado. Estávamos quites. Pude relaxar depois disso e lembrar-me sem amargura dos bons tempos no início.

A sensação de encerramento que essa mulher obteve é precisamente o que aqueles que buscam a vingança desejam: um fim para suas emoções desconfortáveis. Podem não considerar isso uma vingança, mas sem dúvida o é.

Quando uma ex-esposa aparece num programa de televisão e conta com detalhes para milhões de americanos como seu marido adúltero manteve um caso com sua melhor amiga (ou irmã, ou prima em segundo grau, ou babá), ela certamente está se vingando dele, quer identifique ou não a vingança como sua motivação. Há alguns anos, um programa *Donahue* tratou especificamente dessa questão — o programa intitulava-se "Ex-esposas buscam vingança".

O tempo cura todas as feridas... mas enquanto isso você pode ir à forra

Foi o pesadelo de um homem: um bando de mulheres desgostosas discutindo os erros de seus ex-maridos diante de uma platéia de alguns milhões — sem nenhuma tentativa de ocultar a identidade de ninguém. Elas não contaram suas histórias *de* vingança, contaram suas histórias *como* vingança.

— Após um ano de casamento e enquanto eu estava grávida de nosso primeiro filho, ele alugou o apartamento no porão de nossa casa para sua namorada. Quando reclamei da ruiva de camisola transparente ou de *shorts* bem curtos e frente-única que estava sempre tendo problemas de encanamento que ele tinha que consertar nos horários mais inusitados, ele

Entre o Amor e o Ódio
∂

acusou-me de ser paranóica e ter a mente suja — explicou uma mulher aos risos compreensivos da platéia.

Uma outra revelou como seu ex-marido e seu novo amor se conheceram:

— Encontraram-se no trabalho. Ela havia sido babá dos meus filhos. Seu nome é Jackie e ela provavelmente apaixonou-se por Bob quando a levamos conosco para uma temporada na praia, para nos ajudar a tomar conta de nossa prole de quatro. Tinha uns doze anos, era tímida e feia, com um nariz grande, olhos miúdos e cabelos pegajosos. Com os anos, ela não mudou, exceto que agora sua lista de características inclui uma espécie de aura de loura-burra, você sabe, do tipo que lê rótulos de lata de sopa por diversão.

Essas não eram mulheres interessadas em ser justas, mas ainda assim viam a si mesmas como interessadas em justiça. Em situações como essa, uma mulher acredita que está simplesmente instruindo outras mulheres; acha que está apenas obtendo um pouco de atenção. Mas o que ela está fazendo, no entanto, é um ato de vingança, considerando-se que até certo ponto deseja infligir um sofrimento emocional do mesmo porte que ela acha que lhe foi infligido.

Obviamente, os participantes devem ter editado e revisado suas histórias. Criaram dramas que lhes davam satisfação, onde emergiam como heroínas cansadas de guerra e seus ex-maridos como o inimigo cruel e implacável. Ao menos as mulheres nesse palanque não eram aquelas mulheres emocionalmente destroçadas, de lábios trêmulos, unhas roídas, que poderiam ser ou que um dia haviam sido. Tinham o poder de contar suas histórias, o *seu* lado da história, e assim podiam colocar sua dor em perspectiva.

Tendo provado a si mesmas que podiam superar o momento de dor sendo capazes de falar, e até mesmo de rir, do que

Doce Vingança

haviam sofrido, podiam resgatar a si mesmas e seguir adiante, em vez de ficarem presas ao passado. Curiosamente, o programa transformou-se em uma expressão de métodos e capacidade de sobrevivência, em vez de um exercício de atitudes mesquinhas. Pode ter começado como vingança, mas terminou como uma celebração do enterro definitivo de maus sentimentos.

Capítulo Quatro

NINE TO FIVE

Ajustando contas no trabalho

"*Se eu tivesse um salário justo, faria um trabalho de acordo. Até agora não corro o menor risco de ter que fazer um trabalho justo.*"

GARÇONETE DE 23 ANOS

"*O chefe saltou para o sucesso como se pulasse carniça, e eu tenho o problema nas costas que prova isso.*"

LILY TOMLIN, COMO ELIMINAR SEU CHEFE

Muitas pessoas dizem que os atos ou fantasias de vingança permitem que elas continuem suas vidas, ao invés de permanecerem presas ao momento da injúria. O que constitui uma provocação legítima para vingança? O que constitui uma reação exagerada? Quem decide o que é o quê?

As opiniões ficaram divididas em 1992 quando Robin Carson, de Conway, Arkansas, resolveu se transformar em uma cozinheira vingativa. Sendo confeiteira de bolos, Carson foi acusada de dezessete delitos, um para cada vítima de sua receita de vingança. Aparentemente, um freguês insatisfeito quei-

Doce Vingança

xou-se da sorveteria que o namorado de Carson administrava. O cliente descontente aceitou um bolo que lhe foi oferecido na loja como um gesto de cortesia. A decoração do bolo de Carson, entretanto, continha algo mais do que as habituais flores e chuviscos. Segundo os jornais e a polícia, Carson era suspeita de ter acrescentado laxante aos ingredientes, fazendo com que o cliente e os dezesseis colegas de trabalho com quem ele dividira o bolo adoecessem.

Na época, a história produziu uma ardorosa polêmica. Carson deveria realmente ser presa por sua travessura, já que todos os que comeram o bolo foram tratados e liberados sem conseqüências graves? Ela deveria ser a única a sofrer punição, uma vez que agira em nome do namorado?

Um programa de rádio de Connecticut apresentou essas e outras questões e lembro-me de ter dirigido em velocidade perigosamente reduzida, para poder prestar atenção à surpreendente seqüência de respostas dos ouvintes. "Você tem o número do telefone dessa garota? Quero que ela faça um serviço para mim", disse um homem que obviamente tinha uma índole agressiva.

"É terrível que ela tenha extravasado sua raiva sobre pessoas que nem conhecia", disse suavemente uma mulher de voz mansa, que continuou: "Essas pobres pessoas achavam que ele só estava sendo gentil. Que coisa horrível!" Uma voz de barítono declarou: "Isso é um exemplo da falência de nossa sociedade. O que acontecerá agora? A loja provavelmente será processada, terá que fechar e deixará muitas pessoas desempregadas."

"Acalmem-se", disse uma outra ouvinte. "Ela não matou ninguém. Apenas deixou o sujeito numa situação embaraçosa. Se era um desses fregueses que vivem reclamando, provavelmente ele mereceu. Lido com um freguês assim onde trabalho.

Nine to Five
❧

Ele azucrina a minha vida; todos nos encolhemos quando ele entra no restaurante. O tipo de sujeito que tem que ser bajulado só para que cale a boca merece ter alguma coisa para se queixar de verdade."

Os telefonemas continuaram durante aproximadamente uma hora, com bem poucas intervenções do locutor. Não eram necessárias, porque a paixão dos ouvintes em geral complacentes infundia uma surpreendente energia ao programa. As chamadas pareciam igualmente distribuídas entre os que aplaudiam o que consideravam o humor da história e aqueles que desaprovavam a causa e efeito das ações de Carson.

A maioria de nós provavelmente sentirá um misto de desaprovação e deleite. A melhor parte de nós mesmos, é claro, sente uma sensação de repúdio (talvez desencadeada pela preocupação — afinal, não vamos querer ter que contratar um provador de alimentos toda vez que comemos), mas podemos também alimentar uma noção secreta de aprovação.

Como Sonya continua a sorrir

Sonya trabalha para uma importante companhia aérea e geralmente adora lidar com o público. Já está há alguns anos nesse ramo e tem confiança na sua habilidade de lidar com pessoas em situações de crise, manter-se de bom humor e agradar o passageiro sempre que possível. Mas quando ainda era nova na companhia, trabalhou "nas linhas de frente", no balcão de *check-in*.

Sonya lembra-se de um cliente que rapidamente perdeu o benefício da dúvida:

— Havia uma longa fila porque um de nossos vôos estava drasticamente atrasado. A maioria das pessoas estava frustrada e ansiosa, mas lidava com a situação com alguns murmúrios

Doce Vingança

e resmungos. Vi que esse homem ia causar problemas quando ele começou a gritar do final da fila: "O que está acontecendo aqui? Essa fila não vai andar?" Veio à frente com suas duas malas e deu um soco no balcão. "Olhe, vocês já estragaram meu dia. Quero que mudem minha passagem imediatamente e me arranjem outro vôo."

Sonya tentou ser o mais compreensível e eficiente possível.

— Fiz o que pude, ligando para outras companhias aéreas, procurando no computador o próximo vôo a decolar. Achei que ficaria satisfeito quando finalmente encontrei um vôo com conexão para seu destino. "Pelo amor de Deus", berrou quando lhe falei do vôo. "O que você é, uma idiota? Eu não voaria numa banheira dessas. Deve estar maluca para tentar me impingir isso. Como é que deixam alguém como você tomar decisões?"

Ela calmamente perguntou-lhe se preferia falar com seu supervisor, mas ele disse que não, "já ouvi muita asneira".

— Depois de pelo menos mais dez minutos do que eu sabia que resultaria numa busca inútil, e agora as pessoas atrás dele estavam ficando realmente furiosas, ele concordou em tomar o vôo com conexão — contou Sonya. — Suas últimas palavras foram: "Se todos que trabalham nesta companhia forem tão incompetentes quanto você, não é de admirar que a empresa esteja tendo prejuízo." E saiu tempestuosamente. Eu lhe desejei boa viagem como se nada tivesse acontecido.

"A velhinha atrás dele na fila ouvira tudo, é claro, e simpaticamente me perguntou como consegui manter meu controle e bom humor diante daquele comportamento ofensivo. Contei-lhe a verdade. "Ele está indo para Kansas City" expliquei, "e suas malas estão indo para Tóquio." Ela riu e disse-me que eu fizera a coisa certa.

Nine to Five

Por que fantasias de vingança no trabalho são como fantasias amorosas no trabalho

As fantasias de vingança no escritório facilmente igualam-se às fantasias sobre casos amorosos no trabalho: nenhuma das duas é uma boa idéia, mas são sempre difíceis de evitar quando se está confinado em locais fechados com uma ampla gama de tipos de personalidades, níveis de energia e padrões de desempenho. Em um mundo temperado pela ambição e aromatizado com complexos relacionamentos interpessoais, a vingança é um prato difícil de recusar.

Enquanto sacudia seu guarda-chuva numa lúgubre manhã de segunda-feira, já imaginou como seria ter seu exigente chefe trabalhando para *você*? Já sonhou em colocar cola no orifício de sua caneta Mont Blanc? Já fantasiou sobre como seria ameaçar despedi-lo se não lhe desse um recado a tempo ou imaginou como seria mandá-lo ir buscar café porque você não gostou do café que ele fez na cafeteira?

Já quis enviar um memorando a uma colega de trabalho caluniadora e arrogante, comunicando que a hora de uma importante reunião fora mudada e, assim, fazer com que ela chegasse atrasada? Já pensou em acrescentar um pouco de laxante ao café com leite dele antes de ele fazer uma viagem de três horas na limusine com o supervisor? Se já teve fantasias desse tipo, ainda que efêmeras, então você flertou com a idéia de realizar sua própria versão de vingança.

Ainda que não tenha saciado seus desejos, talvez tenha se comprazido com as maquinações de vingança de seus pares e colegas de trabalho. Quando você ouve a história do editor da *Encyclopaedia Britannica*, despedido repentinamente, que reescreveu um grande número de verbetes no computador antes de ir embora, substituindo os nomes de seus grosseiros chefes

Doce Vingança

pelos nomes de alguns dos piores vilões da história, você aplaude secretamente? Quando você ouve a história do velho sindicalista sobre a companhia que empregou cem operários de fora da cidade em substituição aos operários em greve e pagou aos furadores de greve as passagens de trem até o local da fábrica, apenas para vê-los desaparecer assim que chegaram (eles próprios eram membros do sindicato daquela cidade distante), você tem vontade de comemorar? Quando ouve falar de uma assistente administrativa que sofreu assédio sexual e que de algum modo conseguiu irradiar a próxima tentativa de sedução do seu chefe pelos alto-falantes, para todo o escritório ouvir, você sorri?

Nem todos os problemas no trabalho são causados por funcionários graduados ou por pessoas atrás de grandes escrivaninhas. Às vezes, as lições do mercado vêm cedo, como aconteceu a uma ex-estudante, Paula, quando servia de babá, aos quinze anos.

— A família para quem eu regularmente trabalhava tinha três filhos entre sete e doze anos, que os próprios pais não conseguiam controlar. Tinham um cachorro chato que se agarrava nos meus tornozelos, mas eu não podia colocá-lo no porão ou trancá-lo em um aposento. O tempo todo que eu passava lá era horrível, mas o trabalho era regular e perto de minha casa, o que era importante porque eu não podia dirigir. A mãe telefonava pelo menos uma vez por hora e ficava aborrecida quando a linha estava ocupada, o que significava que eu não podia ficar ao telefone com meus amigos mesmo que já tivesse conseguido levar as crianças para a cama e acalmado o cachorro. Eles usavam uma trava para os canais a cabo, de modo que eu não podia ver nenhum filme. As crianças me pregavam peças, como rasgar meu trabalho de casa uma vez, mas pelo que eu sabia, os pais nunca as puniram.

Nine to Five

"Uma noite, os pais telefonaram para dizer que iriam chegar mais tarde. Eu tinha aulas no dia seguinte, mas na verdade não havia escolha, de modo que concordei. Uma hora depois, telefonaram para dizer que chegariam ainda mais tarde. Perguntei educadamente se poderia contar com o pagamento de algumas horas-extras em virtude da situação. Ela me disse que eu era uma ingrata, que me tratavam como alguém da família, davam-me um serviço regular e como eu ousava ser tão exigente? Senti-me horrível. Então, comecei a pensar no quanto eu tinha sido uma pessoa razoável e em quem eles podiam sempre confiar. Nunca me queixara do fato de jamais terem me dado um aumento em dois anos trabalhando para eles, que eu sempre concordava em atendê-los, mesmo avisada em cima da hora.

"Para me vingar, vasculhei a prateleira de condimentos, a despensa, os armários e a geladeira e desenrosquei — quase completamente, mas não a ponto de deixar a tampa solta — todo pote, vidro, recipiente e lata que pude encontrar. Da próxima vez que alguém fosse colocar pimenta nos ovos, a tampa inteira cairia. Quando fossem usar o *ketchup*, aconteceria o mesmo. Imaginei-a jogando todo o vidro de páprica dentro do ensopado. Acho que eles não imaginaram que eu tivesse feito aquilo, porque provavelmente usaram cada ingrediente em ocasiões diferentes, de modo que não ficou parecendo uma armação. O que quer que tenham pensado, nunca me perguntaram nada. Da próxima vez que ligaram, eu disse que o meu preço havia subido, que precisávamos combinar a hora do retorno deles com antecedência e que, a não ser que fosse uma emergência, esse horário não era negociável. Senti-me melhor para fazer minhas reivindicações depois que preguei essa peça.

Você já teve um chefe, colega de trabalho ou cliente que o tratou injustamente? Você não ansiou por justiça? Às vezes, um

133

Doce Vingança

ato de vingança pessoal é a única justiça no local de trabalho. Tudo indica que a justiça para um — ainda que obtida por meios não oficiais — pode resultar em melhores condições de trabalho para todos. Um desejo de ajustar contas, de desforrar-se de alguém ou resolver um padrão de injustiça ou de tratamento humilhante pode levar a alianças surpreendentes e, em sua forma mais positiva, em mudanças para melhor.

Más intenções, resultados positivos

Às vezes, o desejo de vingança pessoal pode levar à justiça impessoal, objetiva e real. Uma mulher de cinqüenta anos, de elegância clássica, vice-presidente de uma companhia classificada entre as 500 maiores da *Fortune*, contou-me uma vez uma história semelhante, com voz doce, mostrando-se inabalável e sedutora o tempo todo.

— A melhor forma de vingança é simplesmente deixar que a verdade seja conhecida — disse. — Você pode praticamente destruir alguém simplesmente relatando o que ele ou ela disse ou fez, sem alterar uma única palavra ou gesto. — Dificilmente se poderia discordar.

No seu caso, ela trabalhava com um homem que acreditava que as realizações de uma funcionária valiam muito menos do que as de seus pares masculinos. Antes de deixar o emprego com esse homem, ela fez cópias de arquivos particulares que mostravam que praticamente todas as mulheres na companhia recebiam cerca de 25 mil dólares a menos por ano do que seus colegas masculinos. Enviou essas informações, anonimamente, a cada mulher da companhia, da recepcionista à vice-diretora de recursos humanos. De posse de tais informações até então escondidas, as funcionárias processaram a firma e ganharam a causa, tudo através do ato de vingança dessa mulher.

Nine to Five

— Fiz isso por mim — disse com um sorriso —, mas fiquei muito satisfeita por elas.

Felizmente, sua necessidade psicológica de retaliação uniu-se a um desejo autêntico de corrigir uma injustiça oculta e de longa duração. A vingança geralmente é considerada uma questão do coração, mas o local de trabalho tornou-se importante na necessidade de ajustar contas por causa do crescente investimento emocional que temos em nos identificar através do nosso trabalho, mesmo quando a economia exige o "enxugamento" de muitos negócios.

Enxugamento

— Fui "enxugado" recentemente — relatou um programador de computadores de 43 anos. — A maneira como a empresa agiu me fez sentir como John Wayne Bobbitt depois que sua mulher o "enxugou".

A analogia sempre permeia inúmeras entrevistas: até mesmo mulheres sentiram-se "castradas", não somente por terem sido demitidas ou dispensadas, mas pela forma brusca, em geral cruel, com que as demissões foram realizadas (com uma insensibilidade grosseira e sem consideração pelos anos de serviço que um funcionário dedicara à firma).

— E quando não se pode revidar, você se vinga — disse esse homem desvirtuadamente inteligente, justificando seu próprio senso de indignação diante do que considerava uma grande injustiça. Não sentiu nenhum remorso quando limpou todos os arquivos da companhia sob sua jurisdição e entregou disquetes em branco no seu último dia de trabalho.

Ernest Brod, um alto membro da diretoria da Kroll Associates, uma empresa de investigações e seguros com sede em

Doce Vingança

Nova York, escreveu um artigo intitulado "A ética da vingança na era das demissões", publicado no *New York Times* em 1992. "'Não fique com raiva. Vá à forra' tornou-se um grito de guerra entre empregados demitidos e os que esperavam ser. Em companhias de todo o país, os empregados recusavam-se a desaparecer silenciosamente na noite." Seus exemplos fornecem um vasto rol de estratégias familiares de vingança, inclusive as seguintes: "Uma nova fórmula, muito valiosa, de uma companhia de produtos químicos foi entregue a um concorrente; o ex-diretor financeiro de uma empresa multinacional passou meses visitando um a um os altos funcionários da Receita de países estrangeiros, prontificando-se a 'botar a boca no trombone' sobre supostas sonegações de impostos; um ex-diretor de uma firma de consultoria enviou cartas falsificadas — no papel timbrado da companhia — a clientes, fornecedores, banqueiros e concorrentes e escritas de forma a refletir mudanças nos relacionamentos. Quando a companhia vitimizada descobriu o que acontecera, já estava praticamente fora dos negócios."

A vingança no local de trabalho geralmente é encarada pelos espectadores com um júbilo especial porque a categoria de "empregado bom" *versus* "patrão mau" parece inerente à cultura americana. Já houve dezenas de filmes a respeito. *Uma secretária de futuro* lançou a secretária boazinha Melanie Griffith contra a chefe malvada Sigourney Weaver; *Wall Street* contrapôs o chefe rico e malvado, Michael Douglas, com o jovem funcionário outrora ambicioso, Charlie Sheen; *A mão que balança o berço* confrontou a cruel vingadora com a boa mulher que destruiu a reputação do marido, um médico incompetente.

Uma das questões-chave do filme de Jonathan Demme, *Filadélfia,* foi o desejo de justiça do personagem principal diante

Nine to Five

da sua demissão da firma de advocacia onde trabalhava, depois que se soube que ele era portador do vírus da AIDS. Enquanto seus adversários e ex-patrões queriam provar que tudo que o herói desejava era vingança, o que o herói realmente desejava — e que o júri lhe concedeu — era justiça. Isso não quer dizer que não tenha sido pessoalmente vingado, mas a arena da discórdia foi o espaço público da lei. O personagem principal queria dar vazão à indignação que sentia diante da injustiça, não de sua doença, mas do tratamento que recebeu daqueles que queriam puni-lo por quem ele era e culpá-lo pelo seu modo de vida. Seu heroísmo dependia de sua recusa em silenciar.

"Gueto de colarinho cor-de-rosa"

O gênero não é tão importante quanto a classe ou a personalidade nesses filmes, mas na vida real — e em alguns poucos filmes bons — o gênero é visto como um fator claramente crucial na trama de vingança. De todos os filmes sobre vingança no ambiente de trabalho produzidos durante os últimos quinze anos, um dos mais eficazes continua a ser *Nine to Five*. Esse bem-sucedido filme, ao contrário dos outros, preocupa-se explicitamente em como vingar-se de um chefe e de um sistema que funciona degradando e maltratando o pessoal que emprega.

Lily Tomlin é uma mãe solteira que rotineiramente é preterida nas promoções, apesar de sua surpreendente eficiência; Dolly Parton é a secretária particular que rotineiramente tem de se defender dos avanços indesejados de seu chefe; e Jane Fonda é uma funcionária recém-divorciada, recém-admitida, no nível mais baixo da carreira. *Nine to Five* tem como brado de guerra a declaração de Tomlin: "Não sou nenhuma garota

Doce Vingança
∞

— sou uma mulher. Não sou sua esposa, nem sua mãe, nem sua amante. Espero ser tratada com respeito e dignidade."

Encenado no mais perfeito gueto cor-de-rosa, o filme mostra as três mulheres quando decidem vingar-se de um chefe "machista, egocêntrico, falso, hipócrita e intolerante", que gosta de fazer observações do tipo "Vocês garotas nunca tiveram a chance de jogar futebol ou beisebol, o melhor lugar para aprender o que é trabalho de equipe" e "Você significa muito mais para mim do que uma secretária burra" e "Não me venha com essa baboseira feminista". Elas fantasiam sobre como gostariam de se vingar: Tomlin envenenando-o, Parton "transformando-o num estalo de galo em galinha" e Fonda perseguindo-o com uma pistola e capturando-o quando ele foge de medo e se esconde no banheiro das mulheres. Todas conseguem colocar essas fantasias em prática, de forma reduzida, mas eficaz, até o final do filme.

Mas depois de deixarem o chefe fora de atividade, o momento mais significativo do filme ocorre quando o trio percebe que pode fazer algumas mudanças significativas na política da companhia. Concluem que a vingança pessoal deve ser traduzida em justiça comum, reparando os danos não só em suas próprias vidas, mas nas vidas de outros homens e mulheres na mesma situação. Enviam um memorando em nome do chefe instruindo a organização sobre as novas estratégias, inclusive salários iguais para trabalhos iguais, uma creche nas instalações da companhia e a disponibilidade de trabalho de meio-expediente para os que necessitarem. (Cabe observar que as mesmas reivindicações continuam a ser feitas em muitos locais de trabalho quinze anos depois do lançamento do filme.)

Nossas heroínas iniciam um programa contra bebidas alcoólicas que resgata e reabilita uma datilógrafa bêbada desde o início do filme; tornam o local de trabalho acessível a inváli-

Nine to Five

dos. Quando o chefe finalmente é afastado definitivamente — sendo transferido para o Brasil para trabalhar no projeto de desmatamento de florestas tropicais — as três mulheres encontram-se em seu escritório e fazem um brinde ao fato de que "esse é apenas o começo". Como na contrapartida de 1993, *Thelma & Louise*, *Nine to Five* diz respeito ao triunfo daqueles que foram considerados incapazes de se defender. *Nine to Five* deixa claro que um salário inadequado e condições de trabalho injustas levam a um trabalho improdutivo. Levados a métodos ocultos de vingança, os funcionários prejudicados tomam o que é seu por direito, quer isso venha ou não com um selo de aprovação da diretoria.

Uma vez que a vingança perpetrada por Tomlin, Parton e Fonda é cômica, ficamos com um final que vê com otimismo um futuro renovado. Ao final de um filme como *Nine to Five*, podemos aplaudir sem hesitação um esforço de grupo para delatar uma injustiça a fim de curar feridas psíquicas, éticas e financeiras.

"As mulheres são humanas?"

A escritora de mistério Dorothy Sayers fez uma palestra para um grupo de operárias há cinqüenta anos e a pergunta que formulou na ocasião ainda ecoa no ambiente de trabalho de hoje: "Sempre me divirto — e também fico irritada — com os boateiros que nos dizem, com um ar de grande descoberta, que perguntaram a um grupo de funcionárias e todas elas lhes disseram que estavam 'cansadas do escritório e adorariam ir embora'", escreve Sayers. Continuava, perguntando: "Pelo amor de Deus, que ser humano de vez em quando não fica saturado do escritório e não adoraria sair dali? O tempo das funcionárias é diariamente desperdiçado concordando com seus colegas

Doce Vingança

descontentes que anseiam sair do escritório. Nenhum ser humano gosta de trabalhar — não obrigatoriamente todos os dias. O trabalho é reconhecidamente uma maldição e se as mulheres gostassem de um trabalho incessante, simplesmente não seriam seres humanos. Sendo seres humanos, gostam de trabalho tanto quanto qualquer outra pessoa. Não lhes agrada o incessante lavar e cozinhar, assim como não lhes agrada o perpétuo datilografar e ficar atrás do balcão das lojas. Algumas preferem datilografar a esfregar — mas isso não significa que não tenham, como seres humanos, o direito de amaldiçoar e praguejar contra a máquina de escrever quando têm vontade. O número de homens que diariamente amaldiçoam e praguejam contra as máquinas de escrever é incalculável, mas isso não significa que seriam mais felizes fazendo um pouco de costura. Nem as mulheres."

Os alvos da vingança no local de trabalho

A vingança no local de trabalho possui três alvos principais: o chefe, o colega de trabalho e o cliente. O programador que apagou seus arquivos é representativo de um funcionário vingando-se do chefe e, através dele, de toda a organização. Seu melhor trabalho perde-se juntamente com seu emprego. A vingança contra um colega de trabalho pode assumir a forma de qualquer coisa, desde beber o refrigerante dietético que ela trouxe para o almoço a ficar mexericando com o chefe sobre seus maus hábitos de trabalho.

Uma assistente administrativa, que voltou a trabalhar depois de ter ficado em casa cuidando dos filhos durante alguns anos, estava particularmente insatisfeita com o que considerava flagrantes injustiças em seu escritório. Em uma história que ouvi muitas vezes, ela estava ganhando pouco mais do que o

Nine to Five

salário mínimo para fazer o trabalho que seu chefe em várias ocasiões alegou ter sido feito por ele — no caso dela, seu trabalho era localizar e reunir dados que ele então entregava ao seu supervisor, alegando que passara horas pesquisando e selecionando o material, o que era simplesmente mentira.

— Decidi que se eu ia administrar seu pequeno escritório sem ganhar dinheiro ou reconhecimento suficiente — disse a mulher —, agiria de acordo.

Como acontece com tantas mulheres que voltam a trabalhar, ela havia se dedicado às suas tarefas com entusiasmo, energia e diligência.

— Para desforrar-me dele por não reconhecer o quanto eu me dedicava ao trabalho, comecei a reduzir o ritmo e fazer apenas aquilo para o qual era paga, como arquivar e datilografar. Ele ficou aborrecido por eu não estar mais fazendo o trabalho dele, mas expliquei que se ele desejava esse tipo de trabalho, então eu queria a mudança de cargo e o aumento de salário correspondentes. Fiquei satisfeita por ele ter me deixado com raiva, porque se ele tivesse sido gentil comigo desde o início, provavelmente eu teria ficado satisfeita com seus elogios. Acredite-me, dinheiro é melhor do que elogios.

Na maioria dos casos, a raiva no ambiente de trabalho ferve em banho-maria. Mas para alguns trabalhadores, a identidade de seu emprego é a sua principal identidade e eles deduzem grande parte da noção de sua posição no mundo com base na posição que ocupam na equipe da empresa. Como nem sempre são recompensados por seu auto-imposto sacrifício, muitos desses trabalhadores voltam-se para a vingança quando são maltratados.

"Aos noventa e seis, matriarca em rixa com a família abre novo negócio", alardeava a manchete do *Los Angeles Times*. O repórter Larry Green escreveu uma matéria fascinante sobre

Doce Vingança

uma avó de 96 anos, de Omaha, que, segundo ele, devia figurar "entre os gigantes no panteão da ousadia empresarial". A renovada explosão de energia de Rose Blumkin teve origem na sua vontade de abrir uma loja de móveis em frente à loja de móveis de sua família. "Ela está fazendo isso por vingança", argumenta Green, explicando que "Blumkin quer acertar contas com seus dois netos que, segundo ela, forçaram-na a sair do cargo de presidente do Nebraska Furniture Mart, um império de móveis e tapetes de 150 milhões de dólares ao ano, que ela fundara há meio século. É uma vendeta digna de 'Dallas' ou 'Dinastia'". Blumkin é citada como tendo dito: "Só quero viver mais dois anos para lhes mostrar quem eu sou... Dediquei toda a minha vida à família. Tornei-os milionários. Eu era presidente do conselho e eles cassaram meus direitos. Disseram que eu não poderia comprar nada lá. Nenhum vendedor podia falar comigo. Fiquei com raiva e saí." Ela saiu, atravessou a rua e abriu um nova empresa para competir e derrubar seus petulantes netos.

Empregados dedicados freqüentemente se vêem na mesma situação de cônjuges — ou avós — dedicados e modestos, particularmente quando o relacionamento atravessa dificuldades. Se os trabalhadores passam a se identificar como parte de uma determinada equipe, em grande parte a equipe passa a funcionar como uma força central em sua composição psicológica. Quando a equipe os rejeita, sentem-se arrasados porque perderam mais do que uma fonte de renda: perderam um grande pedaço de sua noção do eu.

Quando as pessoas são ameaçadas pela perda do emprego ou pela perda de *status* no trabalho, qualquer outra insegurança profunda que tenham vem à tona. Os trabalhadores mais desesperadamente necessitados de ser valorizados são, portanto, os que correm risco de não receber esse reconhecimento por

Nine to Five

causa de sua incapacidade de manter uma distância satisfatória entre sua definição de si mesmos como trabalhador e sua definição de si mesmos como um ser humano completo.

Trabalho e identidade

Indivíduos perturbados, que são instáveis por outros motivos, podem significar realmente más notícias. Os criminologistas consideram os homicídios no ambiente de trabalho a forma de assassinato que mais cresce nos Estados Unidos. Mais de 10% dos sete mil casos fatais que ocorrem no ambiente de trabalho a cada ano são homicídios. Durante o período de nove anos, de 1º de janeiro de 1980 a 31 de dezembro de 1988, um total de 6.956 casos foi identificado como homicídios relacionados ao trabalho.

Em seu estudo de 1973, *Anatomia da destrutividade humana*, o psicólogo Erich Fromm demonstrou que algumas das personalidades mais extremas que agem por vingança no local de trabalho podem perfeitamente ter o tipo de distúrbio de personalidade que os leva a acreditar que toda e qualquer ação é destinada a elas. Ele descreve essas pessoas como "aquelas que têm uma personalidade ansiosa, monopolizadora ou extremamente narcisista, para quem até a menor injúria desperta um fervoroso desejo de vingança.

"Esse tipo pode ser exemplificado por um homem de quem um ladrão roubou alguns dólares e que deseja vê-lo severamente punido; ou um professor que foi desrespeitado por um aluno e, assim, escreve um relatório negativo sobre ele quando é solicitado a recomendar o aluno para um bom emprego; ou um cliente que foi "maltratado" por um vendedor e se queixa com a gerência, desejando que ele seja despedido. Nesses casos, estamos lidando com uma personalidade onde a vingança é um

Doce Vingança

traço constantemente presente." Não há nada que impeça esse tipo de pessoa de destruir a vida de alguém que teve a infelicidade de cruzar o seu caminho, por menor que seja o papel que desempenhem no palco de sua raiva generalizada.

Em um artigo de 1992 do *Wall Street Journal,* referente à represália violenta no trabalho, o psicólogo Thomas D. Harpley, fundador do Serviço Nacional de Traumas de San Diego, escreveu: "Geralmente, sua vida é seu trabalho. Quando seu trabalho está em perigo, sua vida está em perigo." O Dr. Harpley trabalha com organizações e instituições que buscam evitar situações potencialmente violentas ensinando aos empregadores "a ficar alertas aos sinais de aviso, como mudanças repentinas de comportamento dos empregados". Tais mudanças podem incluir mostrar-se satisfeitos e agir com afabilidade, assim como repentinamente mostrar-se deprimidos ou furiosos.

Felizmente, a maior parte dos atos de vingança no trabalho não terminam em violência. Mas grande parte realmente termina em desconforto, geralmente para o chefe, o colega de trabalho ou o cliente beligerante.

— Tiraram o meu emprego e, embora eu possa compreender que eles têm o direito de escolher seus empregados, a maneira como o fizeram tirou a minha dignidade também — comentou uma truculenta texana de 36 anos, que já acumulara recordes de vendas em sua divisão. — Fizeram-me deixar o escritório no prazo de uma hora, dando-me muito pouco tempo para arrumar meus pertences em sacolas e caixas e me despedir ou explicar alguma coisa aos meus colegas. Saí por causa de um desentendimento com meu chefe, é verdade, mas senti como se estivesse sendo expulsa em vez de simplesmente ter perdido o emprego. Teriam raspado a minha cabeça se a lei permitisse.

Nine to Five

Dignidade e golpe baixo

Uma simples sensação de dignidade e auto-estima é o que a maioria dos vingadores do trabalho estão tentando recuperar. Claudia, uma assistente administrativa de 26 anos, admitiu para si mesma que não estava satisfeita depois de trabalhar por seis anos para a mesma companhia. Foi preterida em uma promoção em um momento particularmente crucial e isso acendeu seus sentimentos tanto de baixa auto-estima quanto de desilusão. Claudia acreditava que de certa forma estava sendo punida por se recusar a bancar a criada para os caprichos de sua chefe, mas também achava que a chefe simplesmente não quis se dar ao trabalho de preencher e submeter a papelada.

— Ela, a minha chefe, costumava me dizer: "Só vou me esforçar por você se você se esforçar por mim." Parece justo, não é? Mas enquanto eu queria apenas um aumento justo por um ano de bom trabalho, ela queria que eu pegasse sua roupa na lavanderia, levasse o cachorro ao salão de beleza e devolvesse roupas que ela já usara às lojas dizendo que só as experimentara em casa. Eu me esforçar por ela? Ela teria me mandado à lua se lá tivesse uma liquidação de roupas no seu tamanho.

Mas Claudia sentiu-se privada de sua dignidade quando a chefe a ridicularizou publicamente por não saber o significado de uma palavra.

— Redigi um memorando que ela ditou e ela enfatizou a palavra *verossimilhança* ao referir-se ao aspecto gráfico de um determinado folheto. Bem, eu sou uma leitora assídua e tirei boas notas na escola, mas não sabia o significado da palavra e a escrevi incorretamente no documento. Eu deveria ter verificado a palavra. Aceito a responsabilidade por esse erro. Mas ela saiu do escritório como uma fera da jaula, chamando-me de 'loura burra' e dizendo que eram mulheres burras como eu

Doce Vingança

que impediam que outras mulheres, acho que como ela, progredissem. Fez isso na frente de todo mundo. Fiquei horrorizada.

Ao humilhar Claudia, sua chefe colocou a si mesma como um alvo potencial de humilhação; um dos maiores problemas com qualquer tipo de comportamento antiético é que ele remove o escudo de boas intenções que protege a maioria de nós dos ataques de outras pessoas.

Honra é uma palavra pouco usada, mas pode-se dizer que lidamos com "honra" todos os dias de nossa vida. Apresentamos uma face para o mundo e, em grande parte, esperamos ser aceitos e tratados como um membro habilitado desse mundo. Mas nem sempre é assim. Quando somos tratados com falta de respeito, a tendência é ficarmos irados e agressivos, especialmente se não pudermos antever uma hora em que essa atitude mudará. É curioso que a gíria de rua da última década tenha se concentrado nos perigos de *"dissing"*, uma redução de *"disrespecting"*, ou "desrespeitar" alguém. *"He dissed me"* tornou-se a expressão de um elenco de defesas para uma ampla variedade de ações, cobrindo desde um soco no nariz a um ataque a tiros.

Mas até aqueles que não depararam com a expressão no seu dia-a-dia compreendem a emoção despertada por essas palavras. Em seu instigante ensaio "Normas de vingança", o filósofo Jon Elster declara que "a ânsia pela honra, como o prazer com a inveja de outras pessoas, são fenômenos universais. Podem ser controlados, mas não inteiramente reprimidos. Surgem espontaneamente em nossas mentes, mas não precisam ter qualquer efeito se pudermos reconhecê-los e evitar agir sob sua influência". Entretanto, é difícil reconhecer e evitar esses sentimentos, pelo próprio fato de que a maioria das pessoas nega possuí-los. Claudia considerava-se uma mulher amável e

Nine to Five

bondosa, jamais assumiria o papel de uma vingadora, mas quando o âmago de sua noção de si mesma foi ameaçado e degradado, ela deu vazão à raiva. Queria recuperar sua noção do eu; ela acreditava que sua chefe a havia privado de algo importante.

Nesse tipo de revelação de intenções, a dignidade ou a autoestima em geral é vista como uma espécie de versão emocional de uma matéria controlada. Repentinamente, parece haver um excesso desses sentimentos. Ao contrário, o que é perdido por um é ganho por outro. A chefe de Claudia deve ter se sentido constrangida pelo fato de *seu* escritório ter cometido um erro, mas afinal Claudia é que foi punida pela palavra errada, e não ela. Assim, usar essa questão como um exemplo de um intelecto superior e uma educação mais refinada é mudar o local do incidente para longe do verdadeiro terreno de sua raiva.

— Fui criada para ser uma menina educada — explicou Claudia durante um almoço em um restaurante perto do prédio onde trabalha agora. — Mas fiquei furiosa quando isso aconteceu. Eu pensava nela o tempo todo. Era como estar apaixonada, mas na verdade eu estava com raiva. Não sabia o que fazer. Eu precisava que ela me desse uma boa recomendação e eu certamente precisava de um emprego, portanto não podia simplesmente esquecê-la. Resolvi usar sua própria tática contra ela; ela me fizera sentir insignificante e tola, portanto eu queria que sentisse o mesmo. Mas precisava me proteger.

Claudia estava sob a influência de um fenômeno analisado pela psicóloga Karen Horney: "O valor do caráter vingativo". Ao descrever pacientes obcecados por vingança por seus problemas reais ou imaginários, Horney categorizou um conjunto de motivações e métodos como o desejo de humilhar, definindo-o como a necessidade "de expor ao ridículo; causar sentimentos de culpa e inferioridade; tornar uma pessoa dependente

Doce Vingança

e subserviente; derrotar e triunfar sobre o ofensor derrotado". No caso de Claudia, ela estava reagindo ao ataque de sua chefe, mas, por outro lado, a pessoa que anseia por vingança sempre consegue justificar o ato, ainda que somente para si mesma. Claudia resolveu que, já que sua chefe tinha tanta certeza de que ela não passava de uma tola, iria começar a agir como uma tola — especialmente no que se referia a cuidar dos casos da chefe. Na realidade, a palavra *casos* tem mais de um significado: a chefe de Claudia estava tendo um caso com um dos supervisores da companhia. Sem dar instruções explícitas, a chefe obviamente esperava que Claudia lhe desse cobertura e a livrasse de algumas situações difíceis; essa agenda extra-oficial era algo que Claudia já não estava disposta a cumprir.

— Acho que me comportei como se fosse muito estúpida para compreender as complexidades de uma mulher na sua posição — disse a jovem de 27 anos com um largo sorriso. — Se um dos outros gerentes telefonava e perguntava onde ela estava, eu dizia algo como: "Ah, ela disse que passaria o dia em Nova Jersey, mas na verdade o número onde se pode falar com ela tem um código de área 203; por falar nisso, puxa, não tenho bem certeza se ela está nessa reunião, seus planos definitivamente não eram em Connecticut." Fazia um ar de ingenuidade e incredulidade, os olhos arregalados e as faces rosadas. Ela achava que eu era burra? Devia ver a aparência dela em poucas semanas, depois que comecei a dizer às pessoas que não poderia aprontar imediatamente a carta que precisavam porque ela me pedira para devolver uns sapatos à Saks. Naturalmente, eu lhes pedia docemente para nada comentarem com ela sobre isso, se não eu poderia ficar em apuros.

Claudia inclinou-se para a frente ao explicar:

— Para começar, ela tinha poucos aliados e menos ainda quando os comentários sobre como levava sua vida começa-

Nine to Five

ram a circular. Eu nunca disse nada realmente indiscreto porque não era preciso. Não havia necessidade de mentir. Tudo que fiz foi dizer a verdade em vez de encobri-la.

Sabotagem de "abrir a boca"

Este tipo particular de vingança tem sido chamada de sabotagem de "abrir a boca", porque envolve o processo simples de dizer em voz alta o que todo mundo suspeita, mas ninguém está disposto a revelar publicamente. Em geral, é um processo muito gratificante, porque envolve no máximo uma noção de dissimulação, mas não envolve nenhum outro tipo de falsidade. É o tipo de manobra usada por irmãos rancorosos quando delatam seus irmãos ou irmãs: "Mamãe, se Mary disse que ia à biblioteca, por que eu a vi com um bando de garotos no *shopping center*?" Quando Claudia arregalou os olhos e delatou sua chefe, estava usando uma versão sutil da sabotagem de "abrir a boca".

Pense em qualquer herói de um filme de negócios — ou em um *best-seller* de Tom Clancy ou de John Grisham — e você provavelmente terá um caso de sabotagem de "abrir a boca". Quando Jack Ryan, o herói de *A Clear and Present Danger*, de Clancy, diz ao pegajoso presidente: "Eu não vou dançar conforme a música. Eu não danço" — em outras palavras, ele não iria mentir para encobrir o desastre militar precipitado pela máquina política oculta — a platéia aplaudiu. De certa forma, Claudia também estava recusando o convite para continuar a dançar.

Claudia e sua chefe resolveram fazer uma trégua.

— Ela e eu concordamos, sem dizer isso explicitamente, que eu sairia rápida e silenciosamente e ela me daria boas referências. Consegui um novo emprego imediatamente e desde então me sinto feliz.

Doce Vingança
&

Perguntei-lhe se sentia algum remorso ou se estremece quando pensa no que fez. Retirando um pouco do creme de cima do seu café, ela sorri e responde:

— Não.

Pergunto-lhe se faria tudo novamente no futuro, se as coisas não andassem bem para ela.

— Provavelmente, não — diz, pensativa. — Agora já me conheço melhor e tenho mais autoconfiança. Caso alguém gritasse comigo agora, eu sorriria e sairia ou sugeriria que a pessoa se sentasse e se controlasse, porque suas atitudes eram inadequadas. Já não tenho tanto medo quanto tinha no meu primeiro emprego. Eu nunca me permitiria ser tão humilhada outra vez. Ninguém teria esse poder sobre mim agora.

A luta da dependência mútua

Os empregados geralmente se ressentem do poder que seus chefes exercem indiscriminadamente e os chefes podem se ressentir do que consideram as exigências excessivas dos empregados. Ambos travam uma luta devido a sua interdependência; como em um mau casamento, um mau relacionamento de trabalho é tanto intolerável quanto difícil de abandonar.

Considere a seguinte piada clássica de vingança sobre um ríspido garçom nova-iorquino e seu chefe descontente. A constante exibição de arrogância do garçom, suas permanentes lamúrias e infindáveis resmungos parecem ter provocado a reação exata que ele desejava: o chefe resolve lhe dar um grande aumento de salário. O garçom, sentindo-se muito bem consigo mesmo, vangloria-se para o resto dos empregados de que finalmente venceu o chefe pelo cansaço e conseguiu um merecido destaque acima do rebanho. Uma semana mais tarde, o chefe pede ao garçom que vá ao seu escritório.

Nine to Five

— Está demitido! — grita o chefe, dando um soco na mesa com um sorriso.

— Demitido? — exclama o garçom, atônito. — Como pode me demitir se acaba de me dar um aumento de salário? Isso é loucura. Por que demitiria alguém depois de lhe dar um bom aumento?

O chefe, abrindo a porta para que ele saísse, diz simplesmente:

— Eu queria que você perdesse um emprego melhor.

Libertado do bom comportamento

Assim, em vez de ir embora, os empregados podem encontrar maneiras de "ajustar contas". O clássico de 1933 de George Orwell sobre os perigos, as alegrias e as tragédias tanto do emprego quanto do desemprego, *Down and Out in Paris and London*, descreve um mundo de trabalhadores despojados que "desistiram de tentar se comportar de maneira normal e decente. A pobreza os liberta dos padrões comuns de comportamento, assim como o dinheiro liberta as pessoas do trabalho". Libertados das restrições normais — e sem nada a perder — os homens e mulheres descritos por Orwell "descobrem a grande característica redentora da pobreza: o fato de que ela anula o futuro. Dentro de certos limites, é realmente verdade que, quanto menos dinheiro você possui, menos você tem com que se preocupar". Como a pobreza, a vingança também aniquila a possibilidade de continuar com sua vida, porque ela também se alimenta da idéia de que já não há nenhuma pretensão de tentar se comportar com generosidade.

A vingança se infiltra em todos os aspectos da vida do mundo de Orwell. Quando lhe ofereceram um cargo em um restaurante em Paris, disseram a Orwell que ele fora contratado

Doce Vingança

porque era inglês: "Nós lhe daremos um emprego permanente, se quiser", explica o patrão. "O *maître* disse que gostará de xingar um inglês. Quer experimentar por um mês?" O preconceito do *maître* fará de Orwell um alvo conveniente para seus ataques.

Depois que começou a trabalhar em hotéis e restaurantes parisienses, geralmente como diarista, Orwell ouviu incontáveis histórias sobre como seus colegas de trabalho se vingavam. A história contada a seguir é uma das muitas que ouviu.

"Uma vez, eu estava em um restaurante em que o dono achava que podia me tratar como cachorro. Bem, por vingança descobri um modo de roubar leite dos recipientes e lacrá-los outra vez, de modo que ninguém percebesse. Eu engolia aquele leite de manhã à noite. Todo dia, eu bebia quatro litros de leite, além de meio litro de creme de leite. O dono estava ficando maluco tentando descobrir como o leite sumia. Não é que eu quisesse leite, sabe, porque é uma coisa que detesto; era por princípio, apenas por princípio."

Mesmo em suas dificuldades, esse homem está determinado a assegurar que a justiça seja feita. Ele eleva sua vingança do pessoal para o político.

Entretanto, como acontece com tantos que buscam a vingança, ele tem de pagar por seus atos.

"Bem, após três dias, comecei a sentir terríveis dores de barriga e fui ao médico. 'O que andou comendo?', ele perguntou. Respondi: 'Bebo quatro litros de leite por dia e meio litro de creme de leite'. 'Quatro litros!', exclamou. 'Então, pare agora mesmo. Vai explodir se continuar.' 'Que me importa?', eu disse. 'Para mim, o princípio é tudo. Vou continuar a beber aquele leite, mesmo que realmente estoure.'"

Em outro incidente, Orwell relata a história de um garçom que "me contou, como uma questão de orgulho, que às vezes

Nine to Five

torcia uma toalha de pratos suja na sopa de um cliente antes de servi-la, só para se vingar de um membro da burguesia".

A idéia de sabotar a comunidade de negócios floresceu nos anos 20 e 30, quando Orwell escrevia, mas suas sementes haviam sido plantadas bem antes. Em um livro do início do século, *Sabotagem: história, filosofia e função*, Walter Minn defende a derrubada do capitalismo através do uso organizado da sabotagem, estabelecendo uma dinâmica em que "a massa de trabalhadores já é destituída de bens. Nenhum laço os une à chamada civilização. A sabotagem, por proteção e por vingança, os atrai. Nada têm a perder e têm muito a ganhar com seu uso".

Como se estivesse prefaciando as histórias de Orwell sobre o trabalho na cozinha (ou nos preparando para a leitura do clássico de Upton Sinclair, *A selva*, sobre a indústria de alimentos não regulamentada do começo do século XX), Minn desafia aqueles que trabalham na preparação de alimentos em ambientes envenenados para que alguns possam lucrar: "Deixemos que os cozinheiros contem como o alimento é preparado para a mesa: como carnes podres são tratadas com produtos químicos. (...) Deixemos que os lavadores de pratos, garçons e outros trabalhadores de restaurantes e hotéis falem das condições em que pratos são 'lavados' e os pedidos 'preparados'." Obviamente, trata-se de mais uma vingança de "abrir a boca" contra uma situação antiética e injusta.

O problema parece estar crescendo na cena empresarial contemporânea, segundo diversos estudos publicados em periódicos internacionais dedicados a negócios. "A sabotagem como uma realidade das relações de trabalho está se tornando cada vez mais evidente em muitos países industrializados. Quando as relações patrão-empregados se deterioraram em uma empresa de engarrafamento de água mineral na França, os

Doce Vingança
☙

operários adicionaram sabão aos tanques de armazenamento da água", escrevem Robert Giacalone e Stephen Knouse em *Excuses: Masquerades in Search of Grace*. Não é de admirar que inúmeros livros sobre este tema tenham sido escritos para a comunidade de negócios. A vingança no local de trabalho não é inevitável e nem sempre constitui um fator negativo. Diversos estudos demonstraram que pequenos atos de vingança podem na verdade tornar o ambiente de trabalho mais aceitável para empregados descontentes.

Roubando recados adesivos Post-It

Pequenos atos de fraude e maldade são tão familiares que nem são considerados um ou outro à primeira vista. Ao roubar canetas ou recados adesivos Post-It, ao fazer chamadas interurbanas do telefone do escritório, ao tirar longos intervalos de almoço ou sair mais cedo, funcionários levemente frustrados encontram modos de se vingar de uma empresa fornecendo a si mesmos estímulos que o emprego não oferece oficialmente. Esse comportamento pode até não ser consciente, mas uma espécie de reação auto-reguladora internalizada.

Um estudo publicado no *Wall Street Journal* indicava que os operários que resolviam usar pequenas vinganças contra seus empregadores eram relativamente felizes e eficientes, em comparação com seus colegas mais honestos. Versões mais extremas e prejudiciais de vingança contra a companhia abrangem da destruição ou falsificação de registros e criação de vírus de computador a dormir com o cônjuge ou o filho do chefe. Esses incidentes, quando realmente ocorrem, costumam ser bastante dramáticos, mas na verdade são raros.

Às vezes, as punições infligidas pelos vingadores são cheias de imaginação. Em tais casos, quando rimos ou prendemos a

Nine to Five

respiração, incrédulos, diante da raiva ou da infelicidade de alguém, estamos mostrando quem realmente somos, escolhendo de que lado estamos. Raramente os observadores ficam neutros.

"Não basta vencer; seus inimigos têm que fracassar"

Ilustrando a criatividade de alguém que tem um inimigo e ilustrando o ditado que diz "Não basta vencer; seus inimigos têm que fracassar", há uma piada clássica de vingança referente a um gênio agradecido, recém-libertado de anos de cativeiro dentro de uma garrafa. Ansioso para prestar serviços a seu novo amo, o gênio oferece-lhe três desejos. "Parece bom demais para ser verdade", grita o feliz beneficiário. "Mas há um impedimento", explica o gênio. "Você vai realizar seus três desejos, mas seu pior inimigo vai conseguir o dobro do que você conseguiu." A princípio decepcionado, o novo amo repentinamente sorri, ao imaginar uma maneira de contornar a situação. "Gostaria de ser um milionário", declara e é imediatamente rodeado de ouro, jóias e carros sofisticados. "Mas tem que saber que agora o seu inimigo possui o dobro dessa riqueza", diz o gênio rispidamente. O homem apenas sorri. "Tudo bem. Agora, como segundo pedido, gostaria de ter um harém de mulheres insaciáveis e maravilhosas que me adoram e me desejam." "Como quiser", diz o gênio dando de ombros e, de repente, vêem-se dezenas de belas mulheres que não conseguem tirar as mãos de seu novo amado. "Mas, lembre-se", adverte o gênio, "seu pior inimigo possui o dobro de mulheres, duas vezes mais atraentes". "Tudo bem", diz o homem com um amplo sorriso. "E qual é o seu terceiro e último pedido?", pergunta o gênio, profundamente intrigado. "Como terceiro pedido", responde o homem, com um sorriso satisfeito, "queria que *um* dos meus testículos desaparecesse."

Doce Vingança

Loucura na Disney

Um artigo de 1990 do *Wall Street Journal* intitulado "Doce vingança está azedando o escritório" cita uma empregada da Disney que teve vontade de vingar-se quando foi preterida para uma promoção que achava que merecia. Usando táticas familiares a qualquer um que já tenha trabalhado sob uma situação desagradável, a mulher começou a levar muito mais tempo para completar seus projetos. Quando seu chefe, que estava sob grande pressão para melhorar a eficiência do departamento, fez por escrito uma avaliação negativa a seu respeito, "sem sequer falar com ela e colocou-a na sua ficha funcional, ela reagiu escrevendo um longo memorando e enviando cópias para os diretores da divisão. Também, pelas costas, fez comentários maldosos sobre os atos dele".

O artigo, mais adiante, cita a mulher em questão afirmando que seus atos foram "vingativos" e feitos de propósito. "Mas me senti inteiramente justificada. Eu sabia que iria ferir meu chefe e destruir sua credibilidade", ela afirma. E sem dúvida destruiu sua credibilidade, segundo o *Journal*. "Foi uma grande confusão", ela conta. Em poucos meses, seu chefe foi demitido — e ela ocupou seu cargo.

O mesmo artigo descreve um caçador de executivos "que, aparentemente ainda com raiva do seu ex-patrão em um grande banco por designá-lo para um local indesejado, após ele ter recusado um posto fora do país, nunca perde uma oportunidade de atacar aquele banco em suas incursões à caça de talentos". Ambas as histórias do *Journal* demonstram a natureza comum da vingança no local de trabalho, mesmo quando disfarçada sob outro rótulo.

Muitas vezes, um impulso maníaco pelo sucesso pode mascarar um desejo de vingança. Quantas vezes, desde crianças,

Nine to Five

desejamos ser bem-sucedidos, simplesmente para levantar o nariz para alguém que apostou contra nós? Ouvi uma história sobre um grande escritor que teve de ser convencido a não dedicar seu livro a um professor de inglês do colégio secundário que lhe deu nota baixa e fez uma carta de recomendação bem pobre para a faculdade. Esse escritor jurou que teria entrado no ramo de calçados com seu pai se não fosse pela força galvanizadora de sua raiva na época. Ele, portanto, agradecia ao seu professor de inglês? "Quero que ele caia morto", foi sua resposta bem pouco literária. No entanto, uma sensação de rejeição pode impelir uma pessoa para as realizações que uma vida mais complacente lhe poderia ter negado. Nós nos tornamos criativos quando somos imprensados contra a parede.

Piscina suja

Em outro artigo publicado no *Wall Street Journal* (que merecidamente às vezes poderia se chamar *Notícias do Mundo da Vingança*), Philip Leslie, de 56 anos, co-fundador da Leslie's Poolmart Inc., uma loja de artigos para piscina, declara que seu objetivo é arruinar a firma de seu ex-sócio: "Jurei derrubá-los." Criando uma nova companhia de produtos para piscina, segundo o relatório, "empregando dezenas de ex-funcionários da Poolmart e uma estratégia de negócios para atingir em cheio sua antiga firma", Philip Leslie sistematicamente empenhou-se em derrotar seu ex-sócio quando foi alijado do negócio.

Na verdade, de acordo com seu artigo intitulado "Desejo de vingança alimenta a ambição de um empreendedor", muitos empregados passaram para a firma de Leslie. "Durante anos ele foi leal a nós, de modo que queríamos retribuir sua lealdade", diz Benjamin Vasquez. Leslie não parou por aí. Suas novas lojas estão localizadas "suficientemente perto das lojas

Doce Vingança

Poolmart para se tornarem seus concorrentes diretos" e, além disso, ele inaugurou um competitivo serviço de encomendas por reembolso postal. Como não seria de surpreender, Leslie entrou em contato com o *Journal* para contar sua história durante a liquidação de estoque da Poolmart. Frank Dunlevy, o gerente-geral da Montgomery Securities, principal negociador da oferta, diz a um repórter: "Não é por acaso que o Sr. Leslie está falando com você neste momento." É verdade, confirma o Sr. Leslie. É mais uma oportunidade "para tentar derrubar esses caras", diz. Segundo várias teorias sobre vingança, é natural sentir um intenso sentimento de raiva e rancor quando se está na companhia das mesmas personalidades problemáticas diariamente, seja em casa ou no trabalho.

Em seu amplamente citado trabalho de 1966 *Sobre a agressão*, o psicólogo social Konrad Lorenz explora a denominada "doença polar", também conhecida como "cólera de expedição", que, argumenta, "ataca pequenos grupos de homens completamente dependentes uns dos outros, assim impedidos de discutir com estranhos ou pessoas de fora do seu próprio círculo de amigos". As implicações em relação ao local de trabalho são claras. Lorenz sugere que reagimos de forma diferente em relação àqueles aos quais nossas vidas estão intrincadamente ligadas. "Nessa situação", continua, para exemplificar, "como sei por experiência própria, toda agressão e comportamento belicoso sofrem uma redução extrema de seus valores básicos [e] reage-se aos menores maneirismos de seus melhores amigos — como o modo como limpam a garganta ou espirram — de uma forma que normalmente seria adequada somente se o indivíduo tivesse sido atacado por um bêbado." Lorenz preocupa-se com a maneira como podemos reagir exageradamente quando ficamos algum tempo confinados com outro indivíduo. Quando a teoria de Lorenz é aplicada à história da Poolmart,

Nine to Five

as implicações são claras. É preciso ter consciência do nível de comprometimento pessoal e profissional, até mesmo paixão, mantido por aqueles com quem você lida no trabalho. Qualquer pessoa suficientemente próxima para ser magoada por você pode perfeitamente estar bastante próxima para revidar.

Uma história contada pelo comediante/ativista Florynce Kennedy ilustra esse ponto: uma mulher está sentada na cadeira do dentista. Ele a prepara para o tratamento, separando brocas e outros instrumentos, chocalhando aqueles instrumentos metálicos de um lado para o outro, enquanto ela permanece ali sentada, cada vez mais nervosa. Repentinamente, quando ele se curva e lhe pede para abrir bem a boca, sente que ela estende a mão e agarra seus testículos, gentilmente, mas com firmeza. Ele olha para seu rosto sorridente e ela diz meigamente:

— Não vamos nos machucar, não é, doutor?

O modo como reagimos a histórias de vingança geralmente revela padrões ocultos ou enterrados de pensamento e de comportamento, que podem abrir uma janela para as nossas próprias e mais profundas definições de nós mesmos. Histórias assim podem nos afetar profundamente porque tocam em cordas sensíveis particularmente primitivas.

Capítulo Cinco

PIADAS DE VINGANÇA

Ri melhor quem ri por último

"Deus, conceda-me a serenidade para aceitar aquilo que não posso mudar, a coragem para mudar o que posso e a sabedoria para esconder os corpos dos que tive que matar porque me deixaram furiosos."

ANÔNIMO

"A minha intenção é das melhores. Meus desejos são: uma cabana humilde com telhado de sapé, mas uma boa cama, boa comida, o leite e a manteiga mais frescos que houver, flores na janela e algumas belas árvores diante da minha porta; e se Deus quiser fazer minha felicidade completa, Ele me concederá a alegria de ver seis ou sete dos meus inimigos pendurados dessas árvores. Antes de suas mortes, contritamente os perdoarei de todo o mal que me causaram durante suas vidas. Deve-se, é verdade, perdoar os inimigos — mas não antes de serem enforcados."

HEINRICH HEINE, CITADO POR FREUD EM O MAL-ESTAR NA CIVILIZAÇÃO.

Doce Vingança

Querer vingança é a mais humana das ações — é uma das poucas coisas que os seres humanos fazem e que os animais não fazem (entre outras atividades que os animais não realizam figuram usar unhas artificiais e acompanhar em voz alta pelo rádio do carro a música *Respect*, com Aretha Franklin). Muitas das melhores histórias de vingança do mundo carregam consigo um elemento cômico, em parte porque — como muitas histórias engraçadas — acontecem com Outras Pessoas.

Se estão colocando farelo de pão no nosso café matinal como vingança pelo fato de nunca limparmos o microondas do escritório (algum dia nos disseram que deveríamos limpar o microondas do escritório?), raramente achamos graça enquanto engolimos os farelos. A vingança quase nunca parece justa quando é dirigida a nós próprios, como escorregar numa casca de banana raramente é engraçado quando é você quem cai sentado no chão. Entretanto, a vingança e o humor podem andar juntos como os dentes de um zíper. E o riso pode mostrar-se eficaz como um instrumento, uma arma — e uma lição.

Farpas

Usar o humor como vingança pode ser um sofisticado jogo de farpas — o equivalente emocional e verbal a uma ferroada. Digamos que Frances acha que caçoar de seu peso a ajudará a perder alguns quilos. Digamos que ela faça comentários como "Logo você vai estar usando tendas de verdade como vestido", ao mesmo tempo em que lança aquele clássico sorriso "só estou brincando" enquanto observa você colocar uma rodela de manteiga sobre o purê de batatas. (Ela, é claro, está comendo o que parece ser uma tigela de AstroTurf enfeitada com uma porção de lascas de madeira.) Vocês ficam sentadas de frente uma para a outra na lanchonete e, enquanto seu primeiro im-

Piadas de Vingança

pulso é de derramar o café no colo dela, você resolve, em vez disso, entrar no jogo que ela armou.

Você, com um sorriso igualmente cativante, diz alguma coisa como: "Querida, quando meu peru do Dia de Ação de Graças começa a se parecer com você, sei que está na hora de jogá-lo fora" ou "É engraçado como você está sempre tão interessada no que entra na minha boca. A sua não está recebendo atenção suficiente?". Em vez de ser o objeto da cena, você se coloca na posição de sujeito. Ao retrucar, você se torna um jogador, não o alvo das brincadeiras de alguém que acha que está afinado com você, quando na verdade se acha em completa desarmonia.

Como forma de vingança, o humor não precisa ser necessariamente compartilhado ou público para ser eficaz. Você pode apreciar a piada sobre alguém que lhe deseja o mal ainda que ninguém mais o acompanhe. Quando uma professora secundária, de 41 anos, contou-me sua história de vingança favorita, fez todos à mesa gargalharem com o que por um longo tempo permaneceu sendo sua diversão particular.

— Eu estava recebendo uma série de telefonemas obscenos em casa, tarde da noite — contou. — Isso foi há vários anos, antes de eu me casar e antes de possuir uma secretária eletrônica; você sabe, quando a vida era menos complicada, porém mais difícil. De qualquer modo, alguém com uma respiração forte telefonava por volta da meia-noite, mais ou menos duas vezes por semana. Chamei a polícia, mas não deram muita atenção porque ele não estava fazendo ameaças e porque os telefonemas não eram assim tão freqüentes. Mas, é claro, eu estava desesperada com aquilo. Tentei desligar, mas ele ligava de novo imediatamente. Eu não podia simplesmente deixar o telefone tocando porque meu noivo morava na Costa Oeste e geralmente também telefonava por volta dessa hora. E a respiração forte *dele* era bem diferente.

Doce Vingança
❧

"Uma noite, eu estava tão exausta após um dia inteiro de aulas, reuniões e encontros com pais que, ao ouvir a mesma voz ao telefone, comecei a falar em alto e bom som, sem parar. 'Vou lhe contar como foi o meu dia. Comecei com uma cirurgia na boca para remover um abscesso. Uma grande quantidade de secreção foi drenada das minhas gengivas, que podiam estar em melhor forma, e depois tiveram que passar todo aquele remédio à base de iodo, de modo que meu rosto ficou inchado e vermelho. Quanto cheguei atrasada na escola, descobri que meu melhor aluno tinha vomitado no balde de incêndio...' Nesse ponto, ele desligou. Ri durante horas por ter afugentado um inoportuno obsceno meramente descrevendo como fora o meu dia.

A lição foi eficaz. O indivíduo nunca mais voltou a ligar.

A vingança cômica como a mais doce das vinganças

O fato é que a vingança cômica, na verdade, é o que a maioria de nós tem em mente quando fala de vingança. A vingança cômica é a dinâmica que está por trás não só da metade dos seriados cômicos da TV e dos filmes de comédia dos últimos trinta anos, mas de quase toda farsa e comédia clássica dos últimos trezentos anos — talvez até mesmo dos últimos três mil. A vingança cômica constitui a base de *Animal House*, do National Lampoon — onde os sujeitos mais desleixados e sujos do *campus* comicamente destroem os rituais hipócritas dos estudantes presunçosos e arrumadinhos, do tipo ídolos de futebol — e de *A 12ª noite*, de Shakespeare — onde os sujeitos mais espertos no palco comicamente levam a melhor sobre os fingidos e presunçosos como Malvolio (que, no final da peça, declara: "Eu me vingarei de todos vocês").

A vingança cômica conduz a trama de *Cinderela,* de Walt

Piadas de Vingança

Disney — todos ficam encantados quando as malvadas filhas de sua madrasta não conseguem encaixar seus pés gordos no minúsculo sapatinho de cristal. Igualmente, está por trás da trama de *Nicholas Nickleby*, de Charles Dickens, onde todos ficam encantados quando o maligno diretor da escola Wackford Squeers é exilado em desgraça.

A maior parte do que há de melhor no humor tem a ver com poder e com as maneiras como as pessoas que o detêm e usam não deveriam fazê-lo — exatamente como as pessoas que possuem armas. Às vezes, sente-se que deveria haver leis melhores governando o uso do poder e, então, percebe-se que são as próprias pessoas que detêm o poder que fazem as leis. É nesse ponto que temos vontade de rir da insanidade do sistema. O humor nos permite ganhar perspectiva ridicularizando as insanidades implícitas do mundo cotidiano e, assim, revidar e tirar desforra das forças dominantes não permitindo que governem nossas vidas interiores. Rir por último é uma maneira incrível — e geralmente saudável — de se vingar.

— Quando um dos colegas de trabalho me deu um par de colhões de metal como presente de Natal de "brincadeira", alegremente entregando-o a mim na festa do escritório, diante de todos — disse uma advogada de 41 anos —, não tive escolha senão devolvê-lo com um sorriso e dizer: "Conheço o seu trabalho. Você precisa mais disso do que eu." Todos riram e minha vitória foi completa.

Ao responder à piada de seu adversário com outra piada, ela saiu vitoriosa. Quando a bola foi atirada no seu campo, por assim dizer, ela pôde devolvê-la com um pequeno efeito extra, demonstrando que não estava disposta a ser o saco de pancada da indelicadeza de outra pessoa, por mais "alegremente" que lhe fosse presenteada.

Doce Vingança

O *riso, a mordida e o pontapé*

A comédia é importante no exame da vingança porque o riso é uma manifestação tão óbvia de recusa quanto uma mordida ou um pontapé. A vingança cômica é usada do pátio de recreio à sala de diretoria e geralmente é um dos meios mais eficazes de vingança. Raramente uma vingança realmente cômica aliena alguém — em geral, o alvo reconhece o erro e o corrige.

Durante uma turnê para os meus livros, alguns anos atrás, diversas pessoas de uma equipe envolvida nos vários estágios de produção de televisão contaram-me a mesma história de vingança cômica. Aparentemente, eu estava indo no rastro de um conhecido escritor de mistério, que também fora escalado para um dos programas. Ao contrário do resto de nós, esse escritor famoso não estava mais disposto a aturar a falta de preparo com que às vezes nos deparamos durante uma entrevista ao vivo; sem dúvida, achava-se no direito de ser tratado com uma atenção sincera. Ele também descobriu uma maneira de vingar-se daqueles jornalistas de televisão despreparados para seu trabalho.

A maior parte dos programas de televisão ao vivo envolve o uso de telepontos — uma tela de televisão com um roteiro que o apresentador ou entrevistador usa para conduzir o espetáculo. Os melhores apresentadores usam esse recurso como deve ser usado — como um lembrete —, mas outros contam exclusivamente com ele e lêem linha por linha, o tempo inteiro dando a impressão que são eles que estão propondo aquelas inteligentes perguntas e convenientes transições. Durante uma boa entrevista, é muito comum que o diálogo adquira vida própria e somente o entrevistador mal preparado precisará ler na tela pergunta por pergunta.

Quando o escritor de mistério conversava com um apre-

Piadas de Vingança

sentador que dependia inteiramente das perguntas que iam sendo apresentadas no teleponto, adotou o hábito de esperar até que as palavras saíssem da tela antes de sorrir e dizer, no mais agradável tom de voz: "Desculpe, não entendi direito. Poderia repetir a pergunta?" Obviamente, não havia como recuperar a pergunta e se o entrevistador não estiver prestando atenção, como às vezes acontece, e especialmente se ele nem sequer folheou o livro do escritor, como às vezes acontece, o constrangimento pode ser bastante grave. Aparentemente, todos os que trabalhavam nos bastidores tentavam controlar o riso e trocavam sinais em silêncio.

Com essa lição, o escritor quis enfatizar que qualquer pessoa que tem uma conversa com outro ser humano deve pensar no que está sendo dito, não meramente vocalizar sons e parecer interessado. Ouvi essa história de maquiladores, operadores de câmera, produtores e às vezes dos próprios apresentadores. Uma coisa era certa: os entrevistadores iriam realmente ler seus livros (ou ao menos as orelhas) antes de tê-lo no programa outra vez.

E teriam que convidá-lo outra vez, porque ele era simplesmente famoso demais para ser ignorado. Ele planejou bem sua vingança, embora provavelmente não tivesse arriscado tal comportamento no começo da carreira, quando era mais vulnerável. Porém a parte mais interessante da estratégia desse escritor foi o fato de ter chamado a atenção para uma questão que muitas pessoas que trabalham no ramo conheciam como falta grave. Sua maneira rápida e eficiente de lidar com o assunto atiçou a imaginação dessas pessoas e ninguém, exceto talvez alguns entrevistadores descontentes, condenou sua atitude.

Doce Vingança
✐

Lutando com justiça

Parte do que torna essa uma história de vingança cômica é o fato de que o escritor vingava-se de alguém que era, mais ou menos, um igual. Como estava lidando com a personalidade pública, aquela diante da câmera, aquela que ganhava mais dinheiro do que toda a equipe reunida, sua vingança foi considerada uma reação justa a uma situação que achava degradante. Se, ao contrário, ele tivesse constrangido o operador por trás do teleponto ou ridicularizado o assistente administrativo que o convidou para o programa, teria parecido mais um provocador do que um inteligente vingador.

Herbie Bookbinder, o herói do consagrado romance de Herman Wouk *City Boy*, é uma dessas pobres almas que se vê à mercê de um provocador. Incapaz de defender-se fisicamente e relutante em apelar para a ajuda dos pais ou professores, Herbie descobre as glórias de um momento público de triunfante vingança contra seu arquiinimigo.

Lenny, o provocador, regularmente humilha o inteligente e criativo Herbie, divertindo-se particularmente em chamá-lo de "General Lixo" durante os ensaios de uma peça teatral na escola sobre a Guerra Civil, em que Lenny faz o papel do general Lee e Herbie o do general Grant. Lenny, grandalhão e estúpido, adora os preparativos para a peça, embora tenha dificuldades em memorizar suas falas. Como não é de surpreender, Lenny é obcecado pela espada que deve entregar a Herbie no clímax da peça; ele não deixa que Herbie sequer se aproxime dela e escarnece dele diante dos amigos sobre o fato de ele não ter uma espada. Mas Herbie secretamente descobre "uma característica da arma que Lenny obviamente não notara. Enquanto vaidosamente executava floreios com a espada, destacara cada detalhe que percebera para os admirados colegas",

Piadas de Vingança

mas não percebeu que um pequeno botão mantinha a espada firmemente presa na bainha. Herbie logo percebe que se apertar o botão Lenny não conseguirá tirar a espada da bainha durante a representação.

Herbie, generoso por natureza, é tentado pela idéia de vingança. "O garoto corpulento e baixo repassou diversos incidentes do dia em sua mente: concreto contra o seu nariz, risadinhas de sua barba de feltro preto, "General Lixo" e a recente ameaça de deixar sua cabeça côncava." Herbie decide ir em frente: Wouk conta-nos que "ele suavemente apertou a trava, prendeu a espada em sua bainha, encostou-a na parede e saiu para observar a movimentação através de uma fresta da porta do camarim". Quando chega a hora da grandiosa cena de Lenny, com todos os alunos e professores imóveis à espera do emocionante momento do grande gesto de Lee, Lenny exclama sua fala: "*Sir*, ao ceder esta arma, entrego-lhe a espada do Sul, não a sua alma."

Mas, de repente, tudo pára, quando Lenny tenta tirar a espada que Herbie travou no lugar. Ela não se move. Diante de mil pessoas, Lenny "agarrou com força o cabo da espada, deu um puxão violento e rodopiou nos calcanhares. A espada permaneceu imóvel na bainha". O momento dá a Herbie a chance de sobrepujar seu inimigo. "'Esqueça a alma', disse Herbie, num rasgo de inspiração. 'Fico com a espada.'" Wouk nos conta que "Houve uma explosão de risos. A Sra. Gorkin quase gritava dos bastidores 'Desabotoe o cinto!' Lenny perdeu a cabeça, puxando a espada sem parar, e começou a praguejar. O Sr. Gauss levantou-se para tomar uma atitude. Herbie, encorajado pelo sucesso, repentinamente estendeu a mão e (...) tocou a cintura do general Lee, agarrou o cabo da espada e retirou-a com tal facilidade que parecia engraxada. A platéia prendeu a respiração, atônita. Herbie voltou-se para seu orde-

Doce Vingança

nança e mansamente disse: 'Dê uma xícara de café ao general Lee. Parece estar fraco de fome.'"

Assédio humorístico

Quando o humor é usado contra um parceiro desigual, a briga obviamente não é justa. Uma piada dirigida contra alguém raramente é apenas uma piada, ainda que sob as circunstâncias mais amigáveis. Qual a melhor forma de lidar com um dito espirituoso quando na verdade trata-se de um ataque sutilmente velado? Para ser mais clara: qual a melhor forma de reagir a uma agressão — sexual ou de outra espécie, dirigida a uma mulher ou um homem — quando vem disfarçada de humor?

Devo admitir que coleciono grandes respostas a observações provocadoras como algumas mulheres colecionam cupons de desconto. Essas réplicas são úteis, grátis, e podem ajudá-lo a economizar o que interessa: tempo, energia e sanidade mental. As que atualmente são minhas favoritas podem ser apócrifas, mas mesmo assim mostram-se bastante instrutivas. Tal como fábulas são inventadas e contudo contêm uma verdade, essas respostas também. Portanto, embora seja verdade que nem sempre tenhamos uma boa resposta na ponta da língua, ao menos temos de imitar aqueles que a possuem.

Uma das histórias que sempre conto em palestras é uma que ainda aprecio, embora eu a tenha visto pela primeira vez em *They Used to Call Me Snow White... But I Drifted*, em 1991. Quando trabalhava para a administração Johnson, Liz Carpenter escreveu um livro sobre suas experiências na Casa Branca. O livro vendeu bem. Uma noite, ela encontrou-se com Arthur Schlesinger Jr. em um coquetel. Ele aproximou-se, sorriu e disse-lhe: "Gostei do seu livro, Liz. Quem o escreveu para você?" Ora, obviamente essa era apenas uma das piadinhas do

Piadas de Vingança

querido Arthur. Se ela tivesse gaguejado ou se ruborizado, ele teria marcado um ponto. Poderia então dizer: "Está vendo? Não se pode fazer uma brincadeira com essas mulheres." Se ela tivesse dado um soco na mesa e ameaçado chamar seu advogado, ele poderia dizer a mesma coisa.

Em vez disso, o que Carpenter respondeu foi: "Que bom que gostou, Arthur. Quem o leu para você?" O que ela fez foi simplesmente adotar o mesmo formato e adaptá-lo aos seus propósitos.

Bem, fazer piada à custa do piadista é uma deliciosa vingança. Raramente a vida oferece algo tão gratificante quanto alcançar uma posição de triunfo exatamente no momento em que a outra pessoa acha que você está derrotada. É uma excelente sensação poder rir por último.

O problema é que a maioria de nós foi educada para estar sempre tão preocupada em colocar o bem-estar dos outros acima do seu próprio que estamos totalmente despreparados quando um grande revide se torna necessário. Inúmeras vezes, ao falar para grupos em todo o país, as mulheres faziam fila para contar sua reação à resposta de Carpenter. Adoravam-na, queriam elas mesmas ter dito isso, adorariam usar o humor dessa forma — mas logo começavam a se sentir culpadas só de pensar em falar daquele modo. "Adoraria usar algo como a resposta de Carpenter", diziam, "mas nessa noite eu iria para casa e pensaria: E se Arthur Schlesinger for secretamente analfabeto? E se seu pai for disléxico? E se seu filho usar *Hooked on Phonics*? Então eu sentiria que deveria trabalhar como voluntária para o comitê de Ação pela Alfabetização durante quatro noites por semana como penitência por pensamentos pouco caridosos."

Mas acredito firmemente que pessoas poderosas que são piadistas não se preocupam com a reação da vítima. Isso não significa que devamos nos tornar versões perversas dos piores

Doce Vingança

estereótipos de provocadores, mas ilustra a expectativa entranhada em nossa cultura de que você pode dizer o que quiser para pessoas sem poder porque elas não vão retrucar. A explicação de Freud para a eficácia da piada maldosa, por exemplo, apóia-se na junção da vergonha e do silêncio femininos. Se o alvo da piada recusar-se a oferecer qualquer das duas reações, as piadas se esvaziam. No caso de histórias maldosas — contadas por homens ou por mulheres — isso é algo bom de ser lembrado.

No caso de precisar atrair a atenção e desforrar-se de questões maiores, o humor pode ser usado como vingança em assuntos pessoais e políticos. A colunista política texana Molly Ivins é um exemplo maravilhoso do ditado que diz que escrever bem é a melhor vingança. Ivins escreve sobre os absurdos da assembléia legislativa do Texas e deixa as "vítimas de sua própria estupidez" contorcendo-se ao vento. Ela conta a história da recusa da assembléia legislativa em entrar no século XX. Aparentemente, os legisladores recusaram-se a abolir uma antiquada lei sobre sodomia porque um político neoconservador pediu uma votação pública (ou aberta) no último instante. Todos que votaram pela remoção do estatuto na votação secreta agora estavam amedrontados ou constrangidos demais para apoiar essa decisão publicamente, de modo que a lei continuava em vigor.

Ivins disse que, depois de encerrada a confusão e quando esses direitistas trocavam tapinhas nas costas, teve vontade de correr até eles e ordenar que a polícia os prendesse porque, como ela disse, "é ilegal no Estado do Texas que um caralho toque um bundão". Contar essa história para platéias em todo o país proporciona uma certa vingança sobre aqueles que achavam que ganharam o dia sem que ninguém tivesse notado o quanto foram maldosos em suas brincadeiras.

Piadas de Vingança

Fácil para você, difícil para mim

Apesar da injustiça e por causa da injustiça, precisamos do riso em nossas vidas. Preferimos rir em momentos de crise porque as outras alternativas, como disse uma mulher, são chorar ou vomitar e nenhuma das duas nos deixam com boa aparência. A poeta Muriel Rukeyser disse que "o universo é feito de histórias, não de átomos" e para mim é claro que ela tem razão. As histórias que contamos a nós mesmos e que contamos uns aos outros nos dão a oportunidade de sacudir as grades da jaula. Às vezes, podemos sacudi-las o suficiente para que possamos escapar; às vezes, sacudimos com tanta força que ela desaba integralmente.

Então, tem início o próximo *round*. Ah, claro, é fácil para uma pessoa segura e bem sucedida que já conhece a crítica que a atormenta sair-se com uma resposta na ponta da língua, mas e o resto de nós? E se você nem sequer conhece a expressão *na ponta da língua*? E se a única resposta em que você consegue pensar for uma que o faz parecer um idiota ou um histérico? Como tememos exatamente essas duas possibilidades, engolimos o constrangimento e a raiva e permanecemos em silêncio. Mas gostaríamos que assim não fosse. Todos possuem uma história. Quando o assunto é levantado, há um incrível desejo coletivo e infindável de recitar simplesmente e em ordem alfabética todos os exemplos de "assédio humorístico" que já sofremos.

"Juro por Deus, nunca mais vão me fazer calar de novo"

Contarei apenas uma, para começar: iniciarei com o primeiro dia da minha primeira convenção profissional, quando conhe-

Doce Vingança

ci no elevador um professor incrivelmente famoso e erroneamente respeitado. Eu usava um cachecol da faculdade onde acabara de me formar na Inglaterra, do mesmo modo que Linus carrega seu cobertor de segurança, e estava tentando Ser Uma Boa Garota e Ser Gentil, projetos que desde então abandonei. De qualquer modo, esse homem olha para mim e, com um sorriso sonso e zombeteiro, diz:

— Você fica bem com o cachecol de seu namorado, mas não tem o direito de usá-lo.

Minha reação foi gaguejar uma frase devastadoramente confirmatória:

— Hum, bem, hã, eu realmente estudei lá.

Ele retrucou por cima do ombro, enquanto a porta do elevador se fecha às suas costas:

— Certamente não parece.

Bem, o que devo pensar? É um insulto, mas ele acha que é um elogio? Trata-se simplesmente de um insulto, sem rodeios, sem disfarce? Achei que o que ele queria dizer é que mulheres italianas baixas não deviam passar da sétima série. Achei que devia deixar de usar o cachecol. Achei que, absolutamente correta neste caso, ele imaginou que teria a última palavra porque eu ficaria intimidada por sua posição e poder, confusa com o que acabara de ouvir e silenciada pelo medo. Ele não teve que colocar esses pensamentos em palavras — conhecia-os como instintivamente conhecia, digamos, quais livros eram imprestáveis sem sequer tê-los lido.

Três elementos — intimidação, confusão e medo (principalmente de parecer estúpida) — impedem que muitas de nós revide na hora certa. Diria que um dos melhores momentos para revidar é quando alguém usa o humor para ridicularizá-lo, derrubá-lo ou envergonhá-lo — especialmente (mas não somente) quando suas piadas têm a ver com poder. Gostaria

Piadas de Vingança

de ter dado uma resposta no meu caso, mas não disse nada enquanto a porta fechava-se atrás dele. Jurei por Deus, com o punho erguido para o teto do elevador, como Scarlett O'Hara ergueu seu punho para o céu em *E o vento levou*, que aquilo jamais aconteceria outra vez. Mas aconteceu. Desde então, o humor foi usado contra mim — mas não com freqüência. E raramente pela mesma pessoa mais de uma vez.

Em contraste com minha mudez naquele elevador há tantos anos, entreouvi recentemente uma conversa entre duas mulheres elegantes, uma das quais fez Roseanne parecer educada. Foi durante um coquetel beneficente e todos nós deveríamos apresentar nosso melhor comportamento, dando um bom exemplo por uma boa causa. Eu estava dando meu "melhor exemplo" de comportamento social, quando na verdade estava ouvindo a conversa alheia. Foi quando ouvi uma mulher coberta de jóias dizer para outra, diante de um círculo razoavelmente grande de pessoas:

— Então, você diz que agora é uma escritora, Marilyn. — Ela parou, sorriu o sorriso astuto de uma mulher rica e perguntou: — Qual é a sua letra favorita?

Viram-se alguns olhares ansiosos e sobrancelhas arqueadas. A outra, sem se deixar abalar, devolveu o sorriso e enfrentou o olhar pesadamente maquilado da adversária, respondendo:

— Certamente, a que menos gosto tem que ser U (que em inglês soa como '*you*', *você*).

Todos no pequeno círculo fizeram uma pausa e depois riram. Foi uma luta justa, ninguém ficou mortalmente ferido e a noite pôde continuar sem incidentes. A conversa semelhante a um duelo permitiu que as armas pudessem ser abaixadas quando a luta terminou, ao menos publicamente.

Pode ser que não seja nem necessário proferir suas observações de retaliação e vingança. Uma velha amiga declara que

Doce Vingança

fantasia sobre vingança todos os dias, "embora todos me considerem a Srta. Boazinha. Talvez seja por isso que eu consiga ser gentil com as pessoas o dia inteiro. Penso como meu lado mau as trataria e, assim, posso rir do caso e esquecer". Trabalhando como secretária em uma delegacia de polícia, freqüentemente se vê envolvida em situações traumáticas, perturbadoras, onde tem de manter a calma a qualquer custo. Ela deu uma risadinha, explicando que sentia-se sem jeito só de contar uma de suas fantasias. Com a promessa de anonimato e um café com doces finos, ela descreveu uma cena típica:

— Quando um dos rapazes passa por mim, como aconteceu no outro dia, e pergunta por que uma garota tão grande quanto eu tem de se sentar em uma cadeira tão pequenininha, imediatamente penso: "Pela mesma razão que um idiota como você tem de ficar num empreguinho tão insignificante." Eu nunca diria algo assim em voz alta, mas quando penso comigo mesma, ao menos posso rir do caso.

Ao contrário do seu riso silencioso, ouvi histórias de diversas pessoas que decidiram, afinal, que valia a pena colocar em prática suas fantasias de vingança cômica — geralmente após um prolongado período de espera para ver se a situação iria melhorar. Nadine, uma das mulheres mais amáveis e engraçadas que já conheci, trabalhou durante cerca de dez anos como contra-regra para uma grande companhia de teatro *off*-Broadway e não aceitou o fato de que, durante a longa temporada de uma peça, a protagonista fizesse objeção a ter Nadine como sua assistente.

— Esta mulher achava que devia ser tratada com mais respeito do que a Virgem Maria — disse Nadine. — Ela era bastante velha para saber que não devia agir assim... na verdade, mais velha do que a Virgem Maria; era atriz desde que a crosta terrestre começou a esfriar... mas, ao contrário da maioria dos

Piadas de Vingança

atores veteranos, tratava todos à sua volta como lixo. Diariamente se queixava do trabalho que eu fazia e me culpava por qualquer coisa que desse errado. Se ela esquecia uma fala, dizia que eu esquecera de arrumar as flores artificiais como devia e que isso a fizera errar.

"Um dia, não agüentei mais. Era uma noite de sexta-feira... sempre uma ocasião importante... e ela passara a tarde inteira berrando. Quando entrou nos bastidores para receber um dos acessórios usados na peça, uma arma, eu lhe dei uma lanterna em vez da arma. Lá estava ela no palco, diante da casa cheia, dizendo 'Agora o peguei' e brandindo a lanterna para o ator principal, quando na verdade deveria estar prestes a matá-lo. O ator saiu do palco inventando um pretexto qualquer, ela voltou aos bastidores e lhe entreguei a arma. Apesar de eu saber que ela desejava que fosse uma arma de verdade, para usá-la contra mim, tudo correu bem depois disso.

"O diretor me fez pedir desculpas formalmente, mas acho que ele sabia exatamente o que acontecera e por quê. Ela passou a se queixar menos depois do incidente. Acho que entendeu o recado de que até um gato vira-lata tem garras.

Tal pai, tal filho

Já que, como observou o escritor do século XIX Henri-Louis Bergson, uma pessoa é "geralmente cômica em proporção à ignorância de si mesmo", essa falta de autoconhecimento é claramente o nicho onde a vingança cômica sente-se mais à vontade. Uma estudante de Yale contou-me há pouco tempo a história da vingança que os colegas do alojamento de estudantes resolveram perpetrar em um de seus membros mais arrogantes, egocêntricos e intratáveis. Ela ria ao revelar os detalhes e explicou que o cenário dessa vingança em particular sempre

Doce Vingança

era mencionado quando qualquer um de seus antigos colegas de turma reuniam-se para discutir os tempos muito melhores de sua experiência na universidade. Qual foi o aspecto cômico da vingança? Ela explicou.

— Chip andara se candidatando a estágios em diversas firmas de advocacia. Ele é um sujeito muito aristocrático de uma família rica, e acho que está predestinado a ser um herói saído dos romances de Grisham; você pode imaginar que ele não tinha muitos admiradores. Em dado momento, Chip levou sua encenação de superpoderes longe demais e destratou um de seus poucos amigos, recusando-se a permitir que usasse seu *smoking* para uma ocasião formal, embora esse amigo já tivesse emprestado muitas coisas a Chip e sempre tivesse sido fiel. O ex-amigo decidiu que já era hora de fazer Chip descer alguns degraus de seu pedestal e ficar sabendo que não era a reencarnação juvenil de Deus.

Enquanto continuava, sua voz tornou-se conspiratória, como se o planejamento da vingança estivesse sendo recriado à medida que falava.

— Seu ex-amigo pediu a um colega de voz sonora e profunda para telefonar a Chip e oferecer-lhe um emprego em Manhattan com um salário fabuloso e excelentes benefícios. Era inteiramente absurdo, mas como Chip tinha a si mesmo em tão alta conta, acreditou piamente. Ficou tão entusiasmado que começou a se vangloriar para todos, inclusive seu pai, que lhe perguntou sobre a empresa e depois disse a Chip que tal empresa não existia. Chip discou o número que o homem de voz profunda lhe dera e foi atendido por uma loja de pizzas na cidade vizinha. Ficou furioso, mas não imaginou que haviam lhe pregado uma peça. Nunca lhe ocorreu que recebera uma lição de humildade, porque nem sequer conhecia essa palavra.

Piadas de Vingança

Perguntei-lhe se achava que o plano fora eficaz como vingança. Sua resposta foi interessante.

— Não causou a Chip nenhum constrangimento além do que ele distribuía às pessoas diariamente e fez com que muitos de nós se sentissem melhor ao pensar que alguém conseguira pegá-lo em seu jogo de esnobe.

O que me intrigou em sua resposta foi o fato da pequena gangue ter se vingado da pessoa detestada e estar satisfeita com suas ações, apesar de Chip ter achado que se tratava de uma peça pregada por um inimigo invejoso e desprezível. De acordo com a jovem de New Haven, Chip não ficara melhor por causa do que acontecera. No entanto, outras pessoas à sua volta sentiam-se aliviadas de uma certa carga de tensão emocional e podiam conviver melhor com ele e, de modo geral, formar um grupo mais coeso.

Ao contrário de muitas outras formas de vingança, a vingança cômica pode liberar o espírito sem ter que envergonhar o responsável pela vingança. Ela pode, curiosamente, ser uma forma eficaz de vingança mesmo quando o objeto do ressentimento continua alheio à sua origem. Só de saber, de alguma forma, o que pensariam se ao menos *soubessem*, pode ser uma experiência deliciosa e gratificante.

Curando velhas feridas

Nas brilhantes memórias de Carol Burnett sobre sua complexa e difícil juventude, *One More Time*, ela dedica uma parte à época em que trabalhou como lanterninha em um cinema da Warner Brothers em Los Angeles. Por 65 centavos por hora, tinha que usar um uniforme que era "uma combinação de Yvonne De Carlo e guardas do Palácio de Buckingham, além de um chapéu como o dos *shriners*, membros de uma antiga irmandade

Doce Vingança

maçônica. O meu era pequeno demais". O gerente, Sr. Claypool, costumava dar em cima das lanterninhas bonitas pelo cinema e, como Burnett o descreve, "ele também era maluco. Nunca nos dava ordens verbais. Fazia sinais com as mãos, seus próprios sinais, inventados por ele mesmo". As moças e rapazes que trabalhavam no cinema não podiam emitir nenhum som, mas esperava-se que contorcessem as mãos em determinados ângulos (palmas para cima, para baixo, dedo indicador para cima, mindinho para dentro etc.) a fim de transmitir informações. Quando Burnett cometeu o erro de pedir em voz alta permissão para ir beber água, o chefe começou a berrar com ela (em palavras), insistindo que no futuro ela deveria "estalar os dedos até conseguir chamar minha atenção e, quando o fizer, abra a boca e aponte para o fundo de sua garganta".

Ela foi demitida, não por usar algum sinal inadequado (no seu lugar, há muito tempo eu teria erguido o dedo médio num sinal bem conhecido), mas por tentar recusar admissão a dois clientes que queriam entrar pouco antes do fim de um filme de Hitchcock. Seu chefe na verdade lhe arrancou as dragonas dos ombros antes de demiti-la de um emprego com o qual ela contava para passar o verão.

Sua vingança veio muitos anos depois, quando a Câmara de Comércio de Hollywood perguntou-lhe onde queria colocar sua "estrela" no Hollywood Boulevard. "Bem em frente de onde ficava o antigo cinema da Warner Brothers, na esquina de Hollywood com Wilcox. E é onde ela está", escreve, terminando o capítulo com um triunfante "Dane-se, Claypool". Dá vontade de aplaudir.

O exemplo de Burnett ilustra o fato de que sua vingança é na verdade a conquista de simetria depois de muito tempo — algo que estivera desequilibrado fora consertado. A jovem no uniforme da Guarda do Palácio fora vingada; sua história pode

Piadas de Vingança

ser reconfigurada com o conhecimento de que tudo deu certo no fim (mais ou menos como saber que no fim de um filme de Hitchcock o bandido receberá o que merece). Obviamente, o fato de Burnett ter dedicado um bom espaço a esse incidente provava que durante décadas o fato incomodou sua imaginação. *Além disso,* o triunfante final da saga indica que o relato cômico de sua história oferece tanto um alívio quanto uma sensação de ter finalmente posto uma pá de cal no assunto. Certamente o faz para o leitor. Se Burnett não tivesse conseguido sua estrela na calçada em frente ao cinema, teríamos que voltar e torcer o pescoço do sujeito.

Um desenho recente de Calvin e Hobbes resume com perfeição a mesma dinâmica. O importunador na escola aterroriza Calvin, fazendo-o abrir mão de seu lugar em um balanço e depois chama-o de maricas por não enfrentá-lo. Ele tem o dobro do tamanho de Calvin e nem sequer há uma discussão. Sozinho e fazendo beicinho no canto direito do último quadro, Calvin declara: "Daqui a alguns anos, quando eu for bem-sucedido e feliz (...) e ele estiver na prisão (...) espero não ser maduro demais para regozijar-me com a desgraça alheia." Ele sentir-se-ia reconfortado com a história de Burnett.

É uma emoção e uma esperança que muitos de nós alimentamos em alguma ocasião, este desejo de que a mão do destino resolva o que não podemos resolver no momento. Mas conseguir isso, e ao mesmo tempo manter o senso de humor, é a glória verdadeira.

Paus e pedras vs. *a palavra certa*

Paus e pedras podem quebrar seus ossos, mas todo mundo sabe que as palavras também podem nocauteá-lo. O que você pode fazer quando é vítima de hostilidade apenas superficialmente

Doce Vingança

disfarçada de humor? Raiva, ressentimento, amargura e medo freqüentemente surgem sob o cândido disfarce inicial de "só estou brincando" — até que o objeto do ataque percebe o soco oculto na piada. É o tipo de sensação que você sente quando estava rindo de uma história engraçada até descobrir que se tratava de uma piada feita às suas custas. É como ser solicitado a pagar o jantar quando você achava que tinha sido convidado. Desejar vingança para tal tratamento é tanto um saudável sinal de auto-estima quanto um sinal de dor. "Uma das razões pelas quais os escritores escrevem é por vingança", argumenta Cynthia Ozick. "A vida dói; algumas idéias e experiências humanas doem; o que se quer é esclarecer, clarear a situação, reprisar as velhas cenas dolorosas e [dizer] as palavras que não se teve a coragem ou a presença de espírito para dizer quando foram necessárias para a sobrevivência e a dignidade de alguém... E isso é bom, não é? De modo que, no final das contas, fica-se com uma história, em vez de rancor."

"Comédia = dor + tempo"

O humor não elimina nossa sensação de angústia diante de um tipo de escravidão cultural, mas enfatiza uma noção de injustiça e incita muitos indivíduos a outras ações. O humor dos não privilegiados geralmente é anárquico e apocalíptico; aqueles que sempre os consideraram perigosos estavam certos em fazê-lo. Tanto os homens quanto as mulheres usam o humor para se vingar de situações em que as palavras certas podem conseguir o que espadas não podem — uma mudança de coração e mente, bem como uma mudança de perspectiva. Mas, como diz o velho ditado, "Comédia = dor + tempo".

O humor funciona quebrando ou dobrando as regras; sempre foi assim. Mas, nesse momento de nossa cultura, não sabe-

Piadas de Vingança

mos ao certo que regras aplicar. Essa é uma das razões pelas quais nosso relacionamento com o humor se encontra em um ponto importante do que poderia ser melhor chamado de "conflagração", de destruição e, literalmente, recreação.

A comediante e atriz Rose O'Donnell apresentou um quadro maravilhoso que ilustrava as possibilidades da vingança cômica logo após o julgamento de Clarence Thomas em Washington.

— Depois que ele simplesmente atravessou incólume esse compromisso — explica O'Donnell —, as outras mulheres e eu que trabalhávamos nesse projeto, decidimos assediar sexualmente todos os homens do *set*: os carpinteiros, eletricistas, atores, produtores. Chegávamos perto deles e dizíamos: "Ei, benzinho, traga esse traseiro até aqui. Incline-se, deixe-me ver se ele é bonito. Hum, hum." Fizemos isso durante toda a semana, até percebermos que eles *gostavam*. Estou aqui para dizer-lhes que o assédio sexual não funciona ao contrário.

O plano de vingança de O'Donnell é inteligente, mas talvez mais tocante seja a percepção de que fazer piada de alguma coisa tão séria quanto assédio sexual pode enfatizar a gravidade do assunto, em vez de desviar a atenção dele. Em lugar de oferecer uma trégua da tensão inerente à situação, o quadro a realça para a platéia.

O ator e escritor Alan Sherman usou os mesmos métodos no começo dos anos 70. Em *The Rape of the Ape* (sendo que APE representava "American Puritan Ethic"), Sherman sugeriu uma versão da psicologia inversa de O'Donnell para acertar algumas contas temíveis. Como O'Donnell, Sherman volta-se para as injustiças básicas de um sistema que tornou necessárias as reparações e, como O'Donnell, a prosa de Sherman contém um desalentador desejo de ver o campo de jogo nivelado para que todos os jogadores tenham uma chance justa de marcar gol.

Doce Vingança

&

"Temos que devolver o país aos índios; qualquer coisa menos que isso seria calote. (Minha impressão é de que os índios não vão querer o país de volta nas condições em que está)", começa Sherman. "O Congresso destinará os recursos necessários para ressarcir os índios de duzentos anos de aluguel atrasado com uma opção para os próximos duzentos... O Congresso retirará as palavras 'índios selvagens implacáveis' da Declaração de Independência, substituindo-as por algo como 'ocupantes anteriores' ou 'aqueles belos indivíduos com sungas cheias de contas'".

Percebendo que os americanos nativos não eram o único grupo a merecer um pouco de vingança, Sherman continua, sugerindo que "os americanos descendentes de escravos receberão legalmente o que quer que tenha sido tirado de seus ancestrais.(...) Se os registros mostrarem que seus ancestrais passaram um total de 124 anos de escravidão, a nova lei lhes dará direito a 124 anos de votos extras nas eleições, que podem usar integralmente em uma eleição ou distribuí-los como acharem melhor.

"Como outra alternativa {afro-americanos} terão direito de escolher de uma lista de antigos donos de escravos e poderão manter seus descendentes como escravos por 124 anos." A comédia de Sherman é claramente adornada com uma noção de justa raiva e não é menos engraçada por causa dessa crítica.

Tirando a mordaça

Nossa apreciação do humor não depende se determinadas piadas e histórias são "politicamente corretas" — embora as de Sherman e O'Donnell possam ser consideradas p. c. (especialmente se, como já foi sugerido, a expressão *p. c.* puder significar "perfeitamente cortês"). Podemos muito bem rir de piadas

Piadas de Vingança

que expressam um desejo de desforra contra aqueles que se levam muito a sério e, no entanto, é importante questionar se rimos de determinadas formas de humor por causa de raiva e medo; se alguém faz uma piada racista, machista, cruel ou ofensiva, sentimo-nos compelidos a rir, quer estejamos ou não achando graça? Quando o humor é usado principalmente como uma maneira de ameaçar ou silenciar o adversário, torna-se uma arma perigosa. Tais "mordaças" durante muito tempo serviram exatamente a esse propósito: emudecer os impotentes e vulneráveis.

Temos de aprender a usar nosso humor e poder coletivo para cortar a eficácia da "mordaça" que seria colocada em nós — ou em qualquer pessoa com menos poder do que nós. Sempre houve um rastro de riso, mas às vezes esse rastro de riso é enganoso. Por exemplo, não é tão perigoso dizer "Espero que você não ache isso engraçado porque degrada as pessoas" quanto o é dizer "Você deve rir disso, ainda que ache degradante". Essa é a pior forma de policiamento "politicamente correto" — o mais insidioso, dissimulado e potente — e isso é o que as mulheres, as pessoas de cor, os pobres, os sem escolaridade e outros grupos fora dos muros do privilégio têm de enfrentar com freqüência.

A questão é não alienar outras pessoas, mas nos concentrarmos em nossas próprias preocupações e necessidades, estabelecer nossos próprios valores independente do que somos condicionados a achar humorístico. Esses valores podem coincidir ou não com aqueles já estabelecidos pela cultura dominante e, ainda assim, devemos nos esforçar para tomar decisões baseadas em opções que *sejam* realmente opções, em vez de seguir um roteiro. Aprender a rir do que achamos engraçado parece fácil, mas nem sempre o é, porque vimos seguindo o rastro do riso há muito tempo.

Doce Vingança

Tanto homens quanto mulheres podem optar por usar o humor de tal forma que possa curar em vez de ferir. Contar nossas histórias — para nós mesmos e para os outros — de tal forma que possamos rir dos absurdos e incoerências da vida pode nos ajudar a sobreviver às piores provações. Nora Ephron conclui seu brilhante romance *Heartburn* com uma lista de razões pelas quais é absolutamente essencial "transformar tudo em uma história", uma resposta a uma amiga que lhe pergunta por que ela tem de dar uma resposta engraçada até mesmo às perguntas mais sérias. "Então, eu lhe expliquei por quê", diz Rachel, cujo marido acabou de trocá-la por outra. "Porque se eu contar a história, posso controlar a versão. Porque se eu contar a história, posso fazer você rir, e prefiro ver você rir do que sentir pena de mim. Porque se eu contar a história, não dói tanto. Porque se eu contar a história, posso continuar com minha vida."

Vingança, riso e libertação

A vingança e o riso sempre estiveram intimamente relacionados, porque ambos dependem, de certo modo, do processo de libertação. Queremos optar pelo riso em momentos de crise, em momentos em que deparamos com nossa própria raiva, porque as outras alternativas são simplesmente tristes demais para ser consideradas.

Mais uma vez, a verdade em geral é a melhor vingança — e a mais cômica. Bem-sucedidos praticantes da comédia e exercitantes do humor, geralmente mascaram sua sátira dando a impressão de descrever fielmente uma série de eventos. É um método adotado pela heroína de *The Female Quixote*, de Charlotte Lennox: "Quando as ações são uma censura sobre eles próprios, o recitador sempre será considerado satírico."

Piadas de Vingança

Uma comediante baseou todo o seu número em simplesmente agir de acordo com todos os comportamentos catalogados como bem-sucedidos truques de sedução. Depois de ler exatamente os conselhos listados em uma popular revista feminina, ela simplesmente faz o que o artigo sugere — mas faz tudo simultaneamente. Começa por pestanejar, em seguida coloca a mão sugestivamente no quadril, depois inclina a cabeça para o lado com um ar travesso, em seguida corre o dedo pelo braço para cima e para baixo, lambe o canto da boca mostrando apenas um pedacinho da língua, livra-se de um dos sapatos e joga os cabelos para trás — e no final do número está com uma aparência de quem precisa seriamente ser medicada. As mulheres na platéia, enquanto isso, riem histericamente. Tudo que a comediante faz é seguir estritamente os conselhos da revista, mas termina encenando um quadro de hilariante sátira social, que revela as frustrações das mulheres quando tentam ser eternamente sedutoras em todas as ocasiões. O riso é, acredito, um pequeno momento de vingança da própria imagem de feminilidade forjada na Madison Avenue. Rir de alguma coisa que nos intimida é diminuir sua força em nossa imaginação.

Do latim vindicare...

— Procurei a palavra *vingar-se* em determinado momento de minha carreira — conta-me Jim, enquanto estamos sentados à mesa da sua cozinha em New Hampshire — e vi que vem da palavra latina *vindicare*. Ora, *vindicare* possui vários significados: significa "castigar", mas também significa "libertar".

Lá estava eu, em uma das regiões mais selvagens da Nova Inglaterra, porque esse homem acabara de ganhar mais um lindo bebê na família e porque me dissera que poderíamos falar de

Doce Vingança

vingança. Como jornalista, ele havia trabalhado em diversos jornais e revistas antes de resolver trabalhar como *freelancer* em sua própria casa. Essa é uma história de uma antiga conta que ele tinha de acertar.

— Eu sabia que precisava punir um sujeito que me perseguia há anos na imprensa, embora eu nunca tivesse pensado na palavra *castigo* antes de ler essa definição no dicionário. Eu precisava me vingar porque tinha de me libertar antes de realmente me lançar como autônomo.

"Ele era um inveterado neoconservador, um presunçoso, um cabeça-dura antifeminista e, apesar de toda a conversa sobre a chamada mídia liberal, esse homem tinha numerosos e poderosos seguidores. Tinha placas pregadas na porta do seu escritório com dizeres como 'A morte antes da desonra' e eu me lembro de passar por ela uma vez e pensar 'OK, posso providenciar isso'. Mas não sou do tipo violento e sabia que jamais poderia seguir a prática de 'Vamos lá para fora resolver isso como cavalheiros'. Eu sabia que tinha de encontrar uma maneira melhor e mais inteligente de derrotá-lo, caso contrário não funcionaria; minha necessidade de vingança se tornaria uma piada em si mesma, alguém de quem todos riem no banheiro.

"Imaginei que, já que ele estava sempre zombando da minha formação educacional... freqüentei uma escola municipal e uma faculdade estadual, sem dúvida bastante respeitáveis... era porque sentia-se inseguro sobre esse aspecto de sua própria vida. Descobri ao longo dos anos que as pessoas tentam atingi-lo no ponto onde elas próprias são vulneráveis; mostram-lhe exatamente quais são seus pontos fracos ao projetá-los em você. Assim, fiz uma pequena investigação sobre o passado educacional dele.

"Descobri que ele só foi admitido em sua insignificante

Piadas de Vingança

∞

universidade depois que seu tio fez muita pressão sobre alguns colegas que faziam parte da diretoria para que ele fosse aceito, havendo polpudas doações à universidade. Basicamente, sua família comprara seu ingresso na universidade. Tenho alguns contatos e consegui uma cópia do seu histórico escolar nos primeiros dois anos. Ele nunca tirou mais do que conceito C e foi reprovado em diversas disciplinas. Isto de um homem que vivia enfatizando em suas matérias jornalísticas que todos temos de subir e cair segundo nossos méritos e que, em uma verdadeira democracia, a inteligência, a força e a integridade triunfarão. Acho que ele se esqueceu de mencionar o dinheiro e o poder herdados. Esperei o momento certo e preguei o histórico escolar na porta do seu escritório no dia em que seu editorial atacando a destinação de fundos para a educação pública foi publicado.

"Quando ele finalmente chegou ao escritório naquela manhã, metade do pessoal já tinha visto o documento e a outra metade já ouvira falar. Todos estavam rindo dele por ter sido sempre tão pomposo e se julgado moralmente melhor que os outros. Foi muito divertido e bastou contar a verdade. A verdade não só é freqüentemente mais estranha do que a ficção, como muito mais engraçada também. A verdade lhe oferece toda espécie de avenida para chegar à vingança. Consegui minha libertação e ele a dose de realidade de que estava precisando.

Algumas formas de comédia podem inverter o mundo ao contrário, não só por um breve momento, mas permanentemente, desnudando a dignidade e a complacência de personalidades poderosas e recusando-se a devolver esses atributos quando o tempo destinado ao "carnaval" termina. A comédia pode efetivamente canalizar a raiva e a rebeldia, fazendo-as primeiro parecer um fenômeno aceitável e temporário, que

Doce Vingança

pode ser purificado pelo riso, e depois reunindo as energias liberadas, em vez de dispersá-las. Virar o mundo de cabeça para baixo pode provar que o mundo não possui, afinal, uma única posição certa. Repentinamente, podemos ver que criamos nossos próprios sistemas de equilíbrio baseados em nada mais do que a continuação do que aconteceu antes, de que a razão e a natureza não são, bem, nem razoáveis nem naturais.

Lições e aprendizado

Algumas metodologias para o ajuste de contas são mais aceitáveis do que outras. Por exemplo, um aluno do Geneva College, na Pensilvânia, resolveu programar seu computador para telefonar aos administradores da universidade antes do amanhecer em represália à negligência deles em resolver um defeito com o sistema de alarme contra incêndio de um dos dormitórios que há meses perturbava seu sono. Era um caso de olho por olho, dente por dente; sono perturbado por sono perturbado. Essa forma de vingança lidava com tecnologia e parecia limpa e instrutiva. O sistema de alarme foi consertado com boa vontade porque, em parte, os administradores experimentaram a vida da perspectiva do estudante.

"Dar uma lição em alguém" está no âmago de grande parte das vinganças que podemos chamar de bem-sucedidas, se definirmos vingança bem-sucedida como a que apresenta resultados positivos de longo prazo. Talvez por causa da mentalidade do estudante, muitas das mitologias do *campus* universitário que já ouvi possuem um aspecto distintamente didático.

— Nos dormitórios há muito conflito sobre horário de silêncio e barulho até altas horas da noite — explicou a filha mais velha de uma amiga. — O namorado da minha colega de quarto chegou tarde da noite, vindo de um bar, e começou a fazer

Piadas de Vingança

muito barulho. Várias pessoas no seu andar ficaram indignadas com a sua falta de consideração, não era a primeira vez que isso acontecia.

— Não fizeram nada imediatamente, mas esperaram até saberem que ele teria uma prova muito difícil de meio de período. Na noite anterior ao exame, umas seis pessoas telefonaram para seu quarto, a intervalos de vinte minutos, até ele desligar o telefone. Então, um deles saiu e começou a atirar pedras em sua janela. Era interessante porque ninguém queria perturbar as demais pessoas do dormitório, o que tornaria os "vingadores" tão condenáveis quanto o vilão, mas ainda assim queriam que ele soubesse como era ser acordado. Portanto, tiveram que agir como idiotas. Finalmente, colaram uma carta na sua porta, dizendo o seguinte: "Como é quando ninguém nos deixa dormir? Está furioso? Então você mesmo não seja tão barulhento."

Usando uma resposta incisiva como forma de vingança

A capacidade de rir dos grilhões que nos prendem é um sinal de que outras pessoas não nos controlam, ainda que nos confinem. Os grupos que tradicionalmente têm sido alijados do poder sempre usaram o riso como forma de conquistar um espaço para si mesmos em um mundo hostil. Quando um importunador grita para a feminista negra Florynce Kennedy "O que você é afinal, uma lésbica?", ela retruca: "Certamente, se a minha alternativa for você". Sua resposta funciona como sua vingança. Todo comediante possui um rol de respostas para lidar com os importunadores, que vão desde um amável lembrete ("Obviamente você se esqueceu de tomar seu remédio esta noite. Nós compreendemos") até um pedido de tratamento justo ("Eu o incomodo quando está trabalhando? Vou lá e ligo

Doce Vingança

a máquina de moer gelo quando você está de serviço?") ao específico ("Perdoem esse indivíduo, ele nunca viu uma mulher ao vivo no palco sem uma parede de acrílico diante dela").

Os importunadores que presumem que o artista ficará desconcertado ou perturbado agora estão lidando com seu próprio desconforto. Essa é uma boa definição de vingança que funciona de forma simples e eficiente. Todos nós deveríamos ter uma relação de respostas apropriadas, mas ainda assim cômicas, quando alguém tenta nos derrotar.

As vinganças cômicas são vencedoras em tramas que vão de Aristófanes a Atwood. Segundo *A Kind of Wild Justice*, de Linda Anderson, a vingança cômica pode ser definida em parte como "um esforço de grupo pelo qual vários membros da sociedade indicam sua desaprovação quanto ao comportamento anti-social (mas geralmente não ilegal) de um indivíduo e se unem num esforço para puni-lo e mudar esse comportamento". Após uma exibição de vingança cômica bem-sucedida, ficamos com uma sensação de esperança no futuro e não apenas com um bando de indivíduos descontentes, dispostos a se vingar a qualquer preço.

Anderson continua explicando que "os vingadores cômicos raramente são induzidos ou levados a se vingar; ao contrário, a vingança é uma iniciativa que decidem tomar... Assumem a tarefa de vingança não com o único propósito de destruir a vítima, mas com múltiplos objetivos de fornecer ajuda a um ou mais inocentes, punição e correção da vítima, e a restauração da harmonia em sociedade".

Ao usar o humor como uma forma de vingança, as vítimas de injustiça podem deixar a raiva para trás e prosseguir para uma sensação de serenidade. Aqueles que usam o humor como uma forma de desforrar-se ou dar uma lição em alguém estão fazendo mais do que simplesmente dar vazão à raiva porque

Piadas de Vingança

têm necessariamente que transformar seus esforços em algo criativo e engenhoso. Têm que pensar em um aspecto positivo de um sentimento negativo e isso até pode ajudá-los a recuperar e manter uma perspectiva equilibrada de uma questão difícil. A vingança cômica não é sobre perder o controle de suas emoções, é sobre recuperar o controle de uma situação.

O direito de usar o humor

Uma colega de trabalho, conceituada professora universitária que também era uma loura alta que costuma usar conjuntos vermelhos, foi entrevistada recentemente em um programa de TV sobre seu trabalho para o sindicato. Após a introdução de abertura, o apresentador deu continuidade ao programa com o comentário "Nunca imaginei que você pudesse ser tão feminina". Ela ficou perplexa e aturdida, como um cavalo diante de uma cobra em uma encruzilhada. Ela não queria prosseguir, não queria retroceder, mas certamente estava consciente do perigo. Não se pode condenar a cobra por sua malignidade, mas isso não quer dizer que tenha de ser perdoada por mordê-lo. Qual a melhor resposta? No mesmo tom espirituoso, amigável e surpreso, ela poderia dizer: "E eu não esperava que você fosse tão masculino!" Ao simplesmente inverter a frase, ela poderia fazê-lo sentir as implicações em sua resposta. Sem dúvida, ele teve a intenção de fazer um elogio com sua surpresa, mas o que se deduzia de seu comentário era algo como: "Supõe-se que as mulheres poderosas se pareçam com lutadores de sumô". Há enormes preconceitos sobre gênero e poder por trás da piada do entrevistador, e merecem resposta.

Então, quais são as opções eficazes de vingança? Recusar-se a silenciar é, a meu ver, o primeiro passo. O silêncio e a apa-

Doce Vingança

rente humildade não funcionam tão bem quanto gostaríamos. A hostilidade ainda vem travestida de humor. Portanto, é importante revidar, não permitir que os algozes presumam que terão a última palavra. Temos que usar as ações do agressor contra ele mesmo de uma maneira rápida, eficaz e justa. Pense nisso como um caratê verbal, onde a força do agressor é usada pelo crítico para superar o ataque. Pense nisso como tirar o impacto de uma piada.

Quando a atriz Judy Holliday estava sendo importunada por um diretor de elenco que insistia em fazer-lhe insinuações, ela retirou os enchimentos de espuma de borracha de seu sutiã e entregou-as ao cavalheiro, dizendo: "Acho que é isso que você está querendo." Não posso me imaginar fazendo isso no escritório na próxima semana, mas adoro pensar que alguém em algum lugar teve a coragem de fazê-lo.

O que mais podemos fazer? Podemos ser irreverentes quando somos engraçados. Quando, como aconteceu com uma amiga minha recentemente, o gerente de sua clínica ginecológica tenta convencê-la a consultar-se com um médico ginecologista porque as ginecologistas estavam com os horários repletos até o ano 2030, use a frase de Carrie Snow de que ir a um ginecologista homem é como ir a um mecânico que não tem seu próprio carro. Aprendi esse tipo de humor quando fazia parte de uma das primeiras turmas de mulheres de Dartmouth College e durante quatro anos ouvia o gracejo "gostaria de ter estudado aqui na época do meu avô. Não havia mulheres aqui naquela época". Finalmente, aprendi a responder simplesmente: "Quando seu avô estudava também não havia luz nas salas. As coisas melhoram." As pessoas que fazem uma piada maldosa não ficam esperando por perto para ouvir um argumento lógico, mas se você retrucar suficientemente rápido, não podem deixar de ouvi-lo. O fato de rir, é claro, não significa que va-

Piadas de Vingança

mos embora sentindo como se todos os nossos problemas estivessem resolvidos. Ao contrário, o humor serve para concentrarmos nossa raiva na injustiça, opressão e estupidez. Vamos embora armados com uma nova gramática para a nossa vingança — o humor e a raiva formam uma combinação poderosa.

Como os biscoitos esfarelam-se

Até mesmo outras pessoas podem lucrar com nossa vingança bem-humorada. Uma aluna, mais familiarizada com os meandros da auto-estrada da informação do que eu (digamos apenas que sou conhecida por ter confundido uma unidade de disco rígido com um peso de papel), entregou-me uma folha impressa a que ela tivera acesso no centro de computação da universidade. A folha impressa indicava ser de "Donna Anderson" e datava de 15 de março de 1994. Era sobre a vingança de uma mulher contra uma loja de departamentos famosa e extravagantemente elegante, conhecida por seus preços altos e sua pretensão. "Minha filha e eu acabáramos de comer uma salada na lanchonete da loja e resolvemos pedir uma sobremesa. Como a nossa família adora biscoitos, resolvemos tentar os biscoitos que eram marca registrada da loja. Eram tão bons que perguntei à garçonete se a loja me daria a receita e ela respondeu que não, franzindo as sobrancelhas. Aí perguntei se me deixariam comprar a receita. Com um sorriso simpático, ela disse: 'Sim. São dois e cinqüenta.' Topei e mandei colocar na minha conta.

"Trinta dias depois, recebi o extrato do meu cartão Visa com uma cobrança de 250 dólares relacionada como Receita de Biscoito. Fiquei furiosa! Telefonei para o departamento de contabilidade da loja e disse-lhes que, já que a garçonete dissera 'dois e cinqüenta', eu não tinha a menor idéia de que eram 250 dólares. Pedi à pessoa que estava me atendendo para ficar com

Doce Vingança

a receita de volta e deduzir o valor da minha conta. Ela se desculpou e disse que não aceitavam devolução de nenhuma receita. Disse que cobravam tão caro por elas porque não queriam que qualquer pessoa tivesse acesso às suas receitas especiais.

"Parei para pensar qual seria a minha vingança. 'OK, vocês ficaram com meus 250 dólares e agora vou ter uma diversão que valha esse preço.' Eu disse ao departamento de atendimento ao cliente que faria com que toda pessoa que gostasse de biscoitos que eu conhecesse — e até as que eu não conhecesse — conseguissem a receita de graça. O funcionário disse: 'Gostaria que a senhora não fizesse isso' e respondi: 'Sinto muito, mas é a única maneira de eu conviver com a idéia de ter sido enganada e ter que pagar aos seus patrões uma quantia tão grande.' Portanto, aí está a receita e, por favor, passem-na adiante, para qualquer pessoa que goste de biscoitos!" A carta termina com a exortação "Isto não é uma piada! É uma história verdadeira. Eu paguei pela receita e agora vocês podem tê-la de graça."

A frase "Eu paguei pela receita e agora vocês podem tê-la de graça" deveria ser anexada a todos os melhores tipos de vingança cômica. O fato de uma pessoa ter realmente colocado a vingança em prática, no melhor dos casos, ajuda outras pessoas a evitar as armadilhas e ser capazes de fazer mais progresso em direção à justiça final. A vingança humorística pode representar uma reação cuidadosa e planejada a uma situação emocional complexa e insustentável. A experiência não é exatamente a mais positiva da Terra, mas por outro lado pode realmente oferecer benefícios de longo prazo.

Vingança e final feliz

A vingança pessoal é freqüentemente alimentada (pode-se dizer adulterada) pelo desejo de uma vingança mais política também.

Piadas de Vingança

Considere a personalidade de Ruth criada por Fay Weldon em seu perverso romance cômico *The Life and Loves of a She-Devil*. Enquanto odeia a escritora Mary Fisher, sua rival, pelos estragos que causou na sua vida, Ruth sente-se igualmente levada a se vingar, não apenas por si, mas por *todos* os leitores de ficção. Ruth odeia o fato de que Mary Fisher escreve sobre uma felicidade impossivelmente perfeita e, assim, faz com que os leitores desprezem suas próprias vidas comuns, bem como o fato de ela induzir milhares de mulheres em todo o mundo a acreditarem que serão resgatadas por um homem rico e belo, que se apaixonará por elas à primeira vista e nunca mais as deixará. A vingança de Ruth não é apenas um ato de raiva pessoal. "Mary Fisher fez algo muito cruel: ela se instalou em um prédio alto no topo de um penhasco e lançou uma nova luz na escuridão", escreve Ruth depois de ter destruído as vidas de seu marido banido e de Mary. "A luz era traiçoeira; falava de águas claras, fé e vida, quando na realidade havia rochedos, escuridão e tormentas lá fora, até mesmo morte, e os marinheiros não deviam ser atraídos, mas tinham de ser alertados. Não é só por mim que busco vingança... eu não perdôo seus romances." A última frase é o que transforma a série de ações vingativas de Ruth em comédia e arranca aplausos dos leitores.

O melhor de algumas pessoas surge quando estão na pior das situações. Colocados contra uma parede emocional ou um inimigo poderoso, alguns homens e mulheres, no desejo de fazer justiça ou revidar um agravo, são capazes de encontrar forças que ignoravam possuir. Repentinamente, adquirem a capacidade de deixar marcas em um sistema até então inacessível a elas. Para essas pessoas, os sentimentos de vingança e a necessidade de colocar as coisas nos devidos lugares podem levar a uma real melhoria de suas vidas e das vidas dos que se encontram em situação semelhante.

Doce Vingança

Existe um fascínio pelos planos de vingança arquitetados por outras pessoas, até mesmo aquelas com as quais não temos nenhum contato pessoal, precisamente porque elas estão pondo em prática o que muito provavelmente está reprimido em nossas psiques. Isso é especialmente verdadeiro em relação a formas cômicas, mais brandas, de vingança, que em geral são extremamente atraentes, até para os mais angelicais de nós.

Capítulo Seis

TERRORISMO EMOCIONAL

Vingança passivo-agressiva

"Ela pretendia perdoar. Seria anticristão não perdoar; mas não pretendia fazê-lo tão depressa, nem esquecer o quanto tinha a perdoar."

JESSAMYN WEST, 'THE BURIED LEAF'

"Ver um inimigo humilhado dá um certo contentamento, mas esse contentamento é quase nada comparado à soberba satisfação de vê-lo humilhado por uma concessão ou atitude benevolente de sua parte. É o tipo de vingança que se situa na escala da virtude...."

GEORGE ELIOT, *The Mill on the Floss*

Eu costumava pensar que fosse apenas a *minha* família, considerando-se que o terrorismo emocional é algo de que me lembro desde os três anos de idade. Lembro-me daquela tia de quem ninguém gostava, que sempre dizia coisas como: "Este assado está melhor do que aquele que você fez da última vez. Mas talvez esteja um pouquinho, não sei, sem gosto? Quer a minha receita para a próxima vez?" E depois havia aquele tio

Doce Vingança

a quem todos temiam, que ficava hipocritamente indignado com a mais leve opinião se ela ousasse contrariar a sua própria. Se você fizesse um comentário sobre o tempo e ele discordasse, por exemplo, caía em profundo silêncio, arrumava as malas com sua sofredora família e voltava para sua casa. Durante meses, não falava com ninguém da família, até ficar adequadamente apaziguado.

Havia aquela prima que sempre "acidentalmente" rasgava as melhores roupas de boneca que eu possuía e um outro que sempre se oferecia para ajudar-me com os trabalhos de casa diante de todos os adultos, quando ele sabia muito bem que tudo que eu queria era sair furtivamente e ver desenhos na televisão. O primo que trazia sua namorada mascando chicletes para os jantares da família, com o único propósito de aborrecer sua mãe durante todos os feriados, também era encantador. Ele não ousava aborrecer sua mãe sozinho porque ela poderia deixar de cozinhar para ele, de modo que a mascadora de chicletes tornou-se o foco de um permanente ressentimento entre eles. Felizmente para todos os envolvidos, ele não tinha tanta raiva da mãe a ponto de casar-se com a garota só de pirraça.

Havia tios que fumavam charutos que provocavam tosse nas tias, havia tias que insistiam em ajudar a tirar a mesa e inevitavelmente derramavam alguma coisa no chão, e primos que brincavam com a gata até ela os arranhar. Meus preferidos eram os que sempre insistiam em consertar algum aparelho eletrodoméstico só para estragá-los de tal forma que não tivessem mais conserto ou aqueles que se ofereciam para pendurar um quadro apenas para destruir metade da parede com os martelos. Parecia-me que isso tudo acontecia semanalmente, uma verdadeira ópera de falta de comunicação ou uma competição de vontades passivo-agressiva de nível olímpico.

Terrorismo Emocional

Francamente, já não acho que minha família fosse muito diferente das demais. Ouvi centenas de histórias sobre as pequenas formas do dia-a-dia com que as pessoas armam ciladas e atacam de emboscada umas às outras, o tempo inteiro convencendo-se que estão apenas sendo amáveis. Trata-se de uma guerrilha bem-educada, onde gestos nobres são trocados por um tiroteio e declarações prestimosas dilaceram o coração como uma granada de estilhaços.

As famílias dos outros...

Ouço histórias que me fazem concluir que somos muito mais parecidos do que diferentes. A mãe de minha amiga Kimberly, por exemplo, tornou-se o assunto de muitas conversas sobre retaliação passivo-agressiva contra um mundo injusto. Essa senhora está se tratando com um psiquiatra, mas no momento não está falando com ele. Ele ainda não sabe disso, porque está de férias. A mãe de Kimberly sente raiva porque seu psiquiatra não leva a sério seu medo de morrer, evidenciado pelo fato de que ele não atropela seu clínico-geral prescrevendo uma permanência no hospital para exames completos, a fim de descobrir a verdadeira origem de sua doença imaginária.

A mãe de Kimberly quer ir para o hospital porque o que realmente quer são médicos e flores (médicos homens e buquês de flores), ao lado da cama. Ela quer uma doença porque o que realmente deseja é um namorado, mas como tem 63 anos e ainda é casada, não consegue arranjar um. (Na minha opinião, ela não conseguiria um namorado de qualquer maneira, porque tortura todos ao seu redor e os homens têm uma capacidade de farejar esse traço de personalidade como aqueles porcos que encontram trufas.)

Doce Vingança

Assim, essa mulher telefona para a filha a fim de queixar-se e lamuriar-se, e Kimberly ouve como se fosse seu dever de família, que é como tem sido desde os seus onze anos, quando começou a se tornar uma ameaça para a própria noção de juventude da mãe. Sua mãe diz a todo mundo que está "deslumbrante", porque é o que deseja ouvir de si mesma e tem medo de estar morrendo, porque deseja que todos a sua volta caiam mortos.

Ela é o protótipo da Sra. Projeção, alegando que todo mundo é aquilo que na verdade *ela* é. Fica paranóica porque sua amiga não lhe telefona depois de um jantar, alegando estar com receio de ter feito alguma observação ofensiva, quando na verdade está furiosa com a convidada por não ter se preocupado em ajudar na cozinha e ter ficado sentada na sala, enquanto ela levava e trazia os pratos como uma empregada.

Assim, embora com raiva, ela não pode aceitar essa imagem de si mesma e, ao contrário, torna-se temerosa. O medo é para a mãe de Kimberly um velho amigo e um aliado útil. Ela se preocupa a noite inteira, contando as horas até poder telefonar e dizer as famosas palavras "Eu a acordei? Sinto muito a respeito de ontem à noite", conseguindo assim apunhalar o coração da amiga antes mesmo que ela acorde, tal como um matador de vampiro atinge Drácula enquanto ele ainda está no caixão. A amiga, que não faz a menor idéia do que está acontecendo e fica sinceramente confusa com aquela conversa no início da manhã, é então deixada com seus pensamentos pelas próximas horas, para tentar entender o que se passou. Enquanto isso, a mãe de Kimberly agora cantarola pela casa, arrumando os pequenos objetos que entulham as superfícies brilhantes e sentindo-se mais senhora de si.

Terrorismo Emocional

"Vou ficar sentada aqui no escuro"

Um provérbio malaio adverte: "Não pense que não há crocodilos só porque a água está calma." Talvez isso devesse ser bordado nas almofadas ou pintado à mão em ímãs de geladeira, para que sempre nos lembrássemos de sua sabedoria. Só porque não há nenhuma atividade evidente, não significa que todos estão felizes e só porque não há bombas explodindo não significa que não haja vingança no ar.

A mãe cujas intermináveis dores de cabeça impedem seu filho de aproveitar seu encontro para jantar, pode muito bem estar se vingando dele por deixá-la sozinha. "Não, vá divertir-se. Afinal, sou só uma velha e vou ficar sentada aqui no escuro." Tais palavras agem como um punhal fincado no coração do filho que as ouve.

Uma mulher pode permitir que seu marido errante volte para casa depois de um caso, mas depois passa os trinta anos seguintes sutilmente vingando-se através de pequenas referências, momentâneas e moderadamente insistentes, às suas indiscrições passadas. Ela o perdoa a cada dia, relembrando-o assim sutilmente do sofrimento que causou a ela e forçando-o rotineiramente a recriar sua culpa e constrangimento. Ela o está matando com uma forma de bondade envenenada, observando-o beber cada gota. Ela não pode ser diretamente acusada, afinal, foi bondade dela perdoá-lo.

Devo admitir que sofro de uma espécie de "reação alérgica" emocional a esse tipo de vingança, preferindo açúcar no meu tanque de gasolina a um suspiro de alguém querido se lamuriando: "Não, não, não há nada de errado, realmente. Nada que você acharia importante, de qualquer forma." Isso faz com que eu deseje me enforcar, o que, é claro, é o efeito desejado.

Doce Vingança

Na faculdade, tive que fazer um trabalho sobre *Casa de bonecas*, o clássico de Ibsen, e lembro-me de que mal pude deixar de estremecer em reação ao homem que acredita estar sendo generoso quando na realidade se acha no âmago de um casamento destrutivo e infeliz. Esse homem usa o perdão da maneira como outras pessoas usariam um soco de esquerda no queixo. Ouvimos o marido "benevolente" explicar o que o perdão significa para ele: "Há algo indescritivelmente doce e gratificante para um homem em saber que perdoou sua mulher — e por perdoá-la de coração aberto. É como se ela lhe pertencesse de duas maneiras agora: em certo sentido, ele a devolveu ao mundo e ela se tornou ao mesmo tempo sua mulher e filha."

Um duelo ao raiar do dia não seria mais justo? Um confronto não seria mais honesto? Envenenar o suco de laranja no café da manhã não seria um modo mais benévolo de começar o dia?

"Perdoe os seus inimigos..."

Não que o perdão não tenha seu lugar na vingança. Como inúmeros especialistas destacaram, a melhor vingança pode significar ser extraordinariamente amável com os adversários. Na verdade, uma versão da frase "Perdoe seus inimigos. Você se sentirá melhor e os deixará loucos", parece ter sido dita por todo escritor aforístico, de Oscar Wilde a Andy Rooney. Há uma sutileza nesse método que pode realmente ser muito gentil, mas exige um distanciamento e um controle difíceis de serem alcançados quando se está com raiva ou magoado. Ser capaz de absorver a ofensa sem realmente reagir mal é triunfar, sem dúvida, mas a falta de reação tem de ser genuína para funcionar.

Oferecer a outra face deve ser feito sem querer ferir a pes-

Terrorismo Emocional

soa que o atingiu; caso contrário, perde-se o objetivo da lição. Um garoto do Brooklyn que conheci demonstrou isso quando o ouvi dizer a um colega: "Sim, ofereci a outra face quando ele veio atrás de mim desta vez, mas da próxima vou acabar com o sacana."

As faces da vingança passivo-agressiva

Esse nível de resolução em matéria de vingança, no entanto, é rara entre os tipos passivo-agressivos. A maioria contenta-se em não responder a uma pergunta direta, em não atender seus telefonemas, em concordar em fazer parte do comitê e depois não fazer nada e em nunca cumprir um prazo. A vingança passivo-agressiva aparece sob tantas formas quanto há maneiras de dizer "vá se danar", mas mantém uma fachada de amabilidade. Um presente passivo-agressivo do Dia dos Namorados é uma caixa de chocolates *diet* e um guia do conteúdo de gordura dos alimentos; um presente passivo-agressivo de Natal de um parente que reside do outro lado do país poderia ser uma caixa de papéis de carta, completa com os selos e um bilhete dizendo "Escreva-me". Esses presentes podem ser considerados apenas como lembretes gentis pelas pessoas que os oferecem, mas a menos que você tenha pedido um livro de culinária sem gordura ou não more perto de uma agência dos correios, são o equivalente a uma cotovelada emocional nas costelas.

Sinto que posso falar sobre esse assunto com uma autoridade duramente conquistada. Um namorado dos tempos de colégio deu-me uma vez um exemplar do *Webster's Dictionary* como presente de aniversário, porque achava que minha ortografia precisava melhorar. Se fosse de outra pessoa, esse poderia ter sido realmente um presente atencioso — partindo dele,

Doce Vingança

era uma "alfinetada", já que se considerava um aluno muito melhor do que eu. Minha vingança foi passar das aulas de redação e concluir meu Ph.D.; na última vez em que ouvi falar dele, continuava fazendo o mestrado. Saber escrever corretamente não é obviamente a melhor vingança.

Um funcionário frustrado pode ter de aturar em silêncio um patrão enlouquecido quando, inconscientemente, sabota todo projeto com um desempenho fraco ou com a má execução de tarefas pequenas porém importantes. "Se eu não pago aos meus empregados um salário razoável, férias, um número razoável de dias de doença, uma hora completa de almoço e horas extras adequadas, eles não me dão sua lealdade ou seus melhores esforços", concorda um supervisor de fábrica. "Eles vão sabotar se sentirem que estão sendo prejudicados pela companhia. É a natureza humana."

Um assistente administrativo que regularmente dá recados telefônicos um pouco tarde demais está usando uma forma passivo-agressiva de vingança. Um operário que desnecessariamente passa longos intervalos no banheiro, no café e no almoço pode estar demonstrando sua insatisfação com o ambiente de trabalho. Assim como a secretária que comete muitos erros mas não pode ser despedida porque seu tio é o dono da empresa.

Muitos psicólogos consideram uma criança com "tendência a se acidentar" como sistematicamente agindo por raiva contra os pais que lhe dão pouca atenção, de modo que o corpo torna-se o próprio alvo da vingança contra outras pessoas.

Há aqueles para quem um ferimento que possam mostrar a outras pessoas é tão bom quanto ferir as próprias pessoas. "Está vendo como estou ferido?", clamam com alarde. "Se você me amasse mais, eu não teria me ferido." Também considerados como atos de raiva reprimida auto-infligidos e autodire-

Terrorismo Emocional

cionados são a bulimia e a anorexia, freqüentemente diagnosticadas como padrões associados à raiva reprimida em algumas jovens. Mas os rapazes não são imunes. (Basta ouvir o hino não-oficial dos passivo-agressivos, "Don't Think Twice, It's All Right", de Bob Dylan, para confirmar.) Como escreveu D. H. Lawrence em seu clássico *Filhos e amantes:* "A imprudência é quase uma vingança de um homem contra sua mulher. Ele se sente desvalorizado e, assim, arrisca-se a destruir-se para privá-la completamente." Lawrence referia-se à maneira como seu herói conduzia uma bicicleta perigosamente rápido demais pela descida escura de um morro, mas sua observação também se aplicaria ao homem que, por raiva reprimida, dirige seu carro perigosamente ou caminha por uma vizinhança perigosa altas horas da noite.

O suicídio é, sem dúvida, a junção mais extrema de raiva passivo-agressiva com a necessidade de vingança. A esposa que deixa um bilhete para o marido na mesa da sala de jantar dizendo "O seu jantar e a minha cabeça estão no forno", está se vingando, bem como tirando a própria vida. Destruir-se para que outra pessoa se sinta mal é sem dúvida um preço alto demais para pagar pela satisfação e, entretanto, muitos psicólogos consideram o suicídio um dos mais agressivos atos de vingança que podem ser cometidos por um ser humano contra aqueles que lhe são mais próximos.

Sra. Beeton e Srta. Boas Maneiras

Há também formas mais amáveis e gentis de vingança passivo-agressiva, como a que se encontra em *Mrs. Beeton's Book of Household Management*, o clássico guia de etiqueta vitoriano que foi o padrão de comportamento em inúmeras famílias durante gerações. Até mesmo a querida Sra. Beeton tolera a

Doce Vingança

vingança passivo-agressiva quando a situação exige: "Em geral, considera-se uma regra não repetir a sopa ou o peixe, uma vez que, ao fazê-lo, o restante do grupo ficará esperando muito tempo pelo segundo prato, quando talvez praticará uma pequena vingança fitando o desastrado consumidor da segunda porção."

De certo modo, até a perfeitamente correta Sra. Beeton pode aconselhar o uso do comportamento passivo-agressivo porque funciona abaixo da linha de radar da etiqueta — a maioria das varreduras sociais não consegue detectar o fogo de artilharia. Há uma sensação de que alguma coisa está errada, talvez até mesmo uma atmosfera distintamente desconfortável, mas não há como culpar ninguém por isso. É característico de toda vingança passivo-agressiva: funcionar abaixo da linha do radar.

Judith Martin, também conhecida como Srta. Boas Maneiras, é um árbitro contemporâneo das regras sociais. Em sua coluna amplamente publicada em cadeias de periódicos, a Srta. Boas Maneiras freqüentemente alardeia as delícias da perfeitamente aceitável vingança passivo-agressiva quando a situação exige. Os exemplos que oferece colocam problemas mais delicados do que a questão da sopa. A Srta. Boas Maneiras é apropriada, mas nunca covarde; ela aborda as questões importantes sem rodeios. "Se você for indelicada com a nova mulher do seu ex-marido no casamento de sua filha, você a fará sentir-se vitoriosa. Confortável. Se você for encantadora e gentil, a fará sentir-se desconfortável. O que prefere fazer?" e "Muitos parentes que não se dão bem usam a etiqueta como uma arma de combate. Escolha sua arma" são dois exemplos excelentes de sua sabedoria em relações passivo-agressivas perfeitamente bem-educadas.

Talvez a melhor receita de vingança da Srta. Boas Maneiras

Terrorismo Emocional

esteja na resposta a uma mulher que sabe que seu marido está tendo um caso com uma amiga. "Se você quiser realmente ser má (e por que não? — isso a fará se sentir melhor), deve fazer declarações vagas com uma expressão radiante que faça {sua amiga} acreditar, sem que você o diga explicitamente, que você está dormindo com um homem que a faz sentir-se muito mais vibrante do que aparentemente seu marido jamais conseguiu." Isso despertará sua curiosidade; mas ela mencionará isso a seu marido, para salvar a consciência dele... O que também o deixará curioso. Duas pessoas nesse estado mental não vão desfrutar a companhia uma da outra por muito tempo. Encantadoras e mortais, as tramas da Srta. Boas Maneiras equilibram-se na fronteira entre crueldade e deleite — um lugar difícil de encontrar, mas ótimo para se estar.

Cuidado com o insulto solícito

As complexidades da vingança passivo-agressiva às vezes são assustadoras quando parecem ser uma demonstração de consideração. Há sempre aquele colega de trabalho que o vê no corredor e diz: "Você parece cansado. Está tudo bem?" Ora, você pode estar usando seu melhor terno, feliz e relaxado depois de um incrível fim de semana velejando no lago, mas de repente sente-se um pouco abatido. Talvez ele tenha razão. Talvez você esteja cansado. Talvez não tenha se divertido tanto assim. Talvez o terno lhe dê uma aparência envelhecida. O colega afasta-se assobiando, tendo conseguido sua vingança — ainda que inconsciente — pelo fato de você estar com uma aparência boa demais para uma segunda-feira. Ele faz isso toda semana e com a maioria das pessoas, mas ainda assim funciona, porque parece que ele está apenas sendo gentil. Ele aplicou uma versão sofisticada de cilada passivo-agressiva e venceu.

Doce Vingança

A menos que identifique sua breve observação como uma tentativa de se vingar de você por aproveitar a vida mais do que ele, é bem provável que internalize a situação e acredite que fez alguma coisa para gerar o comentário. Com a vingança passivo-agressiva, tudo que você tem de fazer é continuar a se divertir mais do que o vingador. Você pode se tornar um alvo para algumas pessoas infelizes pelo simples fato de gostar de sua vida.

"É preciso que seu inimigo e seu amigo trabalhem juntos para atingi-lo profundamente; um para caluniá-lo e o outro para lhe dar a notícia", comentou Mark Twain. Às vezes, as pessoas que parecem estar lhe fazendo um grande bem são as que acabam — consciente ou inconscientemente — vingando-se de você por uma injustiça anterior. "Nunca temo meus inimigos porque conheço a posição deles", observou um alto funcionário do governo que conheci em uma festa. Olhou à sua volta para seus amáveis colegas e, sorrindo, disse: "São os amigos que me apavoram."

Uma ex-aluna minha, agora com vinte e poucos anos, disse-me:

— Foi a minha melhor amiga de faculdade que me telefonou para dizer que eu não tinha sido convidada para uma pequena reunião realizada por uma integrante de nosso grupo na faculdade. Quando Janet telefonou para dizer o quanto estava aborrecida por Maggie estar me excluindo porque me achava muito arrogante, desatei a chorar. Sempre achara que Maggie e eu nos dávamos bem e fiquei muito infeliz ao saber que ela pensava tão mal de mim. Mas depois refleti no quanto Janet parecera ansiosa para me dar a notícia e lembrei-me de como sempre estivera à margem do grupo. Foi quando concluí que Janet estava se vingando de mim porque eu era mais popular do que ela na faculdade e embora essa explicação parecesse

Terrorismo Emocional
2

arrogante até para mim, eu tinha certeza de que acertara na mosca. Pensei em telefonar para Maggie e ver se conseguia ser convidada, mas resolvi não fazê-lo. Não me agradava a maldade de todo o episódio, mas ele serviu para deixar claro para mim que a minha amiga Janet tinha uma mágoa de mim que podia eclodir como uma bomba H.

Comer bem é a melhor vingança

A raiva me domina quando sinto que minha vida está fora de controle; para outros, a raiva é o que usam para controlar o mundo à sua volta. Laura foi uma das poucas amigas que vieram até mim falar de vingança. Afinal, argumentou, já aceitara sua parte de responsabilidade em um relacionamento desastroso e não tinha nenhuma dificuldade em "assumir" seus sentimentos — em outras palavras, ela conhecia o vocabulário mas eu podia ver pela expressão sombria de seu olhar que suas emoções ainda não estavam inteiramente sob controle. Mas ouvi atentamente e ela parecia falar pelas inúmeras mulheres que se sentiam traídas pelo homem — ou mulher — de suas vidas. Laura, uma pesquisadora em química, compreende como o próprio universo é formado, mas ela também tem dificuldade em lidar com a química da própria raiva.

— Nenhuma mulher acima de trinta anos atravessou um relacionamento sem se sentir gorda — afirma minha amiga Laura enquanto come outro canelôni —, e ninguém atravessa um rompimento ou mesmo apenas uma fase ruim sem querer desforrar-se dele. Querer vingança é tão natural quanto ter um dia em que o cabelo está horrível e, para a maioria das mulheres, não é mais perigoso do que isso.

O ponto de vista de Laura sobre o inevitável entrelaçamento de vingança e amor é bom, como vimos no Capítulo Três, es-

Doce Vingança

pecialmente à luz do fato de que a vingança é despertada, como uma serpente marinha adormecida, por uma dor e um medo profundos. Se amamos intensamente, não é de admirar que lamentemos com a mesma intensidade se esse amor nos é tirado. Pode ser que queiramos obter uma recompensa e uma restituição, ainda que esse sentimento seja ilógico.

— Como ele pode se redimir por ter pensado que seu trabalho era mais importante do que o meu e que iria dar um tempo em nosso relacionamento? — perguntou Laura. — Tenho trinta e oito anos e gostaria de ter filhos. O que devo fazer, entrar na justiça e processá-lo pelos cinco anos de namoros mais maduros que eu poderia ter tido? O problema é que emoções não são aceitas como provas — disse, tomando um gole do seu café expresso. — É como se alguém tivesse jogado no ralo minha auto-estima e amor-próprio, e eu os quero de volta tirando um pouco dos dele. Sinto como se tivesse sido roubada, mas o frustrante é que o usurpador não conhece realmente o alcance de seu crime, ele acha simplesmente que superarei isso com o tempo.

Conhecendo Laura há vários anos, sabia que ela teria de fazer alguma coisa — qualquer coisa — para sentir que recobrava o controle de sua vida.

Decidimos que ela deveria seguir o conselho de Eurípides, que declarou: "Não há nada melhor do que ver um velho inimigo em uma fase de má sorte." Laura esperou até saber que seu ex-amante estava atravessando dificuldades no trabalho e foi ao restaurante que ele costumava freqüentar com um homem incrivelmente atencioso, sentou-se em uma mesa na sua linha direta de visão, bebeu champanhe, mostrou-se linda em um vestido que ele erroneamente dissera uma vez que não lhe caía bem e acenou alegremente do outro lado do salão enquanto ele se debruçava em mais um tenso almoço de negócios. Ela

Terrorismo Emocional

imaginou que o pior que poderia acontecer era sentir-se atraída por ele novamente, mas resolveu arriscar-se.

— Só vê-lo nervoso já me fez sentir melhor. Lembrei-me de como eram horríveis os dias em que ele atravessava algum tipo de crise financeira e fiquei encantada em sair do restaurante sabendo que não iria ser o objeto de seu mau humor. Pude esquecer todo o episódio porque senti que orquestrara a última cena e que sua última imagem minha não seria a de um rosto amedrontado e lacrimejante. Mais importante ainda, eu precisava que fosse ele a me seguir com o olhar enquanto eu atravessava a porta, e não o contrário.

O último vingador

A maioria das ações passivo-agressivas são facilmente percebidas por aqueles que são afetados por elas e raramente admitidas pelos que as cometem. Sem dúvida, são formas comuns de vingança, especialmente para tipos sensíveis que não suportam a idéia de que possam alimentar sentimentos tão hostis. O psicanalista Willard Gaylin define comportamento passivo-agressivo como aquele em que "a agressão vem sempre embutida em um comportamento que pode ser facilmente considerado não-agressivo (até mesmo apresentado como um serviço) e há uma qualidade vaga e indireta nessa forma de agressão que resiste ao ataque frontal".

Ele prossegue, argumentando persuasivamente que "esses indivíduos passivo-agressivos até enganam a si mesmos pensando que são incapazes de guardar rancor. Surpreendem-se por ser tão freqüentemente mal compreendidos. Não entendem por que todos parecem se zangar com eles facilmente. 'Afinal o que foi que eu fiz?', é a frase estampada em seus brasões de armas. São predominantemente os lamurientos, os representantes da

Doce Vingança

culpa, os mártires, os suspiradores e os sofredores do mundo — e os atrasados".

Vale a pena reproduzir detalhadamente a discussão de Gaylin sobre o atraso crônico como uma ação passivo-agressiva porque mapeia a maioria das manifestações dessa forma de vingança. "Algumas das pessoas que se atrasam sistematicamente negam sua agressão, alegando ser simplesmente pessoas desorganizadas. Se assim fosse, o padrão de atraso indicaria esse caos. Deveriam atrasar-se dez minutos em uma ocasião, meia hora em outra, duas horas em uma terceira vez. Se o seu atraso se baseasse exclusivamente em desorganização, então seria de se esperar que às vezes se adiantassem dez minutos, meia hora em outra ocasião e duas horas em uma terceira vez. (...) O atraso é um exemplo típico da ação passivo-agressiva."

Embora nem toda ação passivo-agressiva seja uma vingança, em geral é um padrão construído para tornar o valor de uma pessoa claro para outras que, como teme o indivíduo, podem não reconhecer sua importância. Em geral, isso é feito em resposta direta à percepção de uma desatenção ou insulto.

Um homem com quem o patrão gritou, pode chegar em casa e gritar com sua mulher, que por sua vez gritará com o filho, que poderá descarregar sua raiva no animal de estimação da família. Faz parte da natureza humana descarregar a raiva nos mais fracos, em geral alheios ao poderoso fator causador da reação. O deslocamento da raiva cria uma cadeia onde o membro da família ou da comunidade que menos sabe se expressar e que mais tem medo torna-se o bode expiatório, aquele sobre o qual recai toda a culpa e que suporta o fardo do castigo por erros que não cometeu. Para aqueles que parecem ser perpetuamente o alvo dessa raiva, as únicas formas de vingança possíveis são as de natureza passivo-agressiva.

Terrorismo Emocional

∂

Cuidado com as boas intenções

Ao contrário de outras formas de vingança, o comportamento passivo-agressivo é particularmente insidioso porque as pessoas que o cometem geralmente permanecem inocentemente alheias à verdadeira força de seu impacto. Acham que fazem o que é melhor para todos ou, na pior das hipóteses, acreditam que só estão incomodando "um tantinho de nada". Cito essa expressão porque era a preferida de uma mulher com quem trabalhei uma vez, cuja vingança passivo-agressiva consistia em falar como criança até dar vontade de enfiar uma fralda em sua boca para fazê-la calar-se.

Durante um jantar, testemunhei uma cena passivo-agressiva maravilhosamente acrobática entre um jovem casal. Falávamos da nova safra de atores e atrizes e eles obviamente estavam a par das atuais tendências cinematográficas. Um aspecto de sua conversa intrigou-me. Ao referir-se a um filme, o bem-vestido rapaz sempre dizia formalmente "película" e nunca usava a palavra informal "filme". Sua mulher sempre dizia "filme" e parecia-me que o fazia deliberadamente em reação ao fato de ele usar "película". Ele parecia aborrecido com ela, "corrigindo" suas opiniões em mais de uma oportunidade. Após alguns minutos, ela virou-se para o grupo e, sorrindo, declarou:

— Essa é a nossa versão de "Let's Call the Whole Thing Off" — referindo-se ao clássico de Cole Porter. — Mas nós não temos que cantá-la diante de todos vocês. — Voltando-se graciosamente para o marido, continuou: — Tudo bem se eu disse "filme" em companhia de um grupo diversificado. É uma palavra comum. Você não tem que fazer mau juízo de mim.

Tudo foi feito com uma leveza tão extraordinária que mal se podia notar que, na realidade, estavam tendo uma briga con-

Doce Vingança

jugal no meio de um jantar formal. Eram duas pessoas destinadas a ficar juntas.

Um colega contou-me, com grandes detalhes, a maneira como seu filho mais velho aperfeiçoou um método de atormentá-lo além dos limites de qualquer paciência: o garoto fingia nunca ouvir alguma coisa da primeira vez em que lhe era dito. Todos na família tinham de repetir tudo que diziam ao menos duas vezes, às vezes mais, até ele responder. Providenciaram um exame de sua audição, levaram-no a todos os médicos da cidade, inclusive um psicólogo que sugeriu que escrevessem o que desejassem comunicar-lhe.

— Devo cobrir toda a casa com malditos bilhetes? — foi a reação do meu colega.

O garoto perturbou todo o ambiente doméstico, o que provavelmente era o que queria. Após seu primeiro semestre na faculdade, ele voltou para casa para passar as férias alegre, independente e um bom ouvinte. O problema nunca retornou.

A agressão e a vingança não precisam sequer ser expressas em palavras ou ser reconhecidas pelo executor do ato para atingir seu propósito: um olhar de viés, um sorriso irônico, um gesto sarcástico, um trejeito desdenhoso com a cabeça, um certo olhar condescendente podem representar estilingues e flechas para aqueles que os percebem.

Claro, eu lavo a roupa...

— Nunca considerei aquilo um ato de vingança — diz minha amiga Suzy —, mas houve uma ocasião, quando éramos recém-casados, em que consegui destruir todo o guarda-roupa de meu marido lavando ou passando inadequadamente. Eu não queria que ele soubesse o quanto me ressentia por ter que deixar minha cidade natal porque ele conseguira um novo emprego.

Terrorismo Emocional

Achava que estava sendo uma boa esposa ao não me queixar, mas agora que penso nisso, posso ver que encontrei maneiras de fazê-lo pagar pela minha infelicidade. Nunca nos sentíamos relaxados na companhia um do outro porque eu sempre queria ser elogiada pela minha ação de boa esposa e ele não o percebia. Não que eu fosse um grande exemplo em matéria de tarefas domésticas. Uma vez, inadvertidamente tingi todas as suas meias e cuecas brancas de cor-de-rosa porque um par de minhas meias coloridas "de algum modo" misturou-se às roupas dele. E houve aquela vez em que coloquei goma demais em todos os seus colarinhos, provocando uma série de arranhões vermelhos em seu pescoço. Encolhi seus suéteres e fiz bainhas irregulares em suas calças. Sim, acho que eu estava bem infeliz.

"Por fim, amadureci, arranjei um emprego e as coisas melhoraram. Passamos a enviar nossas roupas para a lavanderia e aprendi a dizer-lhe quando estava contrariada usando a linguagem e não a roupa suja.

O tipo de depressão leve que tomou conta de Suzy no começo de seu casamento é uma versão de raiva voltada para dentro, contra a própria pessoa e manifestada em ações triviais, aparentemente casuais, que têm efeitos negativos no alvo da raiva não-identificada.

— Mas é um triste destino ter que repelir um inimigo sem trégua, em vez de trabalhar para fins positivos — declara a escritora de mistérios, e sábia, Dorothy Sayers. — E freqüentemente a dona-de-casa submete-se a isso em uma espécie de loucura que beira a perversão, uma espécie de sadomasoquismo. A dona-de-casa maníaca trava sua guerra furiosa contra a sujeira, culpando a própria vida pelo lixo proveniente de todo ser vivo. Quando qualquer ser humano entra em sua casa, seu olhar brilha com uma luz maligna: "Limpe os pés, não destrua a sala, deixe isso aí!" Ela gostaria que os membros da família

Doce Vingança

mal respirassem; tudo significa mais trabalho não reconhecido para ela. Severa, preocupada, sempre vigilante, ela perde a alegria de viver, torna-se exageradamente cautelosa e avara. Ela fecha tudo para não permitir a entrada da luz do sol, porque com ela vêm os insetos, germes e poeira e, além disso, o sol estraga as cortinas de seda e desbota os estofados; ela espalha naftalina pela casa, que deixa seu cheiro no ar. Torna-se amarga, desagradável e hostil em relação a tudo que é vivo. — Sayers, adepta de levar as emoções ao extremo como todo bom escritor de mistérios, comenta simplesmente: — O resultado às vezes é assassinato.

A vingança dos fracos

Uma das razões pelas quais as mulheres parecem ser as praticantes mais óbvias do comportamento passivo-agressivo pode ser explicada pelas teorias desenvolvidas em "Dependência neurótica em mulheres de sucesso", um artigo da psicóloga Alexandra Symonds. Ao explicar por que as mulheres têm mais probabilidade do que os homens de negociar as complexidades de relacionamentos pessoais usando as lágrimas em lugar da raiva para conseguir o que desejam, Symonds argumenta que as mulheres "não podiam lutar por si mesmas na base da força, já que isso não era feminino, mas em vez disso aprendiam a lutar na base da fraqueza. Aprendiam que os homens agirão pelas mulheres porque elas são frágeis e impotentes demais para agir por si mesmas. (...) Todos, tanto os homens quanto as mulheres, têm dificuldades em lidar com a agressão direta, mas as mulheres tentam lidar com isso pela primeira vez como adultos, enquanto os homens enfrentam esse problema desde a infância".

Em outras palavras, a mulher passivo-agressiva se encaixa

Terrorismo Emocional

perfeitamente no molde fornecido por uma sociedade que geralmente recompensa as mulheres pela tristeza ("Você fica linda quando chora. Desculpe ter ficado fora até tarde.") enquanto as pune pela raiva ("Como ousa me acusar de falta de consideração! É isso que eu ganho por ter me casado com uma megera"). Aqueles que parecem sucumbir emocionalmente, em geral se tornam tão adeptos dessa tática que parecem pugilistas derrubados em um ringue de boxe. Parecem nocauteados, mas nunca se tem certeza até o fim da contagem.

Tanto homens quanto mulheres podem se especializar em auto-sacrifício e usam isso como um método de vingança. Ironicamente, os praticantes desse comportamento são conhecidos por sacrificar a todos exceto a si mesmos. Eles se transformam nas "pobres almas", inevitavelmente na ponta perdedora de qualquer transação, mesmo quando angariam poder pintando-se de vítimas. No romance de Elizabeth Bowen *The Death of the Heart*, aprendemos que "não é dos que se sacrificam que devemos ter pena. Os dignos de pena são aqueles por quem se sacrificam. Ah. Os que se sacrificam sempre levam a melhor. Sabemos do que são capazes de sacrificar. Incuráveis estranhos ao mundo, nunca cessam de auferir uma felicidade heróica. Sua singularidade, sua impiedade, sua determinação os predispõem a ser cruéis e a sofrer crueldades. Os inocentes são tão poucos, que raramente dois deles se encontram — e quando o fazem, suas vítimas espalham-se por toda a volta".

O comportamento passivo-agressivo é usado basicamente por indivíduos em posições fracas, emocional ou socialmente. Mais relutantes do que a maioria em reconhecer, quanto mais admitir, sua raiva e ressentimentos, raramente consideram-se capazes de iniciar um ato de insubordinação. "Eu não faria mal nem a uma mosca", diz a mulher delicada e tradicional, cujos filhos vivem com pavor dela — não por causa de espancamen-

Doce Vingança

to ou de sua raiva, mas por causa de suas lágrimas e estados melancólicos. Ela pode ser tão controladora quanto a mais dominadora megera, e talvez até mais eficaz em conseguir que as coisas saiam a seu modo no final das contas.

Quem paga por ações passivo-agressivas perigosas?

Uma mãe que repetidamente fala a seus filhos de sua infelicidade com o pai deles, por exemplo, está criando um ato de agressão contra seu marido ainda que não seja essa sua intenção. Os filhos aprenderão a desprezar o homem que magoa sua pobre mãe; sua passividade funciona como uma faca na destruição da boa imagem que possam ter tido do pai. As lágrimas são sua vingança; o ódio dos filhos contra seu marido é uma defesa de sua percepção. "O sofrimento é usado para fazer com que os outros sintam culpa", declara a psicanalista Karen Horney, com uma "ênfase em necessidades, apelos à piedade e ao sacrifício". Essas pessoas vêem a si mesmas como vítimas de abuso e buscam a confirmação disso junto às outras pessoas.

Ao submeter as pessoas que as cercam ao seu desejo insaciável de atenção, afeto ou apoio, essas pessoas podem estar se vingando de um mundo que se recusa a lhes conceder reconhecimento, a menos que desempenhem o papel de vítimas. O problema mais grave, é claro, é que os filhos são os que mais pagam por essa forma particularmente insidiosa de vingança. Não é o marido o maior prejudicado, mas sim os filhos, que sentem-se indignados e transtornados diante do que só podem reconhecer como a tristeza da mãe. Ao usá-los para levar adiante sua vingança, quer ela veja assim ou não, essa mulher torna-se o mais destrutivo dos indivíduos.

Terrorismo Emocional

❧

Surpresa: os homens são diferentes das mulheres

Condicionados pela sociedade para seguir determinadas dinâmicas específicas de cada gênero, homens e mulheres reagem de modo diferente à dor. Onde uma mulher estaria mais propensa a usar a culpa para manipular a situação, um homem pode ser imprudente e autodestrutivo como forma de vingança. O homem que, após uma discussão com a mulher, sai dirigindo seu carro a 140 quilômetros por hora em uma estrada escura e cheia de curvas, pode estar pensando: "Vamos ver o que você acha quando eu estiver no hospital por sua causa." O homem que bebe, fuma e come demais pode estar se vingando de uma mulher que não o trata da maneira como ele acha que deve ser tratado.

"Quando um homem quer revelar emoções profundas, ele raramente usa a fala", graceja Alfred Gingold em *Fire in the John*, sua espirituosa resposta à literatura do movimento machista. "Ele recorre a outras formas de expressão, tais como a urticária que aparece diante da visão do chefe ou a gagueira que desenvolve no terceiro encontro." Em *If You Can't Live Without Me, Why Aren't You Dead Yet?*, Cynthia Heimel cita o comediante Richard Pryor: "Quando o coração de uma mulher está partido, ela chora e reclama. Os homens não choram, eles saem para dar uma volta e são atropelados por um caminhão. Eles nem o vêem." Heimel comenta: "Mas nós mulheres, em nossa permanente luta pela igualdade, passamos agora a imitar esse comportamento, praticamente com os mesmos resultados." Em outras palavras, uma mulher que se considera 'independente' ou 'durona como um homem' pode começar a acreditar que o comportamento autodestrutivo seja um método adequado de vingança. Uma coisa é certa: agir perigosamente nunca trará paz de espírito; não há vitória em bater o carro

Doce Vingança

contra um poste na tentativa de fazer alguém se sentir mal. Ninguém se sentirá pior do que o próprio motorista. A autodestruição é sinônimo de humilhação de si mesmo e nenhuma satisfação pode advir de tal ato. Na maioria das vezes, os praticantes clássicos do comportamento passivo-agressivo dedicam-se não a atividades que ameacem a vida, mas àquelas que perturbam e aborrecem. Os especialistas em comportamento passivo-agressivo recusam-se a emprestar suas vozes, energia ou empenho a uma causa, mas auferem uma sensação de poder recusando-se a participar. Sua vingança é recusar-se a participar em vez de refutar a premissa da brincadeira — eles simplesmente ameaçam pegar seus brinquedos e ir para casa.

Vingar-se sem ser apanhado

Em *How to Avoid Love and Marriage*, Dan Greenburg e Suzanne O'Malley oferecem um leque de opções de vinganças passivo-agressivas: "Seu marido irredutivelmente recusa-se a ajudar na cozinha. Após várias brigas feias a respeito do assunto, ele jurou fazer sua parte dali para a frente. Ele convida o chefe e vários colegas de trabalho para jantar, mas, convenientemente, tem que sair para resolver algumas coisas quando chega a hora de começar os preparativos para o jantar." Depois de descrever a cena, os autores sugerem que há duas maneiras de lidar com a situação para pôr em prática uma luta conjugal passivo-agressiva perfeitamente construída para durar dias.

Na Opção A, você pode "recusar-se a pedir-lhe ajuda. Na realidade, recusar-se até a notar sua presença. Durante todo o jantar, nunca falar com ele diretamente, mas usar um dos convidados — de preferência o chefe de seu marido — como in-

Terrorismo Emocional

≈

térprete: 'Sr. Whiner, poderia perguntar ao meu marido se poderia passar a manteiga?'" Na Opção B, nos dizem: "Você sabe que seu marido nunca estará disposto a fazer a parte dele. Não faça a sua também. Quando os convidados sentarem-se à mesa e seu marido perguntar: 'E então, querida, o que temos para jantar?', explique que você ia lhe fazer exatamente a mesma pergunta." O humor nessa passagem reflete a dinâmica comum em tais conversas. Poucos casais poderiam ler esse trecho sem rir diante do absurdo — e da familiaridade — dos sentimentos expressos, ainda que eles mesmos não tenham dito exatamente essas palavras.

— Fui casado com uma mulher que encarava nosso casamento como uma espécie de curso em que tivesse de passar ou ser reprovada — recorda-se um professor universitário de sessenta e poucos anos. — Casamo-nos em 1981 e nos divorciamos em 1988 e esses foram os sete anos mais longos de minha vida. Ela havia sido uma aluna minha, o que provavelmente foi o primeiro erro, e era do tipo bonitinha, mimada, rabugenta, acostumada a conseguir o que queria ficando sedutoramente amuada num canto. Isso não quer dizer que ela não fizesse o absolutamente necessário para as boas aparências — tinha um emprego de meio-expediente na biblioteca, limpava a casa, preparava a maioria das refeições — mas em sete anos nunca contou uma história engraçada, nunca fez uma nova amizade, nunca iniciou uma nova atividade, nunca se importou em fazer qualquer coisa para que nosso relacionamento funcionasse.

"Quanto menos ela fazia, menos eu queria ficar com ela, o que por sua vez a induzia a progressivamente fazer menos ainda. Ela queria ser mimada, mas não queria ser uma parceira e sua vingança era continuar sendo uma garotinha. Eu provavelmente merecia sua raiva muda, porque deveria saber que não daria certo casar com alguém dezenove anos mais nova do que

Doce Vingança

eu. Seu comportamento passivo-agressivo fez com que eu caísse em mim e mudei-me para meu próprio apartamento. Nós nos divorciamos, ela voltou para terminar seu curso universitário e eu me casei com uma mulher mais próxima da minha idade e da minha formação. Quando discutimos, realmente é para valer, e é muito mais saudável brigar de igual para igual.

Em uma estranha reversão desse relacionamento está um casal que parece comprazer-se de seus hábitos passivo-agressivos mútuos e crônicos.

— Ela fala e eu não ouço, mas esse é o segredo do nosso casamento — diz o marido.

— Se eu prestasse atenção ao que ele diz — retruca a mulher —, já teria ido embora há muito tempo.

Talvez haja vingança aqui, mas também muita reciprocidade.

Retraimento e vingança

É claro, portanto, que o rótulo "vingança passivo-agressiva" poderia ser aplicado em uma ampla variedade de comportamentos. Mas deve-se enfatizar que o comportamento passivo-agressivo não é necessariamente um sinal de derrota ou de falta de coragem. Em algumas ocasiões, o retraimento é uma forma mais eficaz de vingança do que de controle de natalidade. Quando ele foi convidado por uma das mais prestigiosas editoras universitárias para assessorar na criação de uma bibliografia para um estudioso famoso, importante e muito bem pago, que estava reunindo uma antologia das principais obras colocadas à venda para o público em geral, um professor-assistente — o cargo mais baixo na escala acadêmica — concordou em fazê-lo por uma quantia modesta. O contrato que assinou obrigava-o a produzir uma bibliografia comentada e lhe conferia o

Terrorismo Emocional

crédito impresso pelo trabalho. Mas verificou-se, entretanto, que queriam que ele fizesse todo o trabalho do livro e não recebesse nenhum crédito além da menção à sua ajuda com a bibliografia.

À medida que sua interação com a imprensa tornou-se mais complexa, ele compreendeu que seu papel era selecionar os textos e editá-los, deixando ao seu superior (que estava recebendo uma quantia de cinco dígitos enquanto o professor-assistente recebia uma de três dígitos) a única tarefa de escrever uma breve introdução. Quando ele levou o assunto à editora, ela respondeu que o livro só iria vender porque o nome do consagrado erudito estava nele — não importava o que estivesse por trás dos panos.

Furioso, não só pela maneira como fora enganado e maltratado, mas pela desonestidade inerente ao projeto, o professor-assistente resolveu abandoná-lo. Ele rompeu o contrato, devolveu a pequena quantia que recebera e negociou um contrato em seu próprio nome com outra editora. Seu livro, muito bem-sucedido, foi publicado dois anos antes do livro do famoso erudito e vendeu o dobro de exemplares. O antigo professor-assistente, agora um professor titular com seu próprio elenco de preocupações, vê sua retirada daquele processo corrupto há quinze anos como o momento decisivo de sua vida. Ele atribui seu sucesso ao desejo inicial de se vingar daqueles que se aproveitaram de sua juventude, inexperiência e talento.

Verifique suas malas

Em um hotel em Seattle tive uma conversa longa e interessante com uma jovem que veio arrumar o quarto. Estudante de uma faculdade local, trabalhava como arrumadeira naquele estabelecimento elegante a fim de pagar a anuidade. Alegre e gentil,

Doce Vingança

ela sorriu quando lhe contei o tema deste livro. Eu não esperava que ela tivesse alguma história para mim (obviamente, pensei, ela devia ser como uma das mocinhas dolorosamente gentis das minhas turmas que não compreendem por que Ahab não deixa a baleia em paz), mas perguntei-lhe assim mesmo. Como vim a descobrir, ela possuía uma história fantástica, uma que mudou para sempre meus hábitos de hotel.

— A maior parte dos hóspedes é maravilhosa, mas de vez em quando aparece alguém capaz de estragar o meu dia — disse-me. — Um hóspede que o repreende, que não gosta de outros serviços do hotel, como o serviço de quarto, mas descarrega em você, ou um que simplesmente fica gritando ordens como se você fosse seu escravo pessoal. Essas pessoas podem estragar o pouco prazer que há em fazer bem o seu trabalho. Sei que é minha obrigação garantir a satisfação dos hóspedes com sua estada aqui, mas alguns são impossíveis de contentar. Quando um hóspede exagera na grosseria, desenvolvi uma estratégia que me permite continuar o meu dia. Escondo algum objeto deles no quarto. Ou deliberadamente desarrumo alguma coisa quando estou fazendo a limpeza.

Ela apressa-se a explicar que nunca fez nada realmente ruim, uma alegação comum ao vingador passivo-agressivo.

— Nunca roubei nada, mas já *desloquei* muita coisa. Nada valioso ou importante, eu jamais tocaria em um relógio ou um passaporte, mas pequenas coisas que os deixam malucos. Pego o fio dental ou o batom e recoloco de volta na mala. A parte de cima do pijama que deixaram no chão para eu pegar, eu empurro um pouco mais, até ficar escondido debaixo da cama. Eu praticamente escondo os controles remotos, sob alguma coisa, perto do lugar onde os deixaram. Faz-me sentir melhor saber que os incomodei. Tratam-me como se eu não tivesse cérebro ou sentimentos e uso ambos para me desforrar.

Terrorismo Emocional

Dei-lhe uma gorjeta generosa quando saí, em parte por sua honestidade em me contar sua história e em parte porque conferi minhas peças de roupa e elas estavam todas lá.

Os abutres vulneráveis

Aqueles que encaram o fato de que nutrem uma necessidade de vingança em geral são menos perigosos do que aqueles que alimentam esses sentimentos inconscientemente. "Os mais fracos e mais tímidos são os mais vingativos e implacáveis", escreve o filósofo Thomas Fuller. Quando deparamos com o rato que ruge, é difícil discordar.

Catherine, uma executiva de uma companhia de seguros, descobriu isso da forma mais difícil.

— Uma das mulheres do escritório estava sempre preparando xícaras de chá para mim e perguntando-me como iam meus filhos. Parecia ser uma alma boa e gentil, um pouco tímida, mas muito atenciosa, e depois de algum tempo fiz-lhe uma confidência. Contei-lhe que um dos meus filhos fora preso sob a acusação de dirigir bêbado e que eu estava muito abalada com isso.

"Os anos se passaram e, à medida que eu progredia na empresa, ela permaneceu onde estava e perdemos o contato. Eu não achava que a tivesse deixado para trás ou rompido nossa amizade, mas ela obviamente achava. Dez anos após o incidente de trânsito, quando meu filho estava disputando um cargo político local, ela ligou para o jornal da cidade para contar que ele tinha uma passagem pela polícia e sugeriu que investigassem. O repórter telefonou-me e contou-me quem lhe dera a informação. Fiquei perplexa. Quando a confrontei, ela me disse que há anos queria me prejudicar por ter abandonado nossa amizade. A amizade obviamente significara mais para ela do

Doce Vingança

que para mim, mas eu não fazia a menor idéia de que causara qualquer sofrimento, porque ela nunca dissera sequer uma palavra.

Quando parece comportamento passivo-agressivo, a vingança muda de seu campo em geral consciente para aquela região secreta, oculta, ocupada pelos processos psicológicos mais sombrios, menos disponíveis. Essa é uma das razões pelas quais o comportamento passivo-agressivo é tão difícil de mudar quanto de tolerar. O melhor resultado de um episódio doloroso pode muito bem ser apertar as mãos e ir embora com a certeza de que o assunto foi resolvido. Mas, como alguém já disse, sempre que você faz as pazes, você marca o local onde enterrou o machado de guerra — só por precaução. Talvez devêssemos nos lembrar sempre do bom conselho de Cynthia Ozick: "Ao dizer o que é óbvio, nunca prefira a astúcia. Gritar funciona melhor."

Capítulo Sete

TIRANDO SATISFAÇÕES

Raiva, vingança e justiça

"Um pouco de raiva, um pouco de vingança, clareia o ar e limpa o nosso sistema. É o depurativo emocional."

<small>Telespectador anônimo em telefonema para um programa de entrevistas, 1993</small>

"Os milhares de insultos de Fortunato eu suportei o melhor que pude; mas quando ele foi além do insulto, jurei vingança. Você, que conhece tão bem a natureza de minha alma, não pensará, no entanto, que proferi uma ameaça. No final, eu seria vingado; isso era ponto pacífico — mas o próprio caráter definitivo da decisão excluía a idéia de risco."

<small>Edgar Allan Poe, "O barril de amontilado"</small>

É difícil digitar com o punho cerrado, mas estou tentando. Eu queria escrever sobre raiva enquanto estivesse realmente com raiva de alguma coisa, o que significa que não pude começar a escrever este capítulo por uns bons, ah, dez ou quinze minutos. Se raiva contasse milhagem, eu viajaria de avião com

Doce Vingança

muita freqüência, bem lá na primeira classe; se fosse comida, eu teria que ser guinchada de um lado para o outro. Se raiva fosse sexo, eu teria meu próprio número 900.

Mas a raiva não é nada disso. É uma comichão, uma reação alérgica a um pólen da vida soprado em sua direção. A raiva é pessoal. Outra pessoa pode nem perceber o que o está incomodando, mas a ofensa faz seu coração disparar, seus olhos lacrimejarem e seu rosto ficar vermelho. A raiva é mais particular do que a atração sexual ou a ganância. A raiva é a suprema emoção com a marca pessoal do indivíduo: eu sou o que me deixa maluco.

No meu caso, raiva é um motorista de caminhão cujo veículo está fazendo amor com a traseira do meu Volvo ou uma caixa automática de banco que engole meu cartão sem me dizer exatamente o que fiz para ofendê-la.

O que mais me deixa louca de raiva? A lista deveria ser em ordem alfabética ou cronológica, ou seria melhor organizar minha atual lista de vingança por altura, ou talvez por localização geográfica? Hoje, por exemplo, estou furiosa com tudo e todos à minha volta. Comecei ficando com raiva de mim mesma. Esqueci de abastecer o carro ontem, o que significa que tenho de parar no posto de gasolina antes de ir para o escritório, o que significa que ficarei atrasada para a minha primeira reunião. Estou com raiva da tola que fui ontem por não ter planejado para a mulher bem-educada e eficiente que acordou hoje. Gostaria de voltar e berrar comigo mesma. (Quando essa vontade de espinafrar a mim mesma em vozes diferentes começar a ficar muito freqüente, vou me matricular na Escola Sybil de Terapia Química e Comportamental.)

Estou com raiva do meu marido. Volto para casa depois de um corte de cabelo de trinta dólares que, asseguraram-me, me deixa maravilhosa, esbelta, sofisticada e encantadora (nada disso

Tirando Satisfações

eu era quando entrei para cortar o cabelo). Meu marido recebe-me não com adoração, mas com a notícia nada glamourosa ou agradável de que a gata vomitara no melhor tapete. Não estou nada satisfeita com a gata, que neste momento detesto apenas um pouco menos do que ao meu marido. Eu e meu corte de cabelo limpamos a sujeira feita pelo animal indiferente, que permanece sentado, lambendo-se, com ar de desprezo e desdém, como se dissesse: "Eu nunca preciso de um corte de cabelo. Bem feito por se situar mais alto na cadeia alimentar." (Ela certamente está com raiva porque sua tigela continha apenas ração de gato e não o Rato du Jour. Note bem, essa é uma gata que é, ela mesma, especialista em vingança. Por exemplo, ela dominou a arte de comer uma planta para cada dia de férias que passamos fora de casa. Ela considera as plantas de dentro de casa como pratos de salada, mas só quando está furiosa.)

Voltando ao meu corte de cabelo: entro novamente na sala e ouso proferir a aterradora frase "Nota alguma coisa diferente?" para o meu marido. Este, vasculhando a imaginação freneticamente em busca de respostas, como se lhe tivessem feito uma pergunta difícil no vestibular conjugal, sugere que talvez eu tenha mudado a maquilagem. Menciono que não estou usando maquilagem. Ele diz que isso conta como uma mudança e que portanto ele respondeu corretamente e tem que tirar dez na resposta. Digo-lhe que cortei o cabelo. Ele me pergunta o que deve dizer a respeito.

Saio do aposento e conto até 5.987, retorno até onde ele está lendo o jornal e continuo, dizendo-lhe que ele deveria dizer algo como "Seu cabelo está bonito". Ele diz: "Seu cabelo está bonito. Você deve ver como ele fica se você usar maquilagem", quando então volta a ler o jornal. Deixo a sala e conto 9 x 5.987, o que é um número bastante alto, contemplando uma vida de celibato. Penso como seus ternos ficariam se eu costu-

Doce Vingança

rasse reforços de couro por toda parte — não apenas nos cotovelos.

Estou pensando em como melhor me vingar de um colega que disse com desprezo: "Bem, se eu quisesse ficar em casa e escrever livros *populares*, eu me consideraria um traidor da academia." Também estou tentando lidar com a aluna que entrou tempestuosamente no meu escritório fazendo vagas ameaças porque calculou que ao tirar C+, um C e um C− nas provas finais, merece ao menos B "porque compareci a quase todas as aulas e anotei quase tudo".

Não estou me sentindo muito cordial e afetuosa com um velho amigo que me contou que está se divorciando porque "depois que passou dos quarenta, ela já não consegue me fazer sentir o mesmo que fazia quando nos conhecemos". Agarro o telefone até os nós dos meus dedos ficarem brancos e cedo à tentação de dizer-lhe que ele não se tornara exatamente um Mel Gibson com o passar dos anos. Sinto-me bem com a minha pequena declaração cômica e vingativa, mas ouço-o rindo — um bom truque, quando se pensa nisso. Todo presunçoso e alegre, ignorando minha observação, ele diz: "Ah, mas para um homem é diferente." Fico ainda mais furiosa porque ele tem razão. Como Cynthia Heimel salientou, no espaço de cinco anos Sally Fields passou de atuar como objeto do desejo de Tom Hanks em *Punchline* a representar sua mãe em *Forrest Gump*, porque Fields atingiu o limite de idade na indústria cinematográfica. E durante todo o tempo, penso que é uma boa medida que as leis de controle de armas existam e apliquem-se a mim pessoalmente. Porque se há uma coisa que me dá ânsias de vingança é exatamente esse tipo de frustração. (Uma amiga minha que mora em uma cidadezinha da periferia assolada por assaltos à mão armada ficou com tanto medo que sugeriu ao marido que comprassem uma arma para proteção. O marido

Tirando Satisfações

pensou por um instante, mas concluiu que seria má idéia. "Você não consegue manter sorvete em casa por mais de duas horas sem acabar com ele", salientou. "Acha que seria boa idéia você ter uma arma?")

Na frase de abertura de um inteligente artigo intitulado "Raiva: sua melhor ferramenta", Judith Stone escreve: "Encontrei-me com minha raiva. Almoçamos juntas. As coisas foram bem. Ela se instalou em mim." Ao contrário de Stone, passei a maior parte da minha vida tentando manter distância da minha raiva; o problema é que a minha *raiva* fica tentando entrar em contato *comigo*.

— Eu trocaria de nome e de número de telefone se soubesse que a minha raiva teria dificuldade em me encontrar — digo a Ellen, que balança a cabeça em solidariedade, tendo acabado de se demitir aos berros do seu terceiro emprego este ano.

Com raiva e enfurecida

— Ter mau gênio é como ter um antigo namorado... você quer que ele se mantenha o mais longe possível de você e que pare de intrometer-se em sua vida — ela concorda, explicando: — A raiva não é nada que você deseje ou de que precise, mas está lá de qualquer forma.

Concordamos perfeitamente, mas a verdadeira pergunta é: como deveríamos lidar com isso? Será realmente melhor que toda raiva seja tratada como lixo nuclear, a ser jogado fora o mais rápida e silenciosamente possível — apenas para vir à superfície mais tarde como uma manifestação mutante de seu poder latente?

É difícil para mim ficar com raiva sem ficar enfurecida. "Você perde qualquer senso de perspectiva!", escreveu um ex-

Doce Vingança

amante em seu bilhete de despedida. Dizem-me que primeiro eu rosno, depois choro e, em seguida, inevitavelmente termino pedindo desculpas. Essas desculpas são a pior parte. Em geral, há um sentimento de envergonhada humildade, uma sensação de constrangimento por ter me deixado levar pela raiva, por ter dado vazão às emoções.

— Se você briga com seu marido e bate o telefone — diz minha assistente —, não se passam mais de doze minutos para você se transformar num montinho trêmulo de penitência e medo.

Todas as vezes parecem novas para mim, mas meus amigos dizem que tenho um padrão. A ladainha de perguntas começa, e são sempre as mesmas: Será que ele vai me perdoar? Será que gostará de mim de novo? Por que aturaria uma mulher com um gênio tão ruim? Por que não consigo ser gentil? Por que fico tão furiosa só em pensar que tenho de aprender a ser gentil?

— Como é que as *outras* mulheres conseguem isso? — lamenta-se Ellen. — Sabe, aquelas damas que permanecem silenciosas e sorridentes no balcão de cosméticos, pelo que parecem quatro ou cinco dias, sem ver nem a sombra de sua amostra grátis? Depois de ver quinze minutos da hora de almoço se esvaírem, começo a resmungar para a pobre alma de pé ao meu lado alguma coisa como precisar comprar mais creme para os olhos a fim de tratar os pés-de-galinha que adquiri durante o tempo em que fiquei naquela fila.

— Eu sei, eu sei — interrompo, para terminar a cena que conheço tão bem. — Ela sorrirá amavelmente de seu comentário sarcástico, a boa alma, e você morderá a língua e jurará para si mesma que será igual a ela.

— Sim, é isso mesmo — concorda Ellen. — Sempre digo a mim mesma que não serei uma megera, que vou me comportar.

Tirando Satisfações

Mas, diz o diabinho no meu ombro esquerdo, *eu* passarei quatro dias esperando em um balcão sem ser atendida. Não insistirei para conseguir uma boa mesa em um restaurante quando estou comendo sozinha naquela noite porque serei educada demais para pedir para ficar longe daquela família de dezessete pessoas. Pararei de insistir que meu marido seja fiel e meu chefe seja justo, porque acho que uma reação enraivecida não é justificável. Talvez eu chegue ao ponto em que ouvirei piadas sobre pêlos púbicos sem gritar ou chamar um advogado ou levar o caso a uma comissão do Congresso, caso o sujeito que contou as piadas um dia seja nomeado para a Suprema Corte.

"Ficar com raiva é se vingar da falta de outras pessoas sobre nós mesmos", declarou Alexander Pope no que somente posso imaginar como sendo um fingido sotaque britânico. É fácil para ele dizer (embora possa ser argumentado que metade de seus poemas foram escritos por vingança). Quando estou de mau humor tenho vontade de mandar Alexander Pope afogar sua cabeça adornada de peruca. A raiva *não* é apenas uma emoção estranha a mim; ela é minha amiga íntima, minha companheira de toda a vida, minha camarada.

Novamente, Judith Stone levanta um ponto interessante sobre a raiva das mulheres. Ela graceja: "Sou uma boa menina ao lado de minha mãe" e continua, explicando que em sua educação básica, "como tantas outras mulheres, aprendi desde cedo a dizer 'Não, claro que não estou com raiva!', quando o que queria realmente dizer era 'Gostaria de sapatear sobre seu baço com sapatos de pontas de ferro'." Temendo alienar todos à sua volta se começasse a atacar a raiva, Stone termina seu artigo discutindo os diferentes modos em que as pessoas podem melhor utilizar a sua raiva.

Temo perder o melhor bem como o pior que a raiva pode oferecer, misturando a raiva certa com a errada. Como somos

Doce Vingança

ensinadas desde o berço que o mau gênio em uma garota é muito pior do que em um garoto — como todas as outras coisas que as mulheres têm que aprender por si próprias — não é de admirar que precisemos desenvolver um senso de como fazê-lo sem exagerar.

— Então — pergunto a Ellen —, até onde podemos ir?

— Lembra-se de quando ficou tão furiosa com o empregado da loja que lhe deu o troco errado, quanto com o namorado que deu um telefonema interurbano para sua outra namorada do escritório? — perguntou. A simples lembrança me fez agarrar a borda da mesa para me apoiar. — Você deveria ter feito uma distinção entre as duas. — E só agora ela me diz!

— O certo a fazer com o empregado é simplesmente mostrar-lhe que cometeu um erro e o certo a fazer com o namorado é simplesmente despejar detergente em sua colônia.

A raiva como uma lente de aumento

A chave parece ser perspectiva. A raiva, como a vingança, geralmente pode ser uma força positiva e fazer algum bem sem ferir alguém desnecessariamente. Em seu best-seller *The Dance of Anger*, Harriet Lerner declara sem justificativas que "a raiva é um sinal e um sinal ao qual devemos prestar atenção". Quase sempre, quando a raiva tenta apoderar-se de mim, simplesmente deixo uma mensagem dizendo que estou me divertindo muito para ligar de volta. Outras vezes, a raiva torna-se um indicador grande demais de questões importantes para ser esquecida.

A raiva é como uma lente de aumento: dependendo de sua perspectiva, ela distorce tudo ou torna tudo mais claro. A raiva é uma das últimas emoções remanescentes que pode nos fazer sentir vergonha de nós mesmos. É embaraçoso ficar com

Tirando Satisfações

raiva, e muitos de nós aprendemos a ocultá-la tão bem que às vezes a ocultamos de nós mesmos. Mas a raiva não desaparece só porque não pode ser vista; nem sempre olhos fechados significam um sono pacífico. A raiva — oculta ou às claras — está no âmago do desejo de vingança. A raiva se apodera de mim quando sinto que não estou no controle da minha vida; para outros, a raiva é algo que usam para controlar o mundo à sua volta.

Paradoxalmente, a raiva é também uma emoção que pode nos fazer sentir desembaraçados e até mesmo fortalecidos depois de nos sentirmos derrotados e humilhados. Pode ajudar a restaurar a auto-estima, porque a raiva é uma indicação de que você merece um tratamento justo. Também é uma indicação de que você acredita que o mundo não é caótico, nem irracional e nem aleatório em sua distribuição de guloseimas. A raiva indica que você acha que a vida deveria ser justa.

Quando a vida não é justa, ficamos com raiva. Talvez eu devesse restringir isso um pouco: quando a vida não é justa *conosco* ou com aqueles a quem amamos, ficamos com raiva. Quando a vida é injusta com outros, nos tornamos filosóficos. É bastante fácil lidar com as gritantes injustiças do mundo quando o fazemos à distância. A raiva é uma reação que requer o imediatismo da experiência, embora deva-se enfatizar que, historicamente, a raiva melhor e mais produtiva vá além do pessoal, para o político e o social. Quando, por exemplo, os indivíduos ficam suficientemente enraivecidos com uma injustiça perpetrada pela sociedade da qual fazem parte para tomá-la como pessoal, pode provocar grandes e duradouras mudanças.

A raiva, como a fumaça, enrosca-se nas bordas de muitas manifestações por direitos humanos; a raiva alimenta e sempre alimentou alguns dos mais importantes debates e movimen-

Doce Vingança

tos neste país. Acreditar em uma causa com paixão é arriscar-se a enfrentar a raiva — em si próprio, no adversário — mas às vezes o risco vale a pena.

Dizer que estamos dispostos a lutar por uma causa pode não ser literal, mas a figura do discurso está dizendo: quando resolvemos defender uma idéia, há pelo menos uma ameaça implícita de que a deposição ou derrota de nossa posição provocará uma reação — que ficaremos com raiva e talvez o suficiente para pôr a metáfora em prática. Talvez tenhamos que lutar de verdade para vencer. Quando se trata de convicções, podemos verificar que preferimos lutar do que mudar de opinião. A raiva é inflexível. Talvez a sua inflexibilidade seja o que a torna um dos sete pecados capitais.

É inegável que a inflexibilidade pode ser uma fraqueza; afinal, a raiva nos faz atacar nossos entes queridos, nos torna amargos e autodestrutivos, nos transforma em péssima companhia. Mas a intransigência da raiva justa pode também ser um fator de fortalecimento. E o mesmo pode ser dito da raiva: pode assinalar uma recusa cega e tola de negociar com as realidades e decepções da vida, mas também pode assinalar um vitorioso momento decisivo.

"A raiva agita-se e desperta nela", escreve Toni Morrison em *The Bluest Eye*, um romance sobre a maioridade de uma criança maltratada. "Abre sua boca e, como um cãozinho teimoso, absorve sofregamente todos os seus resquícios de vergonha. A raiva é melhor. Há uma noção de estar com raiva. Uma realidade e presença. Uma consciência de valor." Esse último ponto é sem dúvida o mais importante: ao se deixar enfurecer com uma injustiça cometida contra você, você reforça sua emoção com um sentimento de auto-estima. Ao se enfurecer com uma injustiça cometida contra outras pessoas, você reforça o valor delas com uma noção de seu próprio valor. A

Tirando Satisfações

raiva pode proporcionar um sentimento de indignidade em substituição a um sentimento de vergonha.

O *casamento da vingança*

Algumas das histórias de vingança que são passadas adiante como uma corrente envolvem precisamente esse tipo de substituição de vergonha por raiva. Uma história que ouvi de mulheres em Nova York, St. Paul *e* Toronto — todas juraram que aconteceu com alguém que uma amiga delas realmente conhecia — envolvia exatamente esse tipo de movimento gratificante do constrangimento e da insegurança à raiva justificada e à adequada vingança. Os detalhes da história mudavam muito pouco de uma cidade para a outra. Uma jovem sem berço está prestes a casar-se e entrar para uma família muito aristocrática. Seu noivo, um homem de posses, generosamente se oferece para pagar as contas do casamento e ela aceita agradecida, já que não tem dinheiro. (Ela foi descrita como uma escritora *freelance*, uma estudante de medicina e uma dançarina pelos respectivos narradores.) Tudo parece um conto de fadas, até ela descobrir que seu noivo anda dormindo com a dama de honra.

A futura noiva decide, de forma inusitada, nada fazer em relação à questão. Uma ou duas amigas que têm certeza de que ela sabe o que está acontecendo ficam surpresas com sua falta de reação, mas não o demonstram. Acham que a amiga deve ter decidido que a segurança financeira valia a humilhação. Chega o dia do casamento e tudo vai às mil maravilhas, até o sacerdote perguntar, diante de mais de cem convidados — a maioria dos quais pertencentes à família conservadora e honrada do noivo —, se alguém tem alguma razão que impeça a união daqueles dois em matrimônio.

Doce Vingança

A noiva vira-se do altar e dirige-se aos convidados: "Sei por que não podemos nos casar. Ele está dormindo com a dama de honra." Abandonando a igreja em direção a um táxi que a esperava, ela deixa-o com o rosto vermelho, uma amante furiosa e envergonhada e uma enorme conta pela inexistente recepção do casamento.

Não é de admirar que essa história, um mito urbano ou algo próximo a um incidente real, seja repetida como verdade absoluta: possui todos os elementos de vingança positiva. A jovem não ficou sentada pensando o que fizera de errado para "conduzir" seu noivo para os braços de outra mulher; ela não exonerou as pessoas mais próximas a ela culpando-se por seus atos egoístas. A raiva clareou a impossibilidade de sua situação e permitiu que fosse embora com sua auto-estima intacta após um grave revés. Imagina-se que todos os presentes tenham aprendido uma lição.

Virando uma página

Mas nem todos os atos de desforra podem ser executados com métodos e conseqüências tão deliberadamente equilibrados, em especial quando envolvem indivíduos realmente impotentes.

— Vivi com meu irmão e a mulher dele quando era pequena — disse uma ouvinte em uma ligação para um programa de rádio, onde o tópico da discussão era vingança. Eu estava do outro lado da linha e imediatamente senti a dor e a raiva na voz da mulher que falava. Era uma mulher adulta e o incidente que relatava acontecera há muitos anos, mas as cicatrizes ainda estavam em sua alma. — Meu irmão era um bom homem, passando a me criar quando meus pais morreram, mas sua mulher era terrível. Era fria e distante e fazia questão de

Tirando Satisfações

me fazer sentir que vivia com eles por caridade. Um dia, na quinta série, ousei levar duas amigas para casa depois da aula e ela me humilhou diante delas, dizendo que embora tivesse que me dar casa e comida, não tinha obrigação de fazer o mesmo para a cidade inteira. Fiquei com medo de contar ao meu irmão porque achei que ele poderia ficar do lado dela e eu não tinha para onde ir. Foi horrível.

"Cerca de uma semana depois, eu estava sentada em sua sala de estar e tive a idéia de arrancar uma página de cada livro de sua biblioteca. Levei quase um ano, mas acho que danifiquei cada exemplar. Eu costumava embolar os pedaços de papel e carregá-los no bolso de modo que pudesse tocá-los e dizer a mim mesma que descobrira uma forma de vingar-me dela. De certo modo, acalmou a fúria que não tinha como extravasar. Foram necessários quinze anos de terapia para eu admitir que cometi esse delito secreto. A ironia é que agora sou bibliotecária. Passo meu tempo cuidando de livros.

Muito tem sido escrito sobre vingança, a maior parte sobre como superá-la, mas superar a raiva é como armar um quebra-cabeça de três mil peças do mapa aéreo da Antártida; é uma idéia animadora, mas quase impossível de realizar no período normal de uma vida. Além disso, "superar" a raiva pode não significar necessariamente purgar a emoção; às vezes, enfrentar a raiva e a necessidade de reciprocidade contra uma afronta pode abreviar um longo sofrimento.

Na realidade, o conhecimento obtido através da vingança pode ajudá-lo a livrar-se de sua raiva.

— Conheci um homem tão acostumado a se vingar que nem precisava mais ficar com raiva — disse um senhor idoso, referindo-se a um gângster que conheceu na juventude. Mas, obviamente, a vingança não deve ser associada apenas a homens com chapéus de feltro; às vezes, o lado do bem vence,

Doce Vingança

motivado em parte por uma raiva saudável e pelo desejo de vingança na hora certa.

Dando o recado

Quando um vizinho não-identificado de Taylor comprou uma caminhonete equipada com um novo dispositivo que gritava em uma voz profunda, "Você está perto demais deste veículo", e estacionou-a em frente ao seu prédio, numa rua movimentada de Chicago, Taylor pensou que iria enlouquecer. O alarme de voz disparava com freqüência e, sendo uma escritora cuja janela do escritório ficava de frente para a rua, no primeiro andar, Taylor era interrompida em seu trabalho durante o dia e em seu sono durante a noite. Ela deixou bilhetes na janela da caminhonete, pedindo ao proprietário para fazer o favor de desligar ou ao menos sintonizar o sistema de alarme, para que não berrasse toda vez que alguém passasse perto do veículo. Nada aconteceu. Perguntou à polícia se podia fazer alguma coisa, mas não podia. Pediu sugestões aos vizinhos do andar, mas só obteve as que envolviam pés-de-cabra e outros objetos que quebrassem vidro. Coube a ela imaginar uma maneira pacífica de fazer o proprietário entender.

Uma noite, quando preparava uma mala-direta para o correio do dia seguinte, olhou as dezenas de folhas de etiquetas de endereçamento e teve uma idéia. Nessas etiquetas, em vez de imprimir endereços, imprimiu mensagens como: "Por favor, não ignore este recado. Por favor, pare de nos acordar com o alarme de seu carro" ou "Seu alarme é sensível demais. Por favor, conserte-o". Ela pegou as folhas com as etiquetas adesivas e colou-as, uma a uma, em todas as janelas da caminhonete. O proprietário teria que raspá-las uma a uma. A caminhonete nunca mais reapareceu em seu quarteirão e Taylor

Tirando Satisfações
ə

simplesmente esperava que tivesse encontrado um lugar tranqüilo em algum estacionamento.

Raiva pelos outros

— Nada me deixa mais enfurecido do que ver o poderoso pisar no fraco — declara entre dentes meu amigo Peter, sócio de uma firma de advocacia. — Raramente fico com raiva por minha própria causa, porque sei que posso cuidar de mim mesmo, mas tenho plena consciência do fato de que estou numa situação privilegiada. Faço muito trabalho *pro bono* porque quando um cliente me procura com uma causa justa e não pode pagar para que a justiça seja feita, meu sentimento de raiva entra em ação. Como na ocasião em que uma creche estava sendo ameaçada pelo proprietário do prédio, que queria romper o contrato de aluguel e ceder o lugar a uma danceteria que lhe traria mais dinheiro. A creche, de uma cooperativa, teve todo o benefício de minha raiva contra o senhorio. Minha mulher diz que sempre faço a outra parte parecer o anticristo, mas gosto de minha raiva e de marcar esse tipo de pontos.

A crença de que alguma espécie de destino cuidará dos vulneráveis e punirá os malvados é a mola mestra do mito que promete que, desde que você acredite que o bem triunfará, tudo o mais se resolverá bem por si mesmo. Em geral, portanto, espera-se que as pessoas continuem a ser parte, isto é, acreditem que devem fazer parte de um sistema que fará tudo se resolver com justiça no final das contas, que equilibrará as balanças sem que ninguém tenha que pôr o dedo na borda para fazer com que fique equilibrada. Ninguém sente mais raiva da injustiça do que aquele que um dia acreditou que a justiça estaria sempre garantida.

— Ficaram conversando na minha frente como se eu não

Doce Vingança

estivesse lá, ou como se eu fosse um imigrante que não entendia inglês — reclama Marco, um estudante de engenharia em uma escola da Ivy League e que é afro-americano. — Quando eu tentava obter um empréstimo para a compra de um carro em um banco dessa cidade bastante provinciana onde minha universidade está localizada, fui vítima de um tipo de preconceito que raramente experimentara tão abertamente antes. Meus pais teriam tido prazer em comprar um carro para mim, mas eu queria comprar um Fiat e não queria a opinião de meu pai: eu resolvera ser independente e acho que não estava bem preparado para lidar com os aspectos mais deteriorados da burocracia. Sou um produto das escolas preparatórias e acho que já lidei com um tipo mais sutil e rarefeito de discriminação, mas aquilo parecia saído de um filme dos anos 60, estrelado por Sidney Poitier. Faziam perguntas uns aos outros sobre minhas finanças, perguntas que eu deveria estar respondendo.

"Finalmente, perguntei se poderia usar um de seus telefones. Diante dos funcionários com quem estive conversando, liguei para o meu tio, um funcionário do Departamento do Tesouro dos Estados Unidos, em Washington. Expliquei a situação e perguntei se ele podia falar diretamente com a funcionária responsável pelo empréstimo. Ela ficou vermelha como o esmalte de suas unhas e gaguejava ao final da conversa. Não costumo adotar esse tipo de atitude para fazer valer meus direitos, mas a essa altura estava disposto a embarcar em um reinado de terror aristocrático. Obtive o empréstimo e uma carta de desculpas. A raiva pode ser purificadora, útil, batismal.

Histórias de carros

Esse foi apenas um de muitos exemplos de histórias de vingança que ouvi envolvendo carros; a maioria das outras envolvia

Tirando Satisfações

carros já na estrada. Quando Faith Middleton, comunicadora da National Public Radio, abriu as linhas para ouvir fantasias de vingança, a central telefônica ficou congestionada com histórias de carros. Em parte, isso pode ser atribuído ao fato de que Faith e eu abrimos o programa falando de como cada uma de nós, independentemente, concluímos que um ato coletivo de vingança devia ser executado contra os motoristas de *trailers* que colam na traseira de seus confrades menores até que ficamos aterrorizados de dirigir na interestadual. Os ouvintes que ligavam falavam de fantasias envolvendo tinta sendo lançada automaticamente sobre qualquer veículo que se aproximasse demais de um carro — de preferência, tinta em cores brilhantes indeléveis escrevendo "sou um motorista imbecil". Um ouvinte, que se identificou como um pedestre perpétuo, queria armar-se com pistolas de tinta — ou de removedor de tinta — para marcar os carros que avançavam por ruas de pedestres e cruzamentos movimentados sem levar em conta o fato de que um pedestre poderia estar inocentemente atravessando a estrada devagar.

Um entusiasta da faixa do cidadão telefonou para dizer que quando os caminhões passavam por ele em velocidades altamente perigosas ele sinalizava para o motorista indicando a presença da polícia, o que inevitavelmente fazia com que reduzissem a velocidade. Quando lhe perguntaram por que essa medida aparentemente preventiva era um ato de vingança, ele deixou claro que ele sempre dizia que a polícia estava localizada alguns quilômetros para trás — exatamente onde esses motoristas estavam a 110, 120 quilômetros por hora, com um caminhão carregado. Aparentemente, isso os deixava ansiosos.

Revelar suas frustrações e rir de suas fantasias enfurecidas parecia fazer os participantes se sentirem bem, e não mal, a respeito do mundo. Depois do que havia sido uma viagem lon-

Doce Vingança

ga e difícil até a emissora de rádio, atormentada por motoristas que pareciam ter tirado a carteira na Escola Mad Max de Educação na Estrada, eu também me senti aliviada do fardo da raiva, tendo-a espalhado no pão da experiência coletiva.

Quando as fantasias relatadas no programa de Faith não envolviam carros, pareciam envolver políticos. Faith esperava que Rush Limbaugh um dia acordasse no céu e descobrisse que Deus colocara Whoopi Goldberg no comando. Outras sugestões incluíam encontrar fotos de Newt Gingrich de camisola cor-de-rosa e fazer Thelma e Louise presidirem uma nova audiência sobre a nomeação de Clarence Thomas para a Suprema Corte. (Curiosamente, Eleanor Smeal, presidente do Fundo para a Maioria Feminista, na verdade acolheu com prazer a discussão sobre a indicação de Clarence Thomas. Smeal sugeriu que, durante as audiências de Hill-Thomas, "o Senado fez mais em uma semana para fortalecer a necessidade crítica de mais mulheres senadoras do que as feministas foram capazes de fazer em 25 anos").

Vingança instantânea

A raiva espreita ao fundo, talvez alimentando ações e padrões de comportamento de maneiras que não podem ser avaliadas porque sua causa permanece oculta e portanto não examinada. Em geral, a raiva é dirigida contra a própria pessoa ou contra companheiros ainda mais impotentes. Mas quando a raiva leva à vingança, geralmente se move na direção oposta: move-se para cima, contra os mais poderosos.

Louise, uma secretária que fez um excelente trabalho para seus patrões de Nova York por bem mais de dez anos, contou-me uma história de como fazer com que os "graúdos" saibam que têm de ser gentis com todo mundo.

Tirando Satisfações

&

— Uma cliente arrogante de fora da cidade pediu-me para comprar duas entradas para ver Beethoven no Lincoln Center. Ela foi brusca e muito condescendente. Assim, em vez de ligar para a orquestra, telefonei para o cinema do outro lado da rua, em frente ao Lincoln Center, e comprei duas entradas para ver o filme infantil sobre um cachorro que também se chamava *Beethoven*. Mandei o mensageiro entregar as entradas em seu hotel com um bilhete dizendo: "Bem-vinda a Nova York, onde você é tratado como trata os outros."

Explicando que "se você não pode revidar quando é atacada, acaba descontando em outras pessoas que não merecem", Louise tinha certeza de que seus patrões a apoiariam em sua atitude. Ela é conhecida como a pessoa mais generosa e prestativa do escritório. Quando perturbada além dos limites aceitáveis, entretanto, Louise declara: "Eu ajo rapidamente e livro-me da minha raiva."

Aqueles que foram maltratados ou tratados com rispidez imerecida em geral crescem com raiva e rangendo os dentes. Talvez o melhor exemplo de crianças rejeitadas tenha sido criado por Mary Shelley há duzentos anos. O monstro de *Frankenstein* instantaneamente despertou o interesse e a simpatia dos leitores e a criatura ainda atrai atenção nas telas e na mídia impressa. A versão em filme de Kenneth Branagh é um exemplo recente.

"Se não posso inspirar amor..."

O monstro está enraivecido, não por sua situação em geral, mas pela negligência e rejeição demonstradas por seu criador. Ele vem ao mundo acreditando na bondade e somente a maneira vil como é tratado o leva a querer vingança. "Eu era benevolente e bom; a infelicidade me fez sentir um demônio. Faça-me

Doce Vingança

feliz e serei novamente virtuoso", implora o monstro a Frankenstein. "Como posso comovê-lo? Será que nenhuma súplica fará com que veja com simpatia sua criatura, que implora sua bondade e compaixão?... Minha alma resplandecia de amor e bondade humana; mas não estou só, miseravelmente só? Você, meu criador, me abomina; que esperança posso ter de seus semelhantes, que não me devem nada?"

Quando a amizade e a compaixão lhe são negadas, o monstro volta-se para a vingança brutal. "Eu me vingarei das injustiças", promete. "Se não posso inspirar amor, causarei medo... Se algum ser tivesse sentimentos de benevolência em relação a mim, eu retribuiria cem vezes, mil vezes mais; por essa única criatura, eu faria as pazes com toda a humanidade!" Mas não há possibilidade de comiseração e, assim, Frankenstein torna-se o alvo da fúria infinita de sua criação. "Você deve ser feliz enquanto eu rastejo na intensidade de minha desgraça?", lamenta-se o monstro. "Você pode destruir minhas outras paixões, mas o desejo de vingança permanecerá... a vingança, portanto mais preciosa do que a luz ou o alimento! Eu posso morrer, mas antes você, meu tirano e atormentador, amaldiçoará o sol que brilha sobre sua desgraça. Cuidado, pois não tenho medo e portanto sou poderoso. Vigiarei com a astúcia de uma cobra e poderei picar com o seu veneno. Você se arrependerá dos sofrimentos que infligiu." O romance de Shelley cria uma personificação da vingança e expressa a raiva oculta e não resolvida que é a marca da existência humana. Em seu sofrimento e desejo de vingança, o monstro é realmente muito humano.

O que a mais recente versão de *Frankenstein* para o cinema tem em comum com uma outra história clássica de vingança é o ator Robert De Niro. Na bem-sucedida refilmagem de *Cabo do medo*, de Martin Scorsese, De Niro, juntamente com Nick Nolte, apresenta uma das mais brutais e instintivas obsessões

Tirando Satisfações

imagináveis. O personagem de De Niro, Cady, é preso por um violento estupro, em parte porque seu advogado Nolte não fez uma defesa adequada. O antes analfabeto Cady sai da prisão tendo aprendido a ler suficientemente bem para entender os pontos mais sutis da lei, com os quais ele agora pretende atormentar o homem que considera um traidor. Ele quer ser recompensado pelo tempo e pela vida perdidos. Quando o advogado lhe oferece dinheiro, Cady o censura: "Bem, devemos discriminar os itens? Qual deve ser minha recompensa por ter sido segurado e sodomizado por quatro caras brancos? Quatro caras negros? Minha compensação deve ser a mesma? Qual é a fórmula, senhor?" Perturbado pelo abandono que sofreu do mundo, Cady resolve, como o monstro de Frankenstein, dar uma lição de perda naqueles que o traíram.

Como o monstro, Cady está muito além de poder perdoar ou esquecer, e concentra sua raiva no único homem que um dia poderia tê-lo ajudado. Os dois ficam obcecados um com o outro, unidos em um ódio tão recíproco e avassalador quanto a maior das paixões. Tornam-se fascinados um pelo outro; não conseguem fugir do emaranhado de seu ódio mútuo como Romeu e Julieta não conseguiriam fugir de seu amor. "Sou a melhor coisa que já lhe aconteceu", diz Cady entre dentes. "Dou sentido à sua vida... Bem, você sabe o que a Bíblia diz sobre as chances de um homem rico ir para o céu... Assim, vim livrá-lo de alguns bens. Lembrar-lhe o que *desgraçado* significa. Você vai aprender uma lição sobre perda, advogado..."

Raiva e simpatia

Por pior que Cady e o monstro sejam, ainda assim continuam a ser os arquétipos que evocam grande simpatia e grande revolta da platéia. A raiva sentida por esses seres, rejeitados e

Doce Vingança

desprezados até por aqueles que, por direito, deveriam ser seus aliados, certamente nos toca onde somos mais vulneráveis. Sua raiva é a raiva de toda criança cuja porta do quarto é fechada contra a luz por um pai ou uma mãe cansado ou frustrado demais para oferecer conforto, a raiva de um adolescente cuja rebeldia trai um medo de abandono mais do que um desejo de independência, a raiva dos filhos ignorados, maltratados ou abandonados por alguém querido. Refletem, em outras palavras, uma parte da experiência humana comum. Ninguém foi adequadamente amado sempre e, portanto, ninguém escapa de alguma versão da raiva corporificada por esses dois personagens mais reais do que a própria vida.

Uma coisa que não deve ser menosprezada, entretanto, é a de que existe um conceito de responsabilidade pela ação injuriosa inicial. Só quando alguém tenta nos ferir especificamente é que nossos mais profundos desejos de vingança vêm à tona. Alguém que não queria nos fazer nenhum mal, que nos fere inadvertidamente, ou que nada pôde fazer senão agir de determinada forma, em geral não suscita nosso rancor.

Não gritamos com pessoas idosas que acidentalmente nos cutucam com suas bengalas; não acusamos bebês de vomitarem em nossas roupas por maldade. Uma lição só pode ser aprendida por alguém capaz de compreender o que está por trás; a retaliação depende, em parte, da resposta da outra pessoa. Se você bate o dedo do pé em uma cadeira, pode xingar, mas não pode lançar-lhe uma maldição — ou a qualquer móvel, vale dizer. Se o seu despertador não o acorda para uma reunião importante, você não o culpa pessoalmente e nem vai passar um bom tempo imaginando como vingar-se. Mas se sua colega de quarto não a acorda para uma entrevista e vai ela mesma em seu lugar esperando conseguir o emprego, uma pequena retaliação pode não estar fora de questão.

Tirando Satisfações

Quando confrontada por atos ou palavras revestidas de crueldade, indiferença à justiça ou absoluta deslealdade, até mesmo a mais doce das almas pode se ver pensando em vingança.

— Havia um garoto que costumava me esperar no ponto de ônibus todos os dias quando eu voltava da escola para casa — relembra um editor de trinta e poucos anos. — Ele era um comprador de brigas sem tirar nem pôr; parecia ter 35 anos, mas provavelmente tinha somente dezoito ou dezenove. Mesmo assim, velho demais para ainda estar no colégio. Era maior do que eu e muito mais amedrontador do que eu jamais poderia ser e realmente eu não tinha nenhuma alternativa senão deixar que me batesse ou caminhar cerca de um quilômetro e meio e evitar o ônibus. Às vezes, ele me pegava diante de um bando de outros garotos ou de uma menina em quem eu estivesse interessado e a dor física não era nada comparada à agonia emocional. Eu não ousava me vingar dele de nenhum modo que lhe permitisse me identificar, mas precisava dar vazão a um pouco da minha raiva. Fui acampar durante um fim de semana, trouxe um saco de fezes de diversos animais e enviei para ele pelo correio. Algo nada agradável de fazer, acredite-me, mas era por uma boa causa. Acho que ele nunca descobriu que fui eu, mas sempre que eu o via por perto, tentando parecer valentão, podia ao menos pensar: Sim, você parece muito senhor de si agora, mas sei que um dia chegou em casa e abriu uma caixa de estrume e não soube quem enviou. Na verdade, esse cara provavelmente nem sequer soube do *que* se tratava, tão burro que era. Não senti tanta raiva depois disso porque sabia que ao menos o deixara muito aborrecido. Foi uma bobagem sem maior importância, mas fiquei feliz por tê-lo feito.

Doce Vingança

O *poder da indignação coletiva*

Se você deseja analisar ou compreender o ponto de vista de alguém, deve observar o que suscita uma profunda emoção nele, e a raiva é uma das emoções mais profundas. Todas as experiências de nossa vida possuem um ambiente emocional integral e a raiva geralmente traz à tona a mais central dessas emoções, agindo como uma irritação que provoca uma urticária ou como a fricção que produz uma imagem em um pedaço de papel colocado sobre a gravação de um túmulo.

— Minha raiva era como um navio lento e imponente atravessando as profundezas do relacionamento em que me encontrava — diz David. — Apaixonei-me por Peter desde o primeiro instante em que o vi, e durante seis anos ele retribuiu. Um dia, ele simplesmente parou, ou assim me pareceu. Mudou-se uma semana após ter declarado que já não servíamos um para o outro, deixando-me com todas as contas e parcelas da hipoteca da casa para pagar, além do coração partido. Logo descobri que ele fora morar com alguém que eu considerara um amigo mútuo e que residia no outro lado da cidade. Quando não pude mais continuar sendo o Sr. Bom Moço, comprei uma lata de tinta *spray* e esperei até escurecer, numa noite em que sabia que não estariam em casa. Bem, eu não fazia idéia de como é difícil pichar paredes adequadamente. Consegui escrever a primeira palavra na frente do prédio georgiano de tijolos brancos — "FILHOS" — mas não consegui encaixar "DA PUTA" na mesma linha e tive que escrever embaixo. Quando voltava, pensei nisso e concluí que ficariam ainda mais aborrecidos da maneira como eu o fizera, já que além da má aparência, era vulgar e grosseiro.

Quem quiser se familiarizar com o eu mais autêntico de outra pessoa deve ouvir a linguagem falada pelas emoções mais comumente dissimuladas de sua vida, a raiva sendo a mais proe-

Tirando Satisfações

minente de todas. Na raiva, demonstramos, explicamos e revelamos o mais íntimo do nosso ser. Observar a maneira como usamos a raiva, portanto, é colocar-se em um ângulo de visão que permite ver recantos que de outra forma estariam ocultos. Permite-nos uma visão do cenário emocional e ideológico de nossas próprias vidas e das vidas dos que nos estão próximos.

— Percebi que eu investia contra as pessoas que demonstravam as mesmas fraquezas que eu achava possuir — admitiu um jovem atleta. — Eu ficava uma fera e queria matar o sujeito que falasse em faltar aos treinos. Tornei-me a consciência do time e era minha obrigação fazer com que qualquer um que saísse fora da linha fosse "punido", até que percebi que estava sendo usado pelos outros rapazes. Eu não precisava desse tipo de raiva. Eu mesmo comecei a faltar a alguns treinos. Deixou-me menos furioso com os outros e me fez relaxar. Eu só estava me desforrando em mim mesmo quando os punia.

"A raiva, tão logo alimentada, morre..."

Admitir nossa raiva e nosso desejo de vingança, ainda que para nós mesmos, pode revelar importantes aspectos de nossas personalidades. Pode ainda significar o início de uma mudança de atitude e de sentimentos que, paradoxalmente, pode levar à libertação das emoções negativas. Admitir a raiva pode ser o primeiro passo para livrar-se dela. Como a poeta Emily Dickinson escreveu há mais de cem anos, antecipando-se aos psicólogos atuais: "A raiva, tão logo alimentada, morre/ A inanição a engorda."

Isso leva a uma pergunta básica, mas crucial, referente à relação entre raiva e vingança: por que em geral preferimos ocultar nossa raiva, só para usá-la mais tarde como um catalisador, sob o mais fino dos disfarces, de uma série de ações

Doce Vingança

aparentemente causadas por um conjunto diferente de circunstâncias?

Michael Corleone, em *O poderoso chefão*, de Mario Puzo, é atacado por maus policiais e espancado apesar do fato de ser um herói de guerra e estudante exemplar, que até aquele ponto não se envolvera nos negócios do pai. Quando sua raiva reprimida emerge como uma geada e não uma chama ardente, Puzo nos diz que "ele queria ocultar a todo custo a deliciosa frieza que controlava seu cérebro, a onda de ódio glacial que invadia seu corpo. Ele não queria dar um sinal de aviso a ninguém de como se sentia no momento". Talvez parte do mecanismo instintivo para a ocultação da raiva — quer manipulada consciente ou inconscientemente — reside no fato de que, afinal, achamos a raiva inflamada e ardorosa intolerável de ser mantida e difícil de fazer funcionar a nosso favor. A raiva é difícil de manejar. Quando dominados por ela, tememos perder o controle que pode nos ajudar a alcançar a justiça. "Nunca se enfureça", o *Don* instruía. "Nunca faça uma ameaça. Pondere com as pessoas." A palavra "ponderar" soava muito melhor em italiano, *ragionare*, "unir-se novamente a, voltar para junto de".

Os métodos da família Corleone para ponderar com alguém têm menos a ver com os alicerces da lógica aristotélica do que com os alicerces de massa de concreto dos edifícios, mas o ponto continua a ser interessante. Quando o poder da "ponderação" torna-se sinônimo do poder da força irrevogável de dar uma resposta a qualquer injúria sofrida, então somente um masoquista seria uma pessoa irracional. O entrelaçamento dos dois termos — ponderar e unir-se novamente a — é útil na compreensão de como aqueles que trafegam pela vingança justificam seus meios e modos. "Você compreenderá minhas razões para fazer o que eu faço" torna-se a definição de um homem moderado e sensato.

Tirando Satisfações

Buscamos o encerramento de uma questão para aplacar nossa raiva.

— Eu queria deixar uma marca na vida da minha ex-namorada — diz um jovem que está obviamente destinado a partir ele próprio alguns corações apesar de, no momento, estar lamentando a perda de seu primeiro namoro na universidade.

— Antes de ir embora, ensinei seu papagaio a dizer "Sammy me amava", "Quero Sammy de volta" e até mesmo uma versão ligeiramente deturpada de "Caso sem importância", que acabou soando bem engraçado.

Para cima, para baixo

— Passei três anos procurando o apartamento certo — explicou Paul, um consultor financeiro de Nova York que se orgulhava de pesquisar e planejar cuidadosamente sua vida nos mínimos detalhes. — Li as atas de reuniões de condomínio para ver se concordava com suas políticas, conversei com moradores dos prédios que se dispunham a falar de suas experiências. Em resumo, me esforcei ao máximo para fazer uma excelente escolha. O apartamento para o qual me mudei era perfeito: espaçoso, amplo panorama do rio, pisos de mármore no banheiro e na cozinha, tudo que eu queria, inclusive uma aparência geral elegante. Fiquei extremamente satisfeito por aproximadamente um mês. Então, a mulher do andar de cima encontrou um novo companheiro. Era um músico e surpreendentemente ruim no instrumento que escolhera.

— Ele tocava saxofone. Tocava a toda hora. Ela passava fora a maior parte do dia, e às vezes vários dias em viagens de negócios, e eu estava ficando louco. Fiz tudo ao meu alcance para pedir-lhes educadamente que parassem com aquela rotina insuportável, mas simplesmente me ignoraram. Finalmen-

Doce Vingança

te, fiz um abaixo-assinado com a ajuda de outros proprietários aborrecidos, alguns dos meus amigos e o administrador do prédio (o qual, com a ajuda de algum dinheiro em suas mãos, estava ansioso para me ajudar). Providenciamos para que suas vidas se tornassem tão devastadas quanto as nossas. O apartamento do saxofonista passou a ser um lugar difícil de se viver: fusíveis queimavam com freqüência, o suprimento de água sempre vinha com baixa pressão, a correspondência sempre era entregue com atraso ou se perdia. Eles perguntaram aos vizinhos se tínhamos problemas semelhantes e ignoramos seus problemas como haviam ignorado os nossos. O telefone deles tocava a qualquer hora do dia ou da noite, especialmente tarde da noite, cerca de uma hora depois de ter parado de tocar. Desnecessário dizer, eles se mudaram. O casal que se mudou para esse apartamento era maravilhoso e desde então nunca mais houve nenhum problema no prédio. Para um bando de indivíduos essencialmente conservadores, nós certamente aprendemos o valor da ação coletiva.

A vingança coletiva em pequenas comunidades é bastante comum, em especial quando a comunidade é criada por espaços de moradia e ambientes de trabalho compartilhados. Segundo Vita, uma aluna de pós-graduação que mora no alojamento da universidade com seis outras mulheres, qualquer um que deliberadamente se recuse a acatar regras comunitárias previamente firmadas merece ser censurado se não puder ser convencido pela persuasão.

— Uma das mulheres nunca guardava seus produtos de higiene pessoal e maquilagem em seu quarto — contou-me Vita —, conforme havíamos combinado. Se todas deixassem seus pertences no único banheiro que compartilhávamos, seria o caos, de modo que todas nós respeitávamos isso, exceto ela. Durante algum tempo, apenas recolhíamos seus objetos e

Tirando Satisfações

os colocávamos em sua mesinha-de-cabeceira. Depois, começamos a colocar tudo em um saco e deixá-lo sobre sua cama. Finalmente, começamos a jogar suas coisas fora. Ela ficou furiosa, mas todas concordávamos que se ela não cumprisse o acordo coletivo, isso é o que aconteceria. Ela entendeu o recado.

Embora isso possa parecer uma vingança leve, ainda assim representa uma forma comum de ação de grupo em relação a um membro que se considera fora do alcance dos padrões normais. Tais pessoas geralmente são o alvo de vingança coletiva.

Biquínis e rivalidades de irmãs

Em uma situação menos típica entre companheiras de quarto, ouvi uma história de uma de três irmãs que trabalhavam em Nova York e compartilhavam um apartamento. Morando em uma propriedade da família, estavam bastante confortáveis, exceto pelas extravagâncias da irmã do meio, que era particularmente competitiva. Essa irmã estava sempre se vangloriando de como mantinha sua dieta e programa de exercícios, enquanto as irmãs preocupavam-se menos com a aparência. Zombava delas pela falta de pretendentes e lamuriava-se quando não conseguia fechar com facilidade o zíper do seu macacão de malha tamanho 38, pedindo-lhes ajuda.

— Quando ela comprou um minúsculo biquíni no verão passado — disse uma das irmãs com uma risadinha —, imediatamente fomos à loja e compramos um igual no tamanho 36. Tiramos o biquíni tamanho 38 de sua gaveta e o substituímos pelo menor; ela não notou a diferença até usá-lo. Claro, quando todas nós fomos a Hamptons, ela estava sentindo-se terrivelmente infeliz porque as gordurinhas estavam todas à mostra. Sentiu-se gorda e tola. É como nos fazia sentir, de modo

Doce Vingança

que ficamos lá sentadas em nossos trajes de banho perfeitamente ajustados, sorrindo o sorriso dos contentes.

A maior ação coletiva, é claro, é o devido processo judicial. Quando a raiva pessoal pode ser canalizada para esse dispositivo fundamental de retaliação, pode haver a vingança mais satisfatória de todas: o reconhecimento público de uma injustiça cometida contra você. Em seu artigo "Uma explicação da desforra", o estudioso de ética Andrew Oldenquist argumenta que "quando a vingança é expressa através de cerimônia e ritual institucionais, as ações de indivíduos são transformadas em ações de uma comunidade; o ato particular de um indivíduo torna-se, através da ritualização, o ato moral de uma coletividade. A indignação da comunidade é expressa em solenidade, becas pretas e ritual, o que é uma transformação e uma sublimação da raiva e da denúncia. Se assim é, a vingança não é eliminada e substituída por algo inteiramente diferente, mas apenas civilizada, 'higienizada'. Ao distinguir a justiça distributiva da vingança, não retiramos a vingança da distribuição — isso não pode ser feito".

Em "Justificativas da punição criminal", de Herbert Packer, o especialista em Direito argumenta que os recursos legais são "tão capazes de servir como escapes para sentimentos de vingança quanto os pleitos declarados para fazer com que o infrator pague pela injúria cometida. Na verdade, essas reivindicações podem ser menos defensáveis do que demandas diretas por vingança". Karl Menninger apresentou uma opinião semelhante ao escrever, décadas antes, que "renunciamos à vingança pessoal, mas ainda podemos usufruir a vingança legal oficial. Quando uma pessoa é rotulada de infratora e sua culpa é comprovada, a justiça está feita". Menninger acrescenta um ponto inegavelmente irresistível: "Aprovamos penas severas para aquelas ofensas que a maioria de nós sente pouca tentação em cometer."

Tirando Satisfações

Conclusão final

Talvez esse impulso de desfrutar desforras contra aqueles que cometem atos improváveis de ser reproduzidos por nós esteja por trás da atenção dada a uma história de vingança que chegou às manchetes em 1990. A versão apresentada pelo jornal *The Chicago Tribune* do incidente, ocorrido em um bar próximo à Escola de Direito de St. Louis que as duas partes freqüentavam, declarava que "encorajado por 'três cervejas', [Charles A. 'Chep'] Hurth resolveu entrar em ação. Ele havia conversado por alguns instantes com [Maia] Brodie anteriormente naquela noite. Aparentemente sem idéias para iniciar uma conversa, Hurth demonstrou seu interesse aplicando uma feroz mordida nas nádegas de Brodie. Sem se deixar intimidar, Brodie nada sentiu além de vergonha, dor e constrangimento." Um jornal de St. Louis publicou a seguinte manchete "ELE MORDEU A DELA E ELA PROCESSOU A DELE"; um sujeito espirituoso comentou: "Nesse caso, você é o que você come."

Brodie levou Hurth ao tribunal (ambos parecendo "ter saído direto do *Manual dos candidatos*", segundo o *Tribune*) e ganhou 25 mil dólares por danos morais. Talvez o tribunal tivesse dado uma sentença exemplar porque Charles A. Hurth III, quando estudante universitário em Vanderbilt, já tentara sua "abordagem apetitosa" nas festas do grêmio. "Uma delas passou até a namorá-lo", declarou. "Ele não conseguiu lembrar-se do nome da mulher." Segundo uma notícia do *St. Louis Post Dispatch*, "ele disse a Brodie que ela devia considerar a mordida em suas nádegas como um elogio". Sua vingança foi intensificar ao máximo a desaprovação da comunidade aos olhos do tribunal e da imprensa. Espera-se que, como futuro advogado, Hurth tenha sido desacreditado aos olhos de seus pares e visto como um tolo pela comunidade em geral. No mínimo,

Doce Vingança

Brodie conseguiu sair vitoriosa do caso e tornar seguro que outras mulheres pudessem dar as costas a Hurth sem medo de receber um de seus "elogios".

Talvez a característica mais surpreendente das descrições que as pessoas dão de seus sentimentos de raiva seja a ênfase na natureza esclarecedora da emoção: parece reduzir tudo a um estado quase primordial, onde relações complexas ou circunstâncias atenuantes estão fora de questão. O fogo purificador da raiva pode tornar a vingança fácil de imaginar e fácil de executar.

— Quando fiquei furioso, foi meio caminho andado para buscar a justiça — disse um ativista comunitário. — E não me deixei levar por conversa fiada de promessas de tempos melhores. Eu queria ação direta já e, se isso significava causar problemas, causei problemas para quem mais os merecia.

A vingança é a obra dos mais fracos. Aos que são incapazes de evitar que uma ação ocorra porque não detêm o poder convencional, não faltará poder para vingar a ação quando ela tiver ocorrido. Essa é uma das grandes tragédias da vida moderna e um dos aspectos mais significativos do argumento que diz respeito à função da vingança nas vidas de muitas pessoas.

Vejamos um exemplo bastante familiar: uma mulher não consegue evitar que seu ex-marido a espanque, mesmo depois do tribunal já ter expedido diversas ordens de proteção. Ela perdeu a esperança de que a justiça o punirá por tais atos. É levada a acreditar, portanto, que a única maneira de dar um certo equilíbrio à sua vida é assassinando seu algoz. Ela aprende através da dor a "aturar ou calar". Ela descobre as inconsistências e contradições de um mundo em que ela pode acreditar no poder de punir, mas não de proteger, uma vez que até mesmo ameaças de violência não a protegeram no passado.

O desejo de vingança fomenta um conflito desalentador

Tirando Satisfações

para aqueles que anseiam ver todo o doloroso episódio encerrado, ao mesmo tempo em que também anseiam pela satisfação de engendrar um cenário que assegure a correção de uma injustiça ou garanta o revide de uma injustiça cometida. Desejam simultaneamente ser clementes e ver seu inimigo punido. Parte da raiva que as pessoas sentem quando estão no meio de um esquema de vingança é raiva de si mesmas por serem simplesmente incapazes de livrar-se das emoções negativas, dando o assunto por encerrado.

Explosões surdas

Stephen King fez fortuna e criou adeptos ao retratar a raiva explosiva dos despossuídos. Em sua trama característica, ele apresenta aos leitores escritores desempregados, mulheres e homens de meia-idade e solitários (e, portanto, perigosos). Saturado de vingança, parte do poder fundamental de King advém da associação visceral do leitor tanto com as vítimas quanto com os executores da vingança. Em *Carrie*, somos apresentados a um personagem que faz Medéia parecer Madre Teresa.

"Ela parecia o bode expiatório, o saco de pancadas, sempre metendo os pés pelas mãos, e era", escreve King, imediatamente criando tanto uma noção de vulnerabilidade quanto uma noção de perigo — Carrie, uma garota sem nada a perder. Vivendo com uma mãe cuja sanidade há muito a abandonou, tendo de enfrentar os horrores comuns da adolescência formados por uma educação bizarra e pobre, Carrie torna-se o alvo do ridículo de todos, até descobrir sua extraordinária capacidade e seu talento para a vingança.

Em uma de suas primeiras descobertas de seus poderes telecinéticos, ela vinga-se de um garoto que ritualmente a in-

Doce Vingança

sulta. "Carrie fitou-o com uma raiva repentina e fumegante. A bicicleta cambaleou nas rodinhas de treinamento e caiu de repente. Tommy gritou. A bicicleta caiu por cima dele. Carrie sorriu e afastou-se. Os gemidos de Tommy soavam como uma música suave e desafinada aos seus ouvidos. Se ao menos pudesse fazer algo assim acontecer sempre que desejasse..." Ao descobrir sua fúria e seus poderes de vingança, porém, Carrie e possuída por eles. "A mente em turbilhão de Carrie lutou para encontrar algo suficientemente grande para expressar sua agonia, vergonha, terror, ódio e medo. Era como se toda a sua vida se resumisse nesse deplorável ponto de revolta. (...) Estava na hora de dar-lhes uma lição. Hora de mostrar-lhes uma ou duas coisas."

Quando Carrie destrói o baile de formatura, destrói seus perversos inimigos e põe abaixo o ginásio da escola, prometendo "pegar todos eles. Até o último", ela é a personificação do proscrito vingativo. Ela não só ateia fogo a sua casa como outras heroínas vingativas; de quebra, incendeia o ginásio da escola também (realizando, assim, a fantasia de milhares de leitores). Aproveitando sua raiva e usando a mente para punir aqueles que a magoaram, ela é uma figura verdadeiramente fantástica, capaz de realizar qualquer um dos seus desejos. É como se King criasse a Towanda de Fannie Flagg, a irmã adolescente do Vingador, que limita suas vinganças a questões escolares.

Stephen King, entretanto, não tem uma comporta para conter a trama de raiva e vingança. *Paraíso perdido*, do poeta do século XVII John Milton, ainda é uma das mais célebres e conhecidas obras da literatura de vingança, mesmo que King o supere em vendas diariamente. Em Milton, como em King, a vingança raramente é retratada como o ato de um personagem fraco, mas sim mostrada como uma indicação de inteligência,

Tirando Satisfações

força e ardil. A luta entre Lúcifer e Deus pelo futuro da alma coletiva da humanidade tornou-se uma trama bastante popular, mas a versão de Milton permanece como um dos antigos padrões. Já que todos sabemos como a história termina, é claro que a popularidade de trezentos anos da obra de Milton depende não da trama, mas da apresentação. Lúcifer é um personagem extremamente sedutor e perverso — um que Alec Baldwin ou Jeremy Irons poderia facilmente representar, por exemplo — e pode ser considerado heróico no começo de sua luta contra as forças do bem por causa de sua inteligência, determinação e força de vontade.

Em uma frase tão popular que tem sido citada em inúmeros filmes e publicações humorísticos — inclusive um dos filmes da série *Jornada nas estrelas* — Lúcifer declara: "Melhor reinar no inferno do que servir no céu." Mas à medida que o poema continua, vemos Lúcifer tornar-se progressivamente mais obcecado por vingança, até ser reduzido a uma serpente sibilante, barriga no chão, destituído de seu heroísmo e movido apenas pela necessidade de destruir. Lúcifer, percebendo que não pode vencer Deus, conforma-se em se vingar em vez de vencer, já que aquilo que "não é vitória, no entanto é vingança". Atrairá os seres humanos pecadores para o seu lado e os "seduzirei para nosso grupo" de modo que o próprio Deus fique desiludido e os varra da face da Terra. "Isso ultrapassaria a vingança comum e interromperia sua alegria com a nossa confusão e nos regozijaríamos com sua perturbação", delicia-se Satã. Por um instante, vendo a inocente Eva sozinha no jardim, ele perde sua determinação e mantém-se "tolamente bom, destituído de qualquer antagonismo", mas logo retorna à sua malignidade habitual. Por fim, até Satã tem de reconhecer, em outra frase famosa, que "a vingança, doce no começo, logo torna-se amarga e se recolhe".

Doce Vingança
≈

Claro, não é apenas o Lado Negro que pensa em vingança. Ouvimos no Salmo 55 a esperança de que Deus "os conduzirá ao poço da perdição. Os homens sanguinários e enganadores não chegarão à metade dos seus dias" e no Salmo 58 o desejo explicitado: "Deus lhes quebrará os dentes na boca; o Senhor quebrará as queixadas desses leões". O Salmo 57 nos dá um relato bíblico bastante sucinto de ser atingido pelo próprio petardo quando o narrador declara que "Eles armaram laços aos meus pés e fizeram curvar a minha alma. Cavaram diante de mim uma cova e eles mesmos caíram nela" e a esperança de que o inimigo sempre será ferido pelo efeito bumerangue de seus próprios desígnios malignos: "Desapareçam como água que escorre; embotem-se suas flechas, se as desferirem." Devemos sentir pena de nossos inimigos? Não exatamente, uma vez que "Alegrar-se-á o justo ao ver o castigo; lavará os pés no sangue do pecador". Ver os inimigos punidos torna-se não só a satisfação da carne, mas o alimento do espírito; ver a justiça ser feita na Terra, segundo os salmistas, encorajará o virtuoso a ver os benefícios de sua bondade e provar que Deus não é surdo às preces de seus seguidores. "Para que um homem possa dizer: 'Na verdade há uma recompensa para o virtuoso: na verdade Ele é um Deus que julga na Terra'."

A vingança como um indicador de questões mais profundas

O vingador sente a emoção de embarcar em uma busca por amor ao virtuoso. Ao alcançar essa meta, seja prejudicando seu inimigo ou dando-lhe uma lição, o vingador geralmente considera que está lidando com mais do que questões pessoais — ele acredita que está vencendo a própria injustiça. Para alguns, torna-se um jogo de inteligência: uma vez abandonadas todas

Tirando Satisfações

as regras, ele está livre para inventar as suas próprias; já não se sente obrigado ao "jogo limpo" porque acredita que não foi tratado com justiça no passado. A vingança é um jogo para o desafiador, o apaixonado e o rebelde.

Em geral motivado por impulsos e necessidades inconscientes (ou no mínimo não expressados), muitos dos quais podem estar disfarçados em maneiras de alcançar justiça, o vingador pode perder perspectiva não somente em relação à situação real, mas às suas próprias e autênticas aspirações. A necessidade específica de justiça pode facilmente transformar-se na necessidade de uma noção geral de poder pessoal. Se a situação é resolvida a seu gosto, o vingador pode levar todo o crédito pelo sucesso, quer ele tenha ou não sido um instrumento na obtenção desse sucesso. Obter vingança pode tornar-se a força determinante na vida de um indivíduo, que considera a vingança bem-sucedida como uma afirmação básica do próprio valor.

A raiva desloca nossa atenção de nossas próprias fraquezas para as de outro alguém; ela substitui os prazeres de se contemplar uma série de ações que sabemos que podemos implementar pelos pensamentos desesperados do que poderíamos ter feito no passado; e a vingança é indubitavelmente uma substância intoxicante, que nos torna invulneráveis aos golpes dos infortúnios atuais.

A propósito desse último ponto: a vingança em geral é considerada à mesma luz de uma substância controlada e, aliás, irresistível nesse aspecto. A vingança é a cocaína das emoções: altamente sedutora, excepcionalmente atraente e notavelmente imprevisível em termos de seus efeitos sobre os indivíduos. A vingança pode ser viciante quando ingerida em grandes e repetidas doses. Pode tornar-se o método diário de se lidar com qualquer conflito, o que, a longo prazo, é ineficaz.

Doce Vingança

Viciado em vingança

— Você pode se viciar em vingança — provoca Larry, um bonito *barman*/ator de 28 anos, que gostaria de ser mais capaz de deixar para trás o que passou. — Quando eu estava em um time de luta-livre no colégio, senti o gosto da vingança pela primeira vez. Sempre fui um garoto franzino e era muito importunado na escola primária, sem que nada pudesse fazer a respeito. Eu sabia que se a minha mãe reclamasse com o diretor, seria até pior para mim. Comecei a fazer ginástica e ganhar músculos no fim do primeiro grau e entrei para a equipe de luta-livre oficial do colégio no segundo grau. Na equipe havia um sujeito chamado Bruce que me fizera sofrer desde o primário; implicava com os alunos novos, com os muito aplicados e tudo o mais, e ele também estava no time. Sem realmente planejar nada de imediato, percebi que estivera guardando toda aquela raiva dentro de mim até as provas para a primeira linha da equipe oficial do colégio. Fui destacado para enfrentar Bruce, que sorria ao pensar no que seria uma disputa fácil contra esse idiota que ele vinha importunando há anos.

"Ele nunca teve uma surpresa tão grande na vida. Não o machuquei, sabe, ao menos não fisicamente. Simplesmente o superei em cada manobra. O técnico ria ao fim do segundo minuto. Ele estava preso sob meus braços como um cachorro com o rabo entre as pernas. Foi fantástico. Dei uma surra nele e depois de vinte anos ainda tenho vontade de comemorar. Depois disso, percebi que estar no controle da situação é uma sensação magnífica. Mas eu gostaria de não estar acostumado a sempre pagar na mesma moeda. Eu poderia ter um pouco mais de paciência e um temperamento mais cordato.

Larry sente-se confinado pela sua necessidade de vingança.

— Não existe nenhum programa de doze passos para mim

Tirando Satisfações

— suspira, apenas em parte ironicamente. — Mal me mantenho nesse emprego porque toda vez que um bêbado banca o patife, os músculos da minha nuca se enrijecem. Eu cerro e descerro os dentes a noite inteira porque um emprego na indústria de serviços depende de se tratar todo freguês com respeito. Tenho problemas em trabalhar com outros atores porque toda vez que percebo um impulso competitivo maldoso, volto aos meus modos primitivos e penso em dar uma surra no sujeito. Penso em levá-lo ao chão e em levar sua namorada para a cama. Sou conhecido por roubar as pessoas importantes do meu rival e isso não é porque eu seja promíscuo por natureza, mas porque sou vingativo por natureza. Não sei se um dia poderei me livrar desse hábito e receio que ele vá acabar me matando. De uma forma ou de outra, isso vai me levar à autodestruição.

Larry faz uma pausa, tímido e envergonhado por um instante, limpando taças de vinho e enfileirando-as meticulosamente nas prateleiras. Minha atenção é despertada, enquanto conversamos, pelo seu amor pelas coisas certas. Cada copo cintila naquele bar escuro.

— Sei que não se trata de um saudável senso de competição que me move. Eu não quero apenas vencer: quero dar uma lição no meu adversário. E essa é a linha que transponho todos os dias da competição para a vingança. Faz-me sentir bem, a curto prazo. Gosto de vencer alguém em um jogo em que o adversário acredita que vai ganhar, mas a sensação não dura muito tempo.

Até mesmo a intoxicação de vingança torna-se difícil de alcançar ou manter quando é reduzida a um simples hábito. Quando a vingança torna-se compulsiva, ou mais comumente, obsessiva, eventualmente proporciona uma satisfação decrescente a quem a pratica. Essa é uma das razões por que a vin-

Doce Vingança

gança bem-sucedida em geral é rápida e objetiva. Quando resvala para um padrão repetitivo, perde o sabor e torna-se um ritual vazio sem ressonância.

"The Thunder Rolls"

Notavelmente, um dos artistas mais populares dos Estados Unidos é o cantor de música *country* Garth Brooks. Nos concertos, Brooks às vezes faz acréscimos às letras de suas canções de maior sucesso e os versos adicionais sempre parecem incluir cenários de vingança. No sucesso de 1992 "The Thunder Rolls", ele conta a história de uma mulher que aguarda um homem durante uma tempestade, esperando que sejam as condições do tempo que estejam causando sua demora outra vez. A canção termina com o reconhecimento de que o perfume nas roupas dele não é o seu. É um cenário bastante convencional para uma canção *country*, mas na versão de "The Thunder Rolls" apresentada em concertos, ouve-se uma nova e última estrofe "ao vivo". A mulher traída apodera-se de uma pistola para garantir que aquela seja a *última* noite em que não saberá por onde seu marido andou.

A paixão demonstrada pela platéia na versão ao vivo da canção parece incluir tanto ovações masculinas quanto femininas. A aprovação frenética da última estrofe cruza as linhas dos gêneros e obviamente todos sentem que ela está certa em pegar a arma, inclusive, presume-se, aqueles membros da platéia que estão, eles mesmos, traindo suas mulheres.

Há um túmulo de meados do século XIX que ostenta a inscrição "Ao menos eu sei onde ele está à noite". As emoções não são novas, mesmo que sua apresentação em forma de canção ainda seja um pouco chocante. A mulher da canção de Brooks desloca-se da posição de receptor passivo para o de iniciador

Tirando Satisfações

ativo. Provavelmente, a reação do público deve-se à surpresa de descobrir que a vítima não está mais disposta a aceitar a situação em que se encontra.

Em outra canção de Brooks, "I Got Friends in Low Places", quem fala é um rapaz rude que aparece sem ser convidado em uma festa elegante, onde seu antigo amor diverte-se com o novo namorado. O herói, entretanto, não se importa em deixar a festa cedo porque, como indica o título, tem outros círculos de amizades para onde ir. Ao ouvir a canção pela primeira vez, parece a paradigmática rejeição de um bom garoto em qualquer situação mais refinada, mas a versão dos concertos acrescenta uma reviravolta: depois que Brooks faz uma introdução sobre como ele próprio lidaria com essa situação em sua terra, a versão ao vivo termina com o herói dizendo a seu novo rival que pode acabar com a festa dele.

Deixando implícito que seria pouco másculo o herói ir embora para outros locais de nível inferior, Brooks, nas apresentações ao vivo, restabelece o machismo do protagonista. O herói xinga, gritando "Vá se danar" — oooh, nossa! — antes de deixar a festa, e esse minúsculo ato é suficiente para enlouquecer a platéia. O público grita como se Elvis em pessoa estivesse diante dele, atiçando-o. O último refrão termina a canção com o barulho de um tiro e, como os milhares de vozes não podem ter sido dublados, é evidente que Brooks está explorando um apetite por soluções retaliativas para problemas de relacionamentos.

Parada de sucessos

Na verdade, seria bastante razoável elaborar uma lista de canções de sucesso sobre vingança, abordando as diferentes implicações da palavra. A lista poderia incluir sucessos recentes

Doce Vingança

como "Independence Day", outra canção *country*. Dessa vez, a letra diz respeito a uma mulher que canta sobre as lições aprendidas na infância quando sua mãe botou fogo na casa de seu marido cretino, iluminando o céu no Quatro de Julho. "Fale de sua revolução", ela canta, celebrando um "dia de ajuste de contas", quando todos os fracos serão fortes e quando os culpados pagarão. Ela alega não estar justificando a ação da mãe, mas o fato de o refrão incluir a frase "fazer a pedra rolar para longe" nos fornece imagens positivas de ressurreição difíceis de ignorar. Outras canções concentram-se em atos de violência doméstica, como "Janey's Got a Gun"; nessa canção de *rock*, uma jovem mata o pai para vingar anos de abuso sistemático. Já fizemos muito progresso desde "Lipstick on Your Collar".

O fascínio dos assassinatos misteriosos

Em *Gaudy Night*, de Dorothy Sayers, a heroína Harriet Vane retorna à faculdade para uma reunião com os antigos colegas. Os primeiros capítulos são repletos de palavras irônicas sobre a vida acadêmica: "O fato de alguém ter amado, pecado, sofrido e escapado da morte era bem menos importante do que uma única nota de rodapé em uma obscura publicação acadêmica estabelecendo a prioridade de um manuscrito. (...)" Os comentários de Harriet sobre a importância do grau de aplicação e aproveitamento de um aluno soam um pouco exagerados: realmente acreditamos que uma única nota de rodapé tenha o mesmo peso de felicidade, vida e morte?

É, na verdade, por causa de uma empoeirada peça de trabalho acadêmico que alguém sai em busca de vingança. Annie Wilson era casada com um homem que roubou uma carta de uma pequena biblioteca européia a fim de que sua dissertação fosse aceita; a carta era a única prova existente que contraria-

Tirando Satisfações

va seu argumento. Finalmente, ele foi descoberto por uma mulher que agora ensina na antiga faculdade de Harriet. A carreira dele foi destruída. Sua mulher busca vingar a derrocada do marido e seu subseqüente suicídio contra todas as professoras do Shrewsbury College. No começo, Harriet, uma bem-sucedida escritora de mistérios, que certa vez foi ela mesma acusada de ter assassinado o amante, diz um pouco descuidadamente a um grupo de colegas, que se perguntam por que ela continua a escrever histórias de assassinatos misteriosos: "Sei o que estão pensando: que qualquer pessoa com sentimentos mais adequados iria preferir ganhar a vida esfregando assoalhos."

Agora, Harriet dirige-se a conferencistas e decanos quando diz isso e usa "esfregando assoalhos" como um exemplo genérico de trabalhar em alguma coisa que não acarrete a demanda emocional de escrever mistérios. Mas quando a vingativa Annie grita a Harriet: "Eu queria ver todas vocês arrastadas na sarjeta... iria lhes fazer bem aprender a esfregar assoalhos, para ganhar a vida como eu fiz e usar suas mãos para alguma coisa", ela fala literalmente e é uma parte central do seu motivo para cometer os elaborados crimes psicológicos que estruturam a trama. Em Sayers, como em Alfred Hitchcock e na maioria dos mistérios tradicionais, o vingativo vilão é devidamente punido após ter cometido seus atos de vingança. Mas é interessante notar que seus atos de vingança são necessários, não apenas para assegurar sua leal atenção enquanto prosseguem na trama, mas dentro das próprias histórias: às suas próprias custas, esses personagens estão saldando uma dívida. Seja justa, mal orientada ou psicótica, ainda assim eles consideram sua própria raiva e desejo de vingança justificados.

Inúmeras vezes, ao discutir vingança com as pessoas, ouvi o episódio clássico da popular série de televisão de Alfred

Doce Vingança

Hitchcock envolvendo o assassinato de um marido infiel pela sofrida mulher. Aparentemente, essa história dominou a imaginação de muitos fãs de Nick at Night. A mulher mata o marido com, acho, um pernil de carneiro, depois cozinha o carneiro e o serve aos policiais que procuram a arma do crime. Talvez haja o final apressado dizendo que ela foi finalmente presa por seu ato vil, mas como esses finais são narrados por Hitchcock e não dramatizados, parecem não passar de uma nota de advertência, o equivalente às pequenas letras impressas embaixo do anúncio de um carro dizendo "Motorista profissional em uma rua fechada. Não tente imitar". É interessante pensar que o público de *Medéia* de Eurípides podia aceitar que o vilão não fosse punido por um crime, mas o público dos anos 50 tinha que ser advertido a não tentar imitar o que estava vendo.

Frustração e vingança

As pessoas podem ficar com raiva não só porque foram magoadas ou insultadas, mas também porque foram mal preparadas ou irrealisticamente levadas a acreditar que algo de bom aconteceria. As pessoas em geral ficam furiosas e vingativas quando extremamente decepcionadas ou quando a última possibilidade de esperança é abolida.

— Fui treinado para matar, mas não para viver normalmente na sociedade comum — explica um enraivecido veterano do Vietnã que cumpriu pena por quebrar as janelas de carros de luxo e estilhaçar fachadas de lojas caras, apesar do fato de nunca ter roubado nada. — Eu queria que as pessoas soubessem o que é ter sua vida destruída por nada, nem mesmo por lucro. Queria fazer algo tão violento e sem sentido quanto o que foi feito a mim.

Tirando Satisfações

A vingança contra um grupo é interessante porque o dano é diferente do que ocorre em uma situação um a um. A vida do veterano não sofreu nenhum dano propriamente dito — ele não sofreu nenhum ferimento físico — mas sua vida foi alterada de uma forma negativa, indelével, significativa. A decisão de voltar sua raiva contra um grupo que representa a injustiça em sentido mais amplo está no âmago da violência desse homem.

Escolher alvos que estejam apenas minimamente ligados às verdadeiras razões de nossa raiva não é incomum nas histórias de vingança. A lógica desse veterano funcionava do mesmo modo que a do capitão Ahab em *Moby Dick,* de Herman Melville. Para Ahab, uma baleia é a incorporação de todas as maldades do mundo. Como um retrato de um homem determinado a uma "vingança sobrenatural, implacável e audaciosa", a criação de Melville do capitão Ahab não tem par. Representando a voz da razão e do equilíbrio, o imediato Starbuck afirma logo no início da obra que "Vim aqui para caçar baleias, não a vingança de meu comandante. Quantos barris sua vingança vai lhe auferir, se conseguir realizá-la, capitão Ahab? Não vai conseguir muita coisa com ela no mercado de Nantucket". Sem compreender por que Ahab queria vingar-se de "um brutamontes estúpido (...) que simplesmente atacou-o por puro instinto", Starbuck considera Ahab mais do que irracional, declarando-o "blasfemo" em sua ânsia de vingança. Enfurecido, Ahab argumenta que "Eu vejo nela [Moby Dick] uma força atroz, sustentada por uma maldade inescrutável. Essa coisa inescrutável é o que eu mais odeio; e seja a baleia branca o agente ou seja ela o dirigente, vou descarregar esse ódio sobre ela." Ahab coloca um alto preço no que perdeu para a baleia branca — a perna e, com ela, sua noção de um ser completo — e se prepara para lutar pela atrocidade cometida contra ele.

Doce Vingança

"Não me fale de blasfêmia", grita Ahab, em sua idéia fixa. "Eu atacaria o sol se ele me insultasse."

Descobrimos mais tarde que "Moby Dick arrancara a perna de Ahab, como um ceifadeira arranca uma lâmina de capim no campo... [e ninguém] poderia tê-lo atacado com uma intenção criminosa mais aparente". Desde esse encontro, a perseguição implacável da besta consumiu toda a vida de Ahab. "Tudo que mais enlouquece e atormenta", escreve Melville, "(...) toda verdade imbuída de malignidade; tudo que estraçalha os tendões e destrói o cérebro; todos os demonismos sutis da vida e do pensamento; toda a maldade, para o louco Ahab, estavam visivelmente personificados e praticamente tangíveis em Moby Dick. Ele empilhou sobre a corcova branca da baleia toda a raiva e o ódio sentidos por sua raça desde Adão; e em seguida, como se seu peito fosse um morteiro, ele arrebenta a cápsula de coração quente sobre ela." Ahab mergulha no mar com Moby Dick em um abraço medonho no final do livro, oferecendo assim uma outra visão do modo como a vingança cinge os vingadores em uma união indissolúvel. Ahab é destruído por sua raiva que tudo abarca, e a catástrofe final é que ele leva outros com ele em sua busca de vingança. Ahab queria que Moby Dick saldasse a dívida que achava que a baleia tinha com ele; foi um ajuste trágico. A expressão "pagar uma dívida" pode ser provocante, apesar de usada como um clichê, porque presume existir um contrato social legítimo que une a todos nós igualmente.

A raiva como um índice

Para alguns, a raiva torna-se um meio de vida e o indivíduo perpetuamente enraivecido prefere que seu sentimento de indignação permaneça intato. Entretanto, há um poder inerente

Tirando Satisfações

em enfrentar a raiva abertamente, o que serve a diversos propósitos: mesmo quando o uso da raiva recorre a emoções que possamos ter sentido desde a infância, serve simultaneamente para alienar o familiar, permitindo que vejamos o que normalmente aceitamos como verdadeiro em novas ou diferentes perspectivas, levando-nos a descobertas. A raiva que um comediante sente em relação a uma casa de espetáculos que o faz passar maus momentos ou não ri de seus quadros pode ser a base do humor que ele usa em sua próxima apresentação — "Quando eu me apresentava em Dakota do Sul, um estado onde as pessoas ainda estão entusiasmadas com a roda e o mais perto que chegam de um computador é o Traço mágico, eles não entenderam minhas piadas...."

A raiva e o desejo de vingar o que aparenta ser um silêncio imposto sempre inspirou escritores, particularmente escritores que usam o humor. Wendy Wasserstein, autor da brilhante, engraçada e bem-sucedida peça *The Heidi Chronicles*, explica que "Escrevi essa peça porque eu tinha essa imagem de uma mulher levantando-se no meio de uma reunião de mulheres e dizendo: 'Nunca fui tão infeliz em minha vida.' (...) Conversando com amigos, percebi que esse sentimento era comum, em mim e em outras pessoas, e achei que deveria ser expressado teatralmente. Mas não foi. Quanto mais furioso eu ficava por esses sentimentos não estarem sendo expressados, mais raiva colocava na peça."

"A vingança é necessária"

Devemos finalmente reconhecer que a vingança quase nunca é arbitrariamente atribuída, assim como o amor e a inveja não são arbitrariamente atribuídos. A raiva elimina a possibilidade de contemplação distanciada; até mesmo momentos passagei-

Doce Vingança

ros de raiva são indicadores eficazes dos estados emocional e intelectual dos indivíduos que os atravessam. É um registro complexo das mudanças e alterações na relação de uma pessoa com sua posição no mundo. Quando o desejo de vingança torna-se supremo, a raiva pode levar a algumas ações empreendedoras e criativas.

Em *Concebido com malícia*, uma consideração brilhante da conexão entre vingança e literatura, Louise DeSalvo revela e explora o território oculto da raiva alimentando alguns dos maiores atos de criação. DeSalvo cita o analista Otto Rank, que disse à sua paciente, a escritora Anaïs Nin, que "a vingança é necessária. Para restabelecer o equilíbrio na vida emocional". Nin, explica DeSalvo, vingava-se de seu pai abusivo através de sua ficção. DeSalvo cita a parte do diário de Nin em que a própria autora confronta essa idéia. Nin escreve: "Não fui até o fim com meu pai, em uma experiência de ódio e antagonismo destrutivos. Criei uma reconciliação e estou escrevendo uma obra de ódio." "Nin via seu livro *Winter of Artifice* como sua vingança contra o pai", segundo DeSalvo, "pensada, em vez de descarregada sobre os outros." Como disse John Gardner: "A boa ficção vem do desejo do autor de ser amado, seu desejo de vingança, seu desejo de revelar seus infortúnios psicológicos, seu desejo de ganhar dinheiro e assim por diante. Nenhum motivo é inferior demais para a arte."

DeSalvo apresenta razões convincentes para se ler as obras de muitos escritores da perspectiva de arte-como-vingança: "Como pode ser lido por muitas pessoas, o romance é uma forma pública de humilhação que pode provocar uma vergonha profunda", explica DeSalvo. "A obra de arte, composta na privacidade, pode arruinar reputações quando se torna um documento público, se muitos dos leitores conhecem a história por trás da história." Ela continua a discutir as razões pelas

Tirando Satisfações

quais a arte-como-vingança pode ser uma experiência positiva: "O ato de escrever libera a raiva de modo menos prejudicial do que se fosse expressa de maneira mais aberta. No processo, o escritor acaba aceitando a dor da perda, ao invés de negá-la ou procurar fugir dela. Organizar e expressar experiências proporciona um sentimento de controle, suplantando um sentimento de vitimização. O artista, fortalecido pela dor, alcança o discernimento juntamente com a cura."

A raiva e a vingança podem não apagar o passado, mas, adequadamente administradas, podem permitir que uma pessoa prossiga com seu futuro. Chame ao produto desse processo Raiva de qualidade ou Vingança de qualidade, talvez, porque não é petulante ou egoísta, mas dirigida por uma noção de comunidade e humanidade. A raiva e a vingança podem oferecer um sentimento de indignação em substituição a um sentimento de vergonha e oferecer uma voz — erguida acima das outras — que finalmente pode ser ouvida. Essas vozes são mais eficazes quando erguidas em uníssono, quando têm a compaixão por trás e quando, em lugar de somente urrarem com raiva da antiga dor, podem também começar a cantar as gloriosas possibilidades de um futuro onde a raiva e a vingança habitam uma casa menor do que o riso e a esperança.

Capítulo Oito

ALCANÇANDO O EQUILÍBRIO

*"Roz sabe que nunca será mais bonita, mais refinada, mais magra,
mais sensual ou chamará mais atenção do que essas garotas. Ela
resolve, então, ser mais inteligente, mais engraçada e mais rica, e
quando o consegue, todas podem bajulá-la."*

MARGARET ATWOOD, THE ROBBER BRIDE

*"Simplesmente não vale a pena guardar rancor. Enquanto você
está alimentando um rancor, seu adversário está dando uma festa."*

DIANE CLEAVER, AGENTE LITERÁRIA

A vingança, como o amor, é uma dessas emoções que todos nós já sentimos — ainda que sem conseqüências. Às vezes, fantasias de vingança podem oferecer uma visão renovada de nossas próprias vidas; como qualquer sonho ultrajante de auto-indulgência, tais pensamentos podem nos dar uma pista do que é realmente possível e desejável na vida real. Às vezes, dar rédeas às fantasias do lado mais escuro de nosso coração pode agir como uma forma de catarse e nos permitir saldar algumas contas emocionais; em outros casos, pensar em como fazer justiça pode agir como um catalisador para uma mudança positiva e genuína.

Em 13 de novembro de 1994, um jornal inglês publicou um extenso artigo na página de editorial exaltando as virtudes

Doce Vingança

da vingança. Frank Ronan abriu sua matéria confessional com uma frase surpreendente tanto por sua simplicidade quanto por sua singularidade. "No outro dia assassinei um ursinho de pelúcia", começou Ronan. "Foi um ato cometido naquele estado de raiva fria e insana da qual sempre esperei ser incapaz ou, pelo menos, capaz de evitar. Eu o esfaqueei, desmembrei-o, cortei-o em tiras na porta do proprietário e ainda levei a cabeça comigo para que nunca pudesse ser consertado. A destruição desse objeto foi, com toda certeza, a maior injúria que eu poderia cometer contra o dono do ursinho, sem incorrer em uma sentença de prisão." Ronan acrescenta: "Foi também, como percebi, a melhor coisa que eu poderia ter feito para salvar minha própria sanidade. De um dia para o outro, transformei-me de um suicida destroçado em uma imagem do meu antigo eu."

Sem dúvida, essas imagens intrigantes e perturbadoras não ficariam melhor em *Nightmare on Elm Street* do que em um respeitável jornal matinal como *The Observer*? Um adulto assassinando um ursinho? Até mesmo a cabeça de um cavalo na cama pareceria menos estranho para a maioria dos leitores. Entretanto, é claro que as visões de Ronan refletem não uma perversidade pessoal e excêntrica, mas são representativas de uma necessidade universal de desforrar-se a fim de superar a dor.

"Houve uma época, apenas algumas semanas atrás, em que eu teria argumentado contra a vingança", explica Ronan. "Eu achava que a consciência deveria prevalecer sobre todas as demais sensibilidades; que era mais importante ser bom e correto do que obter alguma boa satisfação do Velho Testamento. O que eu não compreendia era a psicologia de ser uma vítima e o que significa perder o poder próprio." Tendo se libertado de um relacionamento destrutivo, Ronan sentiu a necessidade

Alcançando o Equilíbrio

de fazer mais do que ir embora sem um gesto definitivo. "Por um feliz acidente, consegui a vingança perfeita. O objeto que destruí era inanimado e de nenhum valor para qualquer outra pessoa exceto o dono, mas de certa forma eu lhe causei uma pequena amostra da dor com que ele tão prodigamente me aquinhoou."

Ao buscar o encerramento da questão, Ronan escolheu um ato de vingança que era emocionalmente gratificante, mas ainda assim inegavelmente benigno. Sem dúvida, sua namorada sentiu a perda de um objeto amado e insubstituível, mas Ronan foi capaz de infligir um grau de sofrimento que atingiu fundo mais pelo que representou do que pelo que realmente realizou. "Com esse assassinato, não só declarei que passara a odiá-lo, mas que esse ódio era justificável. Com um ato melodramático e simbólico, mas eficaz, eu me libertei."

Livrando-se da dor

Verdade seja dita, o ursinho era um espectador inocente. Entretanto, o mais importante aqui é o foco de Ronan na liberdade emocional que a vingança lhe proporcionou. Matar o ursinho permitiu, por mais absurdo que pareça, que ele recobrasse a noção de si mesmo. Ele emerge desse ato de vingança pequeno e conciso como um novo homem, de certo modo renascido para as alegrias do futuro. Sua dor, embora não inteiramente dissipada, foi removida do primeiro plano para o plano de fundo. Em vez de continuar sendo uma criatura algemada à dor do passado, revivendo seu sofrimento diariamente, ele prefere afastar-se do sofrimento e partir em direção à possibilidade de ganhar uma perspectiva sobre a situação — e em direção à possibilidade de felicidade.

"Para os felizes", escreve Fay Weldon em *The Hearts and*

Doce Vingança

Lives of Men, "tudo dá certo... São nossos ressentimentos, nossa melancolia, nosso ódio e inveja, não reconhecidos por nós, que nos mantêm aflitos. No entanto, tudo isso está em nossa mentes, não fora de nossas mãos; eles nos pertencem; podemos jogálos fora, se quisermos." Embora reconheçamos que a raiva, o ressentimento e o ódio sejam emoções inteiramente humanas, ainda assim é verdade que nossas vidas são melhores quando vividas sem uma dieta regular desses sentimentos. Quando nos alimentamos regularmente ou por muito tempo das piores partes de nossas vidas, torna-se cada vez mais difícil aceitar o alimento mais saudável da alegria comum. Preferir aceitar, compreender e transformar o desejo de vingança em uma força positiva pode significar, paradoxalmente, começar por perdoar aquele que nos causou mal.

O perdão não elimina a raiva; você pode perdoar uma pessoa sem perdoar seu ato e, na verdade, há ações que permanecem imperdoáveis. "Vale (...) observar que, quando perdoamos, não justificamos", escreve o filósofo Howard McGary. "Quando toleramos uma maldade ou injustiça estamos, de certo modo, reduzindo a gravidade da violação." O ponto defendido por McGary é importante porque nos permite ver a diferença entre perdão e permissão: você pode perdoar alguém sem inferir que o que essa pessoa *fez* fosse aceitável ou pudesse ser feito novamente.

Da confissão à contrição

— Tenho medo de perdoar minha mulher por seu caso — confessou um amigo cronicamente infeliz — porque receio que isso lhe dê toda a permissão de que precisa para sair e fazer a mesma coisa outra vez.

Assim, em vez de ser capaz de deixar o passado para trás,

Alcançando o Equilíbrio

esse marido mantém sua ferida aberta, sempre relembrando sua mulher de seu erro e da dor que lhe causou. Em conseqüência, ambos estão nervosos, exaustos e presos em uma antiga e infindável batalha. Somente quando ele puder lhe oferecer seu perdão — e não ver a si mesmo como um fraco por fazê-lo — é que o relacionamento poderá progredir.

Arrependendo-se inteiramente de seus atos, a mulher retornou para o marido com a plena compreensão de que o relacionamento jamais seria forçado a suportar tal agrura outra vez. Ela explicou que compreendia a diferença entre confissão e contrição e que estava genuinamente contrita. Explicou, sinceramente, o quanto lamentava tê-lo magoado e pediu perdão. Ele concordou em retomar o relacionamento, mas o perdão parecia tão fora de alcance quanto uma estrela cadente.

Se ele encontrasse uma maneira de acertar as contas, talvez pudesse deixar sua dor para trás e alcançar o perdão. O aconselhamento poderia ajudar; como também pedir a ela para queimar cada fotografia, bilhete e presente que tivesse recebido de seu amante em uma cerimônia sobre sua churrasqueira.

— Ele faz uma autópsia permanente do relacionamento para descobrir o que deu errado — suspira o melhor amigo do marido. — Eu digo a ele que, se continuar a abrir a ferida do passado, nada poderá se restaurar.

Qualquer coisa seria melhor do que estarem presos onde estão, sem poder olhar para o passado sem sofrimento ou para o futuro sem medo. A decisão de perdoar pode ser o gesto realmente definitivo que permitirá a cura de uma ferida. Pode permitir que o último ato seja representado e leve ao encerramento da questão.

Doce Vingança

O papel do perdão

"Muitos consideram que um aspecto importante do perdão é o papel que ele desempenha em não deixar que nossos ressentimentos em direção à má ação ultrapassem os limites apropriados", explica McGary. Ele prossegue, argumentando que "se o ressentimento justificado perdura por tempo demais sem ser refreado, será tão desgastante que a pessoa ressentida" não será capaz de continuar a vida de nenhuma maneira significativa. Talvez o mais importante nesta discussão seja a compreensão de que o perdão tenha muito mais a ver com a pessoa que está perdoando do que com o transgressor original. Ajudaria o marido, ao menos tanto quanto ajudaria a mulher arrependida, por exemplo, se ele fosse capaz de perdoá-la. Isso o libertaria e lhes permitiria estabelecer uma nova base, em vez de ficar permanentemente percorrendo um velho território.

Renunciar à dor infligida por outra pessoa não tem de ser uma ação motivada por nenhum desejo de livrar essa outra pessoa de uma situação difícil. Para vivenciar a experiência do processo de perdoar, uma pessoa não precisa estar motivada pelo desejo de fazer o transgressor sentir-se melhor. Em vez disso, o perdão pode começar com o desejo simples de querer prosseguir em direção ao futuro em lugar de permanecer atado a um único momento de sofrimento no passado.

O perdão, entretanto, pode ser possível somente se algum nível de recompensa ou justiça for alcançado; dessa forma, paradoxalmente, a vingança e o perdão são duas partes do mesmo processo. Isso pode nos relembrar do antigo provérbio espanhol que diz: "Se eu morrer, o perdôo; se me recuperar, veremos."

Inerente a esse ditado está a idéia de que o perdão não é realmente perdão se for persuadido ou induzido. O quadro das

Alcançando o Equilíbrio
∂

dívidas não pode ser limpo com um pano ainda sujo de animosidade ou ressentimento; para se alcançar um novo começo tem de haver a noção de um limiar atravessado ou de ser capaz de carimbar "pago" nas dívidas empilhadas pelo sofrimento e raiva do passado. Ajustar as contas pode significar prosseguir com uma vida que não se pauta em raiva, ressentimentos ou antigas disputas não resolvidas, mas, ao contrário, pauta-se em perspectiva, justiça e possibilidades de perdão.

Atribuindo um nome à vingança

Estar consciente do desejo de vingança pode também, como vimos, ajudar uma pessoa a não agir impulsionada por esse desejo. Contornamos toda a noção de vingança, assobiando no escuro para manter a própria idéia afastada e, no entanto, freqüentemente nos aproximamos cada vez mais sem reconhecer com exatidão o que estamos fazendo até ser tarde demais. Uma mulher abandona o marido sem perceber que está tentando vingar-se dele por abandoná-la emocionalmente. Um adolescente bate com o carro do pai para desforrar-se dele por favorecer um irmão mais novo. Uma secretária rouba da verba de pequenas despesas porque foi insultada pelo patrão, mas não pôde falar o que pensava. A vingança exerce uma atração fantástica por causa de sua natureza atávica e, no entanto, nossa cultura a mantém escondida ou a traduz apenas em suas formas mais aceitáveis — e, por extensão, mais diluídas e insatisfatórias.

Por mais que sejamos civilizados ou por mais que controlemos nossa vida instintiva, simplesmente é da natureza humana de vez em quando sentir a necessidade de vingar-se de alguém que nos causou algum mal. A situação mais potencialmente perigosa para a maioria das pessoas ocorre quando esse senti-

Doce Vingança

mento se infiltra em nossa vida emocional sem que percebamos. A necessidade de vingança é uma parte silenciosa, desconhecida e obscura da vida que interfere com as ações do dia-a-dia, especialmente quando não a nomeamos ou notamos conscientemente a sua presença. Como um vírus não detectado, pode enfraquecer e por fim destruir, se não for descoberto logo — ou não for tratado adequadamente. Deixada por conta própria, sem restrições ou limites, a vingança pode desandar desvairadamente.

É melhor, então, fazer como minha ex-colega de trabalho Virginia. Quando começou a lecionar em uma pequena faculdade comunitária no Sul, deparou com uma resistência do corpo docente mais velho, que rotulou-a de fraca e frívola porque passava o tempo *conversando* com os alunos, marcando reuniões regulares toda semana. Adotou a política de deixar a porta do seu gabinete sempre aberta para que os alunos se sentissem à vontade para procurá-la. Para sua enorme surpresa, certa tarde um professor enfurecido entrou impetuosamente e acusou-a de usar as conversas em seu gabinete para desviar a atenção dos alunos que freqüentavam sua aula. Acusou-a, aos berros e publicamente, de não passar de um estorvo. "Meus alunos já não prestam atenção ao que eu digo", esbravejou. "Estão ocupados demais tentando ouvir o que está acontecendo no final do corredor." Em vez de dizer-lhe, como tinha todo o direito de fazer, que não era sua conversa educada que estava distraindo os alunos dele, mas as idéias áridas e métodos de ensino monótonos dele que os estava entediando, ela nada disse. Virginia, na realidade, pareceu absorver a raiva fechando a porta. Parecia derrotada.

Mas ela, deve-se observar, não era do tipo que aceita desrespeito facilmente. Era uma professora de línguas clássicas. Não só possuía uma gravura de Nêmesis, a deusa da justiça

Alcançando o Equilíbrio

distributiva, na porta, como tinha uma citação de Publílio Siro escrita em uma elegante caligrafia e pendurada bem acima do seu horário de trabalho. Dizia *Ab alio expectes, alteri quod feceris*, que significa: "Espere receber o mesmo tratamento que dispensa aos outros."

Alguns dias depois da explosão de seu colega, Virginia comprou uma pipoqueira. Pouco antes do início da aula de seu colega, começou a preparar grandes quantidades de pipoca. O corredor ficou tomado do aroma delicioso de pipoca na manteiga, até que o prédio recendia mais a um cinema do que a uma faculdade. Ela sabia muito bem que aquilo iria realmente perturbar a aula do colega, mas como mantinha a porta da sala fechada, ele nada podia dizer. Acusá-la de minar sua autoridade por causa do seu comportamento ao fazer pipoca seria talvez tolo demais até mesmo para esse velhote e, pouco tempo depois, ele se aposentou. Virginia pensou em dar-lhe uma daquelas pipoqueiras, mas concluiu que sua vingança estava completa sem necessidade daquele toque final.

Domando a vingança

A vingança vem desempenhando um papel no desenvolvimento psicológico, social e cultural dos indivíduos ao longo do tempo em todo o mundo. "A vingança é universal", afirma o antropólogo Jon Elster, embora "as normas da vingança não sejam." Elster argumenta que a maioria das culturas situa "a vingança no mesmo plano da fome, desejo, medo e prazer. Tudo isso é comum à humanidade, mas as experiências e definições mudam com as circunstâncias. A condição ou emoção básica, entretanto, permanece basicamente a mesma". Argumentando que "a ânsia por honra, como a alegria pela inveja de outras pessoas, são fenômenos universais", ele sugere que o desejo de

Doce Vingança

vingança pode ser controlado, mas que nunca será inteiramente suprimido. Podemos perfeitamente considerar a idéia, aprender a viver com ela e — mais importante — "domesticá-la" de tal forma que seus aspectos mais perigosos sejam desarmados. Quando Eliza Doolittle canta "Você vai ver, 'Enry 'Iggins" em *My Fair Lady*, está fazendo exatamente isso: catalogando com precisão as maneiras como o abandonará quando seu mestre estiver doente ou quando estiver se afogando e, finalmente, termina a canção com uma fantasia que ascende até o clímax onde é convidada à corte e pede, como Salomé, a cabeça de "'Enry 'Iggins". A canção é cômica ao invés de escandalosa. Sabemos que o afeto de Eliza por Higgins é enorme. Ela imagina sua vingança porque isso lhe permite expressar seus sentimentos sem realmente se meter em confusão.

Os compositores da canção sabiam muito bem que Eliza expressava uma emoção universal ao desejar estrangular seu amado — e sabiam que tal sonho poderia ser usado comicamente porque, ao expô-lo abertamente, poderiam diluir sua intensidade. Às vezes, nos vingamos das pessoas que mais amamos, aquelas mais próximas de nós. "Todo animal se vinga de seus sofrimentos sobre aqueles que se encontram por perto", observou Samuel Johnson, sem dúvida porque os que estão mais próximos e nos são mais caros estão em posição de nos fazer o maior bem — ou o maior mal. Mesmo quando não são necessariamente a causa de nossa dor, quase sempre são os mais próximos que recebem o peso de nossa raiva deslocada. Essa é outra razão por que é importante identificar as verdadeiras fontes de nosso desconforto emocional — para não nos vingarmos naqueles que merecem e pedem apenas nossa felicidade e atenção.

Alcançando o Equilíbrio

Restabelecendo o equilíbrio

A diferença entre pensamentos obsessivos e catárticos de vingança é a diferença entre um relâmpago e um vaga-lume. Pensamentos obsessivos de vingança podem ser prejudiciais apenas para a pessoa que os alimenta. Como uma arma carregada em uma valise, sentimentos explosivos de vingança podem sair pela culatra muito facilmente.

Mas como vimos, pequenos atos, em geral cômicos, de acerto de contas — corrigindo uma injustiça ou nivelando um desequilíbrio — podem permitir que nos distanciemos de modo saudável de atos destrutivos e autodestrutivos. A raiva, a frustração e a culpa, tão freqüentemente atribuídos ao processamento de emoções individuais, podem ser proveitosamente assentados em um contexto cultural mais amplo: vemos que não estamos sozinhos e vemos as razões pelas quais nos sentimos oprimidos não só por um indivíduo, mas pelo sistema como um todo.

E, como também já vimos, às vezes o que começa como um ato pessoal motivado pela vingança pode ter ramificações positivas e de longo alcance, colocando uma questão em perspectiva ou realçando uma injustiça que está disseminada. Pegar em armas contra um mar de dificuldades não constitui um fenômeno contemporâneo, e até mesmo apelar aos tribunais para resolver um problema pessoal não é marca registrada da geração *baby boom*.

A recompensa de uma mulher em 1860

Como o relatório a seguir de uma publicação de 1860 indica, buscar a ajuda dos tribunais para equilibrar a balança da justiça pode ter efeito tanto no campo pessoal quanto no político.

Doce Vingança

"Uma mulher em Detroit entrou com um processo contra o marido para receber salários como doméstica", começa o artigo. "Parece que ele entrara com o pedido de divórcio oito meses atrás. Ela nada sabia a respeito e continuou com ele, realizando suas tarefas domésticas habituais." Tal declaração provoca duas reações: como pode haver um sistema em que uma mulher não saiba que seu marido está se divorciando dela? E, se ela realizou *todos* os seus deveres de esposa, não deveria ser paga tanto pelo turno diurno quanto pelo noturno?

The Sibyl, uma revista feminina onde a matéria apareceu pela primeira vez, prossegue explicando que o marido apenas "recentemente comunicou-lhe o divórcio e que ela, indignada, procura puni-lo ou ao menos fazê-lo pagar pelos oito meses de serviço, dos quais o próprio ato dele a isentara". Indignada? Só isso? *Claro*, ela quis puni-lo e, embora nenhum registro tenha sido feito do resultado do julgamento, é um desejo caro ao coração de qualquer indivíduo com algum senso de justiça que essa senhora tenha recebido algum tipo de recompensa pelo que passou. Pode-se apenas imaginar o que uma mulher submetida à mesma experiência faria hoje. Mas uma coisa é certa: é somente através da coragem e da inventividade de pessoas que, uma vez feridas, sentem que têm direito a um desagravo que as leis e costumes são modificados.

E trabalhar dentro do sistema — ainda que esse sistema seja falho ou precise ser mudado — é crucial. O psicanalista Willard Gaylin argumenta que "em nossa busca por justiça individual, não devemos destruir a noção de que vivemos em um estado justo e honesto. Todos nós estamos preparados para aceitar injustiças individuais. Todos nós sabemos que a vida nem sempre é justa. Ainda assim, de certo modo, esperamos que o bem, de modo geral, prevaleça". Gaylin adverte contra a crença de que somente a justiça pessoal ou "de fora" possa satisfazer o

Alcançando o Equilíbrio

apetite para corrigir um mal. "Não devemos tentar trocar uma justiça elegante e individual para cada pessoa à custa do conceito denominado justiça social", adverte Gaylin. "Seria uma troca muito cara."

Como também já vimos, as pessoas cometem praticamente qualquer ato em nome da vingança. Uns matam, outros engravidam. Alguns se divorciam, outros casam-se. Alguns morrem, outros agarram-se ferozmente à vida. Tudo pode ser encarado como vingança, dependendo do contexto. Uma forma perversa do próprio perdão pode tornar-se uma forma de vingança, com aquele que perdoa usando a bondade como uma cilada ou uma clava, como um método de assegurar o controle perpétuo sobre o transgressor. O especialista em ética Marvin Henberg observa que "como o tempo, a retaliação é um tópico diário de conversa; ao contrário do tempo, entretanto, homens e mulheres agem em função desse tema. Algumas máximas como 'Não fique com raiva, vá à forra' provocam sorrisos culpados de auto-reconhecimento. Em atos menores e maiores, em grandes tramas e pequenas implicâncias, os seres humanos encontram meios de se desforrarem daqueles que lhes causaram dano ou os ofenderam."

Nada realmente doce é realmente simples

A doce vingança não é mais fácil de alcançar do que o amor verdadeiro ou o emprego perfeito, mas deve-se ter em mente que a doce vingança também é *tão difícil* de assegurar quanto o amor verdadeiro e o emprego perfeito. Há ocasiões em que você pode achar que tem tudo certo, apenas para descobrir que foi enganado ou induzido a uma situação que é mais danosa do que benéfica. Os princípios básicos referentes ao amor verdadeiro e ao emprego perfeito também se aplicam à vingança:

Doce Vingança

todos possuem uma definição diferente de sucesso. E a vingança, como o amor, pode nos fazer infelizes ou nos dar uma nova noção de nossa capacidade de criar um lugar para nós mesmos no mundo. Pode exaurir ou acrescentar às nossas vidas; pode ser cômico ou trágico; pode facilitar a derrota — ou aumentar as chances de vitória.

— Minha melhor vingança foi pegar o vício controlador desse sujeito, a avareza, e voltá-la contra ele mesmo — disse com uma risadinha um construtor que trabalhara longas horas por uma remuneração baixa em um empreendimento comercial, onde estava reformando um velho banco para abrir uma nova firma de advocacia. — Você tem de compreender que esse sujeito era um advogado que ganhava rios de dinheiro e agia como se fosse um mendigo. Era capaz de arrancar dez centavos de qualquer pessoa. Era um inferno trabalhar para ele, mas isso foi há quinze anos e estávamos apenas começando e precisávamos do trabalho, de modo que eu não ousava reclamar mesmo quando ele insistia em supervisionar cada parafuso que colocávamos na parede para ter certeza que estávamos usando apenas os materiais mais baratos. Um dia, ele pisou em todos os meus calos: brigou com um dos meus operários, fazendo um comentário obsceno sobre uma mulher de nossa equipe e acusando-me de cobrar a mais dele na última fatura. Eu sabia que teria de fazer alguma coisa ou largar o serviço, e havia muita gente dependendo desse trabalho para que eu os prejudicasse por causa da minha raiva.

"Foi quando tive uma idéia. Algumas semanas depois, quando quebramos uma parede para chegar à velha fiação elétrica que havia por trás, puxei uma nota amassada e empoeirada de dez dólares e, em seguida, uma de vinte. 'Olhe só isso', gritei para ele. 'Parece que há dinheiro escondido nessa parede.' Ele veio correndo e começou a puxar notas. 'Abra esta parede',

Alcançando o Equilíbrio
❧

ordenou. 'Mas é de tijolo, vai lhe custar muito dinheiro', expliquei. Ele retrucou: 'Apenas faça o que eu digo.' Assim, chamei meus operários e passamos um longo tempo cuidadosamente quebrando a parede. Não havia dinheiro algum; eu é que havia plantado aquelas notas. Valeu a pena ver sua decepção. Se ele suspeitou que eu lhe pregara uma peça, nunca me confrontou, provavelmente por ser muito orgulhoso para achar que um sujeito simples como eu pudesse ter sido mais inteligente do que ele. Foi ótimo.

Se um desejo de vingança não puder ser completamente reprimido, como poderemos melhor confrontar e lidar com essas emoções desordenadas? As soluções são tão variadas quanto as personalidades e circunstâncias dos envolvidos, e muitas dessas soluções fazem sentido em um nível visceral. O que as torna difíceis de ser descartadas. Um provérbio chinês, por exemplo, adverte que "se o seu inimigo lhe causar algum mal, compre um tambor para cada um de seus filhos". Com esse presente, você assegura a dor de cabeça e a desarmonia doméstica do inimigo. Do folclore oriental, incorporamos uma noção semelhante quando falamos sobre possuir um "elefante branco".

A expressão "elefante branco" vem de uma prática das cortes do Sião, em que a realeza presenteava elefantes brancos aos cortesãos escancaradamente bajuladores ou irritantes, que então se arruinavam com as despesas para manter aquele presente. Dessa forma, a expressão "elefante branco" passou a simbolizar um bem que é tanto inútil quanto caro. O ato de dar um presente como vingança é uma questão complicada, mas não uma prática incomum. Em contraste, atos às vezes motivados por pontadas de vingança podem vir a ser, no final das contas, presentes absolutamente práticos. Em outras palavras, a vingança pode assumir muitas formas, inclusive aquelas que

Doce Vingança

parecem ser atos de generosidade — ou que genuinamente *são* atos de generosidade.

Vingança salutar

Um respeitado professor com quem trabalhei tinha um modo ligeiramente malévolo de lidar com alunos arrogantes ou presunçosos. Quando suspeitava que um aluno estava preocupado apenas em obter notas maiores, sem se preocupar com a melhora real do seu trabalho, ele inventava uma forma de chamar sua atenção. Uma aluna que trabalhava com ele e comigo procurou-me furiosa um dia, horrorizada ao ver que recebera C+ num trabalho em que sabia merecer A. Ela lera os comentários?, perguntei. Descartou a pergunta sem hesitação — dizendo que não tinha tempo para decifrar a caligrafia do professor.

Sugeri que repassássemos o trabalho, página por página. Na quarta ou quinta página, nas margens juntamente com suas sugestões e perguntas, estava o comentário do professor: "Este artigo merece A e essa será a nota lançada em boletim. Entretanto, é preciso que compreenda que, embora seja uma excelente aluna, há espaço para melhorar. Eu a ajudarei a fazer um trabalho melhor, mas só se prestar atenção ao que tenho a dizer sobre o trabalho que produz." Era seu joguinho, talvez um pouco cruel, mas que deu à aluna uma lição que ela precisava aprender.

Como o escritor Jessymyn West observa: "Uma cascavel que não morde não lhe ensina nada."

Contragolpes

Margaret Atwood, uma escritora que nunca subestimou o poder da vingança, cita West no começo de seu brilhante roman-

Alcançando o Equilíbrio

ce *The Robber Bride*. Nesse livro, e no conto "Hairball", Atwood apresenta dois retratos — um em tamanho real, outro em miniatura — dos motivos e dos efeitos da vingança. O principal foco de *The Robber Bride* é o personagem carismaticamente maligno Zenia, considerado pelas três mulheres a quem ela traiu ao longo dos anos como um "pulgão da alma". Uma antiga amiga a descreve como "pura e extravagante malevolência; ela quer o desastre, quer a terra arrasada, quer os vidros quebrados".

Bela e extremamente manipuladora, Zenia estimula suas amigas com afeição e lealdade, somente para mais tarde despertar sua inveja e destruir sua auto-estima. Roz, Charis e Tony, um trio pouco promissor de mulheres na casa dos quarenta, têm suas vidas atingidas e alteradas de alguma forma por Zenia. Têm inveja dela, o que é um sentimento que Zenia cultiva como um tipo de colheita pouco salutar. Roz imagina se o que ela sente é raiva ou um fogacho, percebendo finalmente que o que sente é pura inveja. "*Ela está simplesmente com inveja*, dizem as pessoas, como se a inveja fosse um sentimento menor. Mas não é, é o pior, o pior sentimento que existe — incoerente, confuso, vergonhoso e, ao mesmo tempo, farisaico, concentrado e duro como vidro, como a visão através de um telescópio. Um sentimento de total concentração, mas de absoluta impotência." Essa sensação de caos, como Atwood apressa-se a destacar, leva a sentimentos claramente ligados à vingança; a inveja "inspira... assassinato: matar é o controle definitivo".

No romance de Atwood, os três personagens centrais devem enfrentar e aceitar o conhecimento de que Zenia é, em parte, sua própria criação. Como o monstro de Frankenstein, ela existe como sua Nêmesis; e assim não podem livrar-se de uma conexão com ela. Zenia capturou sua imaginação ao fazer de si mesma a personificação do mais profundo de si mes-

Doce Vingança

mas, parte de suas mentes e almas que querem negar, mas não podem. Para que possam prosseguir com suas próprias vidas, devem vingar-se de Zenia pelos males irreparáveis que cometeu. E têm de fazê-lo sem se tornarem tão malignas ou maldosas quanto a própria inimiga, um problema permanente para quem se vinga. ("Aprendi há muito tempo nunca me atracar com um porco. Você se suja e, além disso, o porco gosta", observou Cyrus Ching, resumindo o perigo de envolver-se demais com um rival.)

O livro de Atwood termina com risos: as três amigas riem na cozinha, com o "barulho das louças". Uma serve a comida, a outra conta uma história. A terceira ouve, porque "isso é o que farão cada vez mais em suas vidas: contar histórias. Esta noite suas histórias serão sobre Zenia". "Ela era, de alguma forma, como nós?", pergunta uma das mulheres. "Ou, colocando de outra maneira: nós somos, de alguma forma, como ela?" O reconhecimento de que as vingadoras estão fadadas a refletir os mesmos elementos que buscam obliterar removendo o foco de sua vingança é importante para Atwood. Mas a vingança em si não é censurada; ao menos, a vingança é a única coisa que permite a essas mulheres terminar a história com suas risadas e contando suas histórias.

Em "Hairball", Atwood toma um novo cenário de vingança e lhe atribui uma vida curta, mas plenamente realizada. Kat, a personagem principal, passou os últimos anos em um relacionamento cada vez mais insatisfatório com seu patrão. Quando ele decide dedicar-se novamente à sua mulher convencional e ao casamento tediosamente doméstico — abandonando Kat após ela ter feito uma operação para remover um tumor ovariano e, no processo, despedindo-a do emprego — Kat decide pôr em ação sua raiva como a amante desprezada. Convidada para uma grande festa oferecida pelo feliz casal, Kat declina

Alcançando o Equilíbrio

educadamente. Como presente, envia uma grande caixa da mais elegante loja de chocolates da cidade, sabendo perfeitamente que o ex-patrão e a esposa abrirão o ostentoso presente diante de todos os amigos. Cuidadosamente embrulhado sob os suntuosos papéis, enrolado em chocolate, está o tumor removido de seu útero.

É uma vingança que é a antítese de doce. A história sugere que para Kat, deixar seu tumor no tapete de outra pessoa é a melhor vingança. Ao se livrar da parte dela que estava doente, Kat pôde fazer mais por si mesma, espera o leitor. É preciso dar o crédito a Atwood pela ação de Kat, tanto horripilante quanto cômica, maldosamente apropriada e diabolicamente anárquica. Tendo exorcizado o pior, ela pode, talvez, começar de novo.

Ao contrário de Zenia, Kat não é uma personagem fundamentalmente guiada pela necessidade de vingar-se do mundo. Mas, como muitos escritores sugerem, até mesmo os personagens que parecem consumidos pela necessidade de impressionar o mundo com seu poder — e causando muita confusão ao longo do caminho — seriam homens e mulheres melhores se tivessem mais acesso à felicidade.

É fácil ser bom quando se está feliz...

Ser generoso, magnânimo e bom vem lado a lado com ser feliz. Isso não quer dizer que você será feliz se for bom, mas sim que, se for feliz, será fácil ser bom e não guardar rancor contra o mundo. A heroína brilhantemente complacente do escritor vitoriano William Thackeray, em *Vanity Fair*, considera exatamente esse ponto. Becky Sharp está determinada, após uma infância miserável, a vencer o jogo da vida. Ela é dominada pela necessidade de vingar-se de todos que a trataram mal por causa da sua falta de *status*.

Doce Vingança
⁂

Quando deixa a escola, depois de ser maltratada e menosprezada pela diretora, Becky grita: "Odeio a instituição inteira. (...) Espero nunca mais ver este lugar. Quisera que estivesse no fundo do Tâmisa; e se a Srta. Pinkerton estivesse lá, eu não iria salvá-la. Ah, como gostaria de vê-la flutuando ao longe nas águas, com seu turbante e tudo, a cauda do vestido boiando atrás e o nariz como o bico de um bote." Em vez de punir sua heroína por esta atitude notoriamente pouco feminina, Thackeray faz Becky responder à pergunta de sua amiga: "Como pode, como ousa alimentar pensamentos tão cruéis e vingativos?" com "A vingança pode ser cruel, mas é natural. (...) Não sou nenhum anjo". O narrador de Thackeray apenas reafirma isso quando comenta, ironicamente: "E, para dizer a verdade, certamente não era." Mas quem precisa de um anjo quando o espírito diabólico de Becky é que nos prende à leitura? Ela não só é engraçada e inteligente, como é a única a enxergar através dos véus da sociedade. Ela então continua, como em um *striptease*, a retirar (ou esconder-se atrás de) cada um desses véus. Como Mae West, Becky pode não ser nenhum anjo, mas ainda assim continua a ser nossa heroína.

Quando se torna adulta, com algum sucesso social alcançado, Becky imagina se poderia ser guiada por forças positivas ao invés de negativas, caso sua vida tivesse sido mais fácil. "Acho que teria sido uma boa mulher se tivesse cinco mil por ano", pondera Becky. "Eu poderia vadiar pela creche e contar os damascos na parede. Poderia molhar as plantas na estufa e tirar as folhas velhas dos gerânios. Poderia perguntar às velhas senhoras sobre seus reumatismos e pedir meia coroa de sopa para o pobre. Não iria me fazer falta, com cinco mil por ano." A bondade é a herdeira do lazer e do conforto; a vingança nasce na miséria e na infelicidade e floresce no escuro, jardins maltratados do coração. "E quem sabe Rebecca estava certa em

Alcançando o Equilíbrio

suas especulações — de que era apenas uma questão de dinheiro e sorte que fazia a diferença entre ela e uma mulher honesta?", especula o narrador. "Se levar as tentações em consideração, quem pode dizer que é melhor do que seu vizinho? Uma confortável carreira de prosperidade, se não torna uma pessoa honesta, ao menos as mantém assim". É fácil perdoar, sugere Thackeray, quando a vida lhe deu compensações pelas perdas a que você está sujeito. Forçada pelas circunstâncias a considerar as outras pessoas como rivais ou tolos, Becky nunca pode se dar ao luxo de fazer nada além de guardar ferozmente seu pequeno lugar no mundo.

Vanity Fair é uma ampla tela de ambição, luxúria e vingança. Thackeray não condena nenhum desses apetites de imediato, mas atrai nossa atenção para a natureza autodestrutiva de agarrar-se demais a qualquer um deles. Uma necessidade excessivamente grande de vingança, por exemplo, pode controlar a imaginação tão completamente que não sobra espaço para os prazeres do mundo — e Thackeray salienta que até mesmo um mundo corrupto oferece uma variedade de deleites. Uma vida de triunfo, em que um indivíduo pode se dar ao luxo de abandonar aquilo que o torna infeliz, somente estará disponível se houver restado energia suficiente do ressentimento e da frustração para torná-lo acessível. Se, como Becky, passamos muito tempo tentando nos desforrar de antigos agravos, negamos a nós mesmos os prazeres da generosidade e da calma autoestima. Se a vingança nos encoraja a passar todo o nosso tempo pensando no que podemos fazer a outra pessoa em vez de nos concentrarmos no que podemos fazer para ajudar a nós mesmos a sair da armadilha da raiva e da frustração, pagamos um preço alto demais por isso. (Fanny Hill, a dissoluta predecessora de Becky do século XVIII, uma vez vinga-se de seu amante infiel fazendo amor, ela própria, no mesmo sofá

Doce Vingança

onde testemunhou a infidelidade. Embora Fanny se regozije "por estar satisfeita por ter se vingado, de uma maneira tão exatamente igual e no mesmo lugar onde sofrera a suposta afronta", ela também percebe que seu próprio prazer no ato sexual que acabara de experimentar "afogou completamente todos os pensamentos de vingança no sentido de verdadeiro prazer". Eclipsar o *motivo* usufruindo do prazer real do *momento* permite que Fanny esqueça por que agiu e meramente desfrute da ação.)

Transformando a vingança em uma forma de arte

Conheci uma jovem artista que teve o acesso a uma galeria negado por causa de uma rival. Ela jurou se vingar. Mas em vez de gastar seu tempo pensando em formas de prejudicar sua concorrente, passava o tempo descobrindo maneiras de tornar-se uma artista mais poderosa. Seu trabalho agora é bem conhecido e sua antiga rival foi completamente esquecida — por todos, exceto pela própria artista. Ela usa sua antiga rivalidade para se manter em constante ascensão, tornando seu trabalho vibrante e emocionante. Seu desejo de superar a velha inimiga continua a ser um pequeno estímulo para fazê-la encontrar novas maneiras de alcançar suas metas. Ela transformou, literalmente, a vingança em uma forma de arte. "O grande prazer na vida é fazer aquilo que as pessoas dizem que você não é capaz de fazer", segundo Walter Bagehot. Sem dúvida, é um prazer não passar despercebido.

Procurar um modo de reparar um erro e levar a justiça de volta a seu lugar é uma maneira saudável de contemplar a idéia de vingança; pensar apenas em modos de ofender o transgressor pode se transformar, muitas vezes, em um beco sem saída. Pensar nos motivos e modos de vingança pode, surpreendentemen-

Alcançando o Equilíbrio

te, levar a perspectivas e comportamentos que encorajam resoluções construtivas a longo prazo — mas somente se a questão for mantida em perspectiva. E a perspectiva depende, finalmente, em acreditar que ninguém é perfeito — e que ninguém está imune aos infortúnios inevitáveis em qualquer vida.

Pensamentos compulsivos de vingança, dando voltas como pássaros em seu cérebro, são inoportunos: paralisam a ação, ao invés de impulsioná-la. São aves de rapina, não criaturas pairando acima da paisagem a fim de obter uma visão melhor. Em tais casos, a idéia de vingança bloqueia a ação útil e mascara a necessidade de aceitar e trabalhar com responsabilidade pessoal. Para aqueles que se tornam obcecados com planos repetitivos de vingança, em geral o alívio virá de alguém — geralmente um terapeuta — que intervém de fora para ajudálos a compreender suas emoções perpetuamente destrutivas. Uma pequena vingança, é bom lembrar, tem um longo alcance — e, como qualquer coisa poderosa demais para ser usada habitualmente — precisa ser mantida sob controle.

A vingança como um pára-raios

Se parece que às vezes a própria essência da vingança foge à categorização, o que fica claro é que a vingança serve de pára-raios para questões emocionais e intelectuais mais amplas em nossas vidas e em nossa sociedade. Pode atuar como um catalisador, exigindo que questionemos nossas definições convencionais de justiça e igualdade.

Examinar o desejo de vingança pode desarticular a crença rotineira de que todos temos o mesmo acesso à justiça imparcial; pode ajudar a ressaltar necessidades pessoais — e políticas — de reforma. A perda do medo da vingança pode ser o

Doce Vingança

início do processo de analisar a necessidade de vingar-se. Talvez, em vez de buscar uma maneira de restaurar o equilíbrio, devêssemos pensar na criação de um equilíbrio inteiramente novo, que não reproduzisse a mesma injustiça que acendeu o desejo de vingança desde o início. O desejo de vingança pode forçar nossas crenças e idéias profundamente ocultas a se revelarem, para que possam ser confrontadas e talvez até mesmo transformadas em energias mais úteis e menos ameaçadoras. A vingança, como conceito, pode nos obrigar a explicar — a outras pessoas, porém, mais importante, a nós mesmos — o que precisamos e queremos do mundo.

O desejo de vingança pode ser transformado em perdão — mas somente se houver a crença de que a justiça prevalecerá. Espadas podem ser transformadas em arados se houver a crença no encerramento da questão juntamente com a certeza de que o equilíbrio de poder está garantido. O equilíbrio, entretanto, só poderá ser alcançado se todos tiverem acesso igual ao poder; os impotentes não têm medo porque nada têm a perder. Se o mundo fosse como deveria ser, a vingança seria tão difícil para a pessoa comum compreender quanto a fissão nuclear.

Sendo o mundo o que é, a vingança tremula em nossa tela, preenche nossas páginas e acende fogueiras em nossa imaginação.

NOTAS

Capítulo Um

Página 19 "Mary Fisher, espero que ...": Fay Weldon, *The Life and Loves of a She-Devil* (Nova York: Ballantine Books, 1985).

Página 34 "essa substituição do poder ...": Sigmund Freud, *Civilization and Its Discontents* (Nova York: W. W. Norton, 1961). Em português: *O mal-estar na civilização.* (Rio de Janeiro, Imago Editora)

Páginas 35/40 "Enquanto [os sistemas sociais] ..."; e "A vingança abertamente agressiva ..."; "A vingança discreta ..."; e "vingança desapaixonada ...": Karen Horney, "O valor do caráter vingativo." *The American Journal of Psychoanalysis*, vol. 8 (1948).

Capítulo Dois

Página 56 "A vida como criança ...": Colette, *Chéri* (Paris: Fayard, 1920).

Página 57 "Se as mulheres não podem ..." e "Se vivêssemos ...": Natalie Becker (entrevista a Regina Barreca).

Página 59 "O vocabulário surrado ...": Simone de Beauvoir, *O segundo sexo* (Nova York: Random House, 1949).

Página 61 "uma mulher é fraca e tímida ...": Eurípides, *Medéia* (Nova York: Penguin, 1963).

Página 64 "É hora de ...": Olivia Goldsmith, *The First Wives Club* (Nova York: Pocket Books, 1992).

Páginas 67/8 "Houve suspeitas de que ..."; "Os assassinatos eram ..."; e "Um dos aspectos mais enigmáticos ...": Ferenc Gyorgyey, "Arsênico puro".

Página 72 "Ela tem um desejo ...": Scott Turow, *Acima de qualquer suspeita* (Rio de Janeiro: Record, 1987).

Doce Vingança

Página 74 "Arranje um emprego ...": Cynthia Heimel, *Se você não pode viver sem mim, por que ainda não está morto?* (Nova York: HarperCollins, 1991).

Página 76 "Quem sou eu ...": Charles Dickens, *Grandes esperanças* (Nova York: Penguin, 1985).

Página 78 "O medo do ridículo ...": Virginia Woolf, *Three Guineas* (Nova York: Harcourt, Brace and Co., 1938).

Página 79 "poucas pessoas que vissem ... ' ": Fannie Flagg, *Tomates verdes fritos no Whistle Stop Cafe* (Nova York: McGraw-Hill, 1987).

Página 82 "Vingança. Temos que ...": Maxine Hong Kingston, *The Woman Warrior* (Nova York: Vintage, 1977).

Página 86 "Que ninguém pense ...": Eurípides, *Medéia* (Nova York: Penguin, 1963), 42.

Capítulo Três

Página 100 "O desespero dissipava-se ...": John O'Hara, *Butterfield 8* (Nova York: Bantam, 1935).

Página 100 "A luxúria do ódio ...": D. H. Lawrence, *O amante de Lady Chatterley* (Nova York: New American Library, 1962).

Página 104 "Somente doenças graves ...": Dan Greenberg e Suzanne O'Malley, *Como evitar o amor e o casamento* (Nova York: 1983).

Página 104 "Bem, se não posso ..." e "Com uma assustadora veemência ...": Emily Brontë, *Morro dos ventos uivantes* (Nova York: Penguin, 1965).

Página 110 "Esta maldita casa ..": Terry McMillan, *Waiting to Exale* (Nova York: Viking, 1992).

Página 111 "Se ela quer servir-lhe ...": Marge Piercy, "Que cheiro é este na cozinha?", *Circles on the Water* (Nova York: Random House, 1987).

Página 116 "É um assunto interessante ...": Nathaniel Hawthorne, *The Scarlet Letter* (Boston: Bedford/St. Martin's Press, 1991).

Notas

Páginas 117/18 "Ah, foi por vingança ..." e "a vingança faz parte ...": Merry McInerney, "Knife-like Fiction". *New York Newsday* (18 de outubro de 1994).

Página 120 "Se eu me casasse com ele imediatamente ...": Margaret Mitchell, *E o vento levou* (Nova York: Avon, 1979).

Página 121 "para vingar-se de ...": Charles Dickens, *Grandes esperanças* (Nova York: Penguin, 1985).

Capítulo Quatro

Página 136 "'Não fique com raiva ...'": Ernest Brod, "In the Layoff Era, the 'Get Even' Ethic". *New York Times* (26 de janeiro de 1992): F13.

Página 142 "entre os gigantes ...": Larry Green, "At 96, Feuding Matriarch Opens New Business". *Los Angeles Times* (18 de dezembro de 1989): A1.

Página 143 "aquelas que têm ...": Erich Fromm, *The Anatomy of Human Destructiveness* (Nova York: Henry Holt & Co., 1973).

Página 144 "Geralmente, sua vida ...": Thomas D. Harpley, "Disgruntled Workers Intent on Revenge Increasingly Hurt Their Bosses". *Wall Street Journal* (15 de setembro de 1992): B1.

Página 146 "a ânsia pela honra ...": Jon Elster, "Normas de vingança". *Ethics* (julho, 1990).

Página 147 "de expor ao ridículo ..." Karen Horney, "O valor do caráter vingativo".

Página 151 "desistiram de tentar ...": George Orwell, *Down and Out in Paris and London* (Middlesex: Penguin, 1933).

Página 153 "a massa de trabalhadores ..." e "Deixemos que os cozinheiros ...": Walter Minn, *Sabotagem: história, filosofia e função* (Chicago: IWW Publishing, n.d.).

Página 153 "A sabotagem como uma realidade ...": Robert Giacalone e Stephen Knouse. "Justificando o mau comportamento do empregado: o papel da personalidade na sabotagem organizacional" em *Excuses: Masquerades in Search of Grace* (Nova York: John Wiley & Sons, 1985).

Doce Vingança

Página 156 "sem sequer falar ..." e "que, aparentemente ainda com raiva ...": I. A. Winokur, "Doce vingança está azedando o escritório". *Wall Street Journal* (19 de setembro de 1990): B1+.

Página 157 "Jurei ..." e "Durante anos ...": John Emshwiller, "Desejo de vingança alimenta a ambição de um empreendedor". *Wall Street Journal* (19 de abril de 1991): B2.

Página 158 "doença polar ...": Konrad Lorenz, *On Aggression* (Nova York: Harcourt, Brace, and World, 1966).

Capítulo Cinco

Página 172 "é ilegal ...": Molly Ivins, *Nothin' But Good Times Ahead* (Nova York: Random House, 1993).

Página 173 "o universo é ...": Mariel Rukeyser em *The Last Word: Treasury of Women's Quotes*, editado por Carolyn Warner (Newark: Prentice Hall, 1992).

Página 179 "uma combinação de ...": Carol Burnett, *One More Time* (Nova York: Random House, 1986).

Página 184 "Temos que devolver ...": Alan Sherman, *The Rape of the Ape* (Chicago: Playboy Press, 1973).

Página 186 "Então, eu lhe expliquei ...": Nora Ephrom, *Heartburn* (Nova York: Pocket Books, sem data).

Página 186 "Quando as ações são ...": Charlotte Lennox, *The Female Quixote* (Londres: Pandora Press, 1986).

Página 192 "um esforço de grupo ...": Linda Anderson, *A Kind of Wild Justice* (Newark: University of Delaware Press, 1987).

Capítulo Seis

Página 204 "Há algo indescritivelmente doce ...": Henrick Ibsen, *A Doll's House* em *The Bedford Introduction to Literature* (Boston: Bedford Books, 1993): 1517 – 1567.

Página 207 "A imprudência é quase ...": D. H. Lawrence, *Filhos e amantes* (Nova York: Penguin, 1976).

Página 208 "Em geral, considera-se ...": *Mrs. Beeton's Book of Household Management* (Londres: 1892).

Notas

Página 208 "Se você for indelicada ...": Judith Martin, *Miss Manners'Guide to Excrutiatingly Correct Behavior* (Nova York: Warner Books, 1982).

Página 213 "a agressão vem sempre ...": Willard Gaylin, *The Rage Within: Anger in Modern Life* (Nova York: Simon&Schuster, 1984).

Página 217 "Mas é um triste destino ...": Dorothy Sayers, *Gaudy Night* (Nova York: Perennial Library, 1986).

Página 218 "não podiam ...": Alexandra Symonds, "Dependência neurótica em mulheres de sucesso". *Journal of the American Academy of Psychoanalysis*, vol. 4, no. 1 (janeiro, 1976).

Página 219 "não é dos que se sacrificam ...": Elizabeth Bowen, *The Death of the Heart* (Nova York: Random House, 1938).

Página 220 "O sofrimento é usado ...": Karen Horney, "O valor do caráter vingativo".

Página 221 "Quando um homem quer ...": Alfred Gingold, *Fire in the John: The Manly Man in the Age of Sissification* (Nova York: St. Martin's Press, 1991).

Capítulo Sete

Página 233 "Encontrei-me com ...": Judith Stone, "Raiva: sua melhor ferramenta". *Glamour* (julho, 1993)

Página 236 "a raiva é um sinal ...": Harriet Lerner, *The Dance of Anger* (Nova York: Harper & Row, 1985).

Página 238 "A raiva agita-se e desperta ...": Toni Morrison, *The Bluest Eye* (Nova York: Alfred A. Knopf, 1970).

Páginas 247/8 "Eu era benevolente ..." e "Eu me vingarei ...": Mary Shelley, *Frankenstein* (Nova York: Penguin, 1985).

Página 253 "A raiva, tão logo ...": Emily Dickinson em *The Complete Poems of Emily Dickinson*, editado por Thomas Johnson (Boston: Little, Brown, and Co., 1960).

Página 254 "ele queria ocultar a todo custo ..." e nunca se enfureça ...": Mario Puzo, *O poderoso chefão* (Nova York: New American Library, 1983).

Doce Vingança

Página 258 "quando a vingança ...": Andrew Oldenquist, "Uma explicação da desforra". *The Journal of Philosophy*, vol. 8 (setembro, 1998).

Página 258 "tão capazes de servir ...": Herbert Packer, "Justificativas da punição criminal". *Perspectives on Correctio* (Nova York: Thomas Y. Crowell, 1971).

Página 258 "renunciamos à vingança pessoal ...": Karl Menninger, *Love Against Hate* (Nova York: Harcourt, Brace, and Co., 1942).

Página 259 "encorajado por 'três cervejas' ...": Michael Tackett, "She May Be Toothsome, but Biter Has to Pay". *Chicago Tribune* (21 de abril de 1990):4.

Página 259 "ele disse a Brodie ...": *St. Louis Post Dispatch*.

Páginas 261/2 "Ela parecia ..."; "Carrie fitou-o ..."; e "A mente em turbilhão de Carrie ...": Stephen King, *Carrie* (Nova York: Penguin, 1974/1991).

Página 263 "melhor reinar" ...": John Milton, *O paraíso perdido* (Nova York: Odyssey Press, 1963).

Páginas 273/4 "Vim aqui para caçar..." e "Moby Dick arrancara...": Herman Melville, *Moby Dick* (Toronto/Nova York: Bantam, 1981).

Capítulo Oito

Página 280 "No outro dia assassinei ...": Frank Ronan, *The Observer* (13 de novembro de 1994).

Página 281 "Para os felizes ...": Fay Weldon, *The Hearts and Lives of Men* (Nova York: Bantam, 1987).

Páginas 282 e 284 "Vale (...) observar ..." e "Muitos consideram ...": Howard McGary, "Perdão". *American Philosophical Quarterly*, vol. 26, no. 4 (outubro, 1989).

Páginas 295/6 "pulgão da alma ..."; *"Ela está simplesmente com inveja* ..."; e "isso é o que farão ...": Margaret Atwood, *The Robber Bride* (Nova York: Doubleday, 1993).

Notas

Página 298 "Odeio a instituição inteira..." e "Acho que teria sido...":
William Thackeray, *Vanity Fair* (Nova York: Penguin, 1968).
Página 300 "por estar satisfeita ..." e "afogou completamente todos
os pensamentos ...": John Cleland, *Memoirs of Fanny Hill* (Nova
York: Signet, 1965).

BIBLIOGRAFIA

Altman, Lawrence K., M.D. "Artful Surgery: Reattaching a Penis". *New York Times* (13 de julho de 1993): C3.
Anderson, Linda. *A Kind of Wild Justice: Revenge in Shakespeare's Comedies*. Newark: University of Delaware Press, 1987.
Atwood, Margaret. "Hairball." *Wilderness Tips*. Nova York: Doubleday, 1991.
——. *The Robber Bride*. Nova York: Doubleday, 1993.
Bacon, Francis. "On Revenge." Em *The Oxford Book of Essays*, editado por John Gross. Nova York: Oxford University Press, 1991.
Barreca, Regina. *They Used to Call Me Snow White, But I Drifted*. Nova York: Penguin, 1991.
Beaber, Rex Julian. "The Social Contract Hangs by a Thread." *Los Angeles Times* (1º de maio de 1992): B7.
Becker, Natalie. Entrevista com Regina Barreca, dezembro de 1993.
Bowen, Elizabeth. *The Death of the Heart*. Nova York: Random House, 1938.
Brod, Ernest. "In the Layoff Era, the 'Get Even' Ethic." *New York Times* (26 de janeiro de 1992): F13.
Brontë, Charlotte. *Jane Eyre*. Londres: Oxford University Press, 1973.
Brontë, Emily. *Morro dos ventos uivantes*. Nova York: Penguin, 1965.
Burnett, Carol. *One More Time*. Nova York: Random House, 1986.
Butterfield, Fox. "Fatal Feud Divides a Village in Maine." *New York Times* (27 de dezembro de 1991): A14.
Cheever, Joan M. "The Year of Litigating Dangerously." *The National Law Journal*, vol. 12 (outubro, 1992).

Doce Vingança

Cheever, Joan M. e Joanne Naiman. "The Deadly Practice of Divorce." *The National Law Journal*, vol. 12 (outubro, 1992).

Cleland, John. *Memoirs of Fanny Hill*. Nova York: Signet, 1965.

Colette. *Chéri*. Paris: Fayard, 1920.

De Beauvoir, Simone. *O segundo sexo*. Nova York: Random House, 1949.

Dickens, Charles. *Grandes esperanças*. Nova York: Penguin, 1985.

Dickinson, Emily. *Complete Poems of Emily Dickinson*. Editado por Thomas Johnson. Boston: Little, Brown, and Co., 1960.

Dionne, E. J. Jr. "Capital Punishment Gaining Favor as Public Seeks Retribution." *Washington Post* (17 de maio de 1990): A12.

Elster, Jon. "Norms of Revenge." *Ethics* (julho, 1990): 862-85.

Emshwiller, John. "Desejo de vingança alimenta a ambição de um empreendedor." *Wall Street Journal* (19 de abril de 1991): B2.

Ephrom, Nora. *Heartburn*. Nova York: Pocket Books, sem data.

Eurípides. *Medéia*. Nova York: Penguin, 1963.

Flagg, Funnie. *Tomates verdes fritos no Whistle Stop Cafe*. Nova York: McGraw-Hill, 1987.

Foley, Helene P. "Medea's divided Self." *Classical Antiquity*, vol. 8 (abril, 1989): 61-85.

Foster, George. "The Anatomy of Envy: A Study in Symbolic Behavior." *Current Anthropology*, vol. 13, no. 2 (abril, 1972).

Freud, Sigmund. *Civilization and Its Discontents*. Traduzido por James Strachey. Nova York: W. W. Norton, 1961. Em português: (*O mal-estar na civilização*. Rio de Janeiro, Imago Editora.)

Fromm, Erich. *The Anatomy of Human Destructiveness*. Nova York: Henry Holt & Co., 1973.

Gaylin, Willard. *The Rage Within: Anger in Modern Life*. Nova York: Simon & Schuster, 1984.

Giacalone, Robert A. e Stephen B. Knouse. "Justificando o mau comportamento do empregado: o papel da personalidade na sabotagem organizacional", em *Excuses: Masquerades in Search of Grace*. Editado por C. R. Snyder, R. L. Higgins e R. J. Stucky. Nova York: John Wiley & Sons, 1985.

Bibliografia

Gingold, Alfred. *Fire in the John: The Manly Man in the Age of Sissification.* Nova York: St. Martin's Press, 1991.

Goldsmith, Olivia. *The First Wives Club.* Nova York: Pocket Books, 1992.

Green, Larry. "At 96, Feuding Matriarch Opens New Business." *New York Times* (18 de dezembro de 1989): A1+.

Greenburg, Dan e Suzanne O'Malley. *How to Avoid Love and Marriage.* Nova York: Freundlich, 1983.

Grimm, Jacob e Wilhelm Grimm. *Selected Tales.* Traduzido por David Luke. Nova York: Viking Penguin, 1983.

Guisewite, Cathy. Desenhos animados "Cathy".

Gyorgyey, Ferenc. "Arsênico puro."

Hawthorne, Nathaniel. *The Scarlet Letter.* Nova York: Penguin, 1991.

Heimel, Cynthia. *Se você não pode viver sem mim, por que ainda não está morto?* Nova York: HarperCollins, 1991.

Horney, Karen. "O valor do caráter vingativo." *The American Journal of Psychoanalysis*, vol. 8 (1948): 3-12.

Ibsen, Henri. *A Doll's House.* Em *The Bedford Introduction to Literature.* Editado por Michael Meyer. Boston: Bedford, 1993: 1517–1567.

Ivins, Molly. *Nothin'But Good Times Ahead.* Nova York: Random House, 1993.

Jacoby, Susan. *Wild Justice: The Evolution of Revenge.* Nova York: Harper & Row, 1983.

Johnson, Diane. "Review of Wild Justice." *New York Review of Books* (16 de fevereiro de 1984): 31+.

King, Stephen. *Carrie.* Nova York: Penguin, 1974.

Kingston, Maxine Hong. *The Woman Warrior.* Nova York: Vintage, 1975.

Lawrence, D. H. *O amante de Lady Chatterley.* Nova York: New American Library, 1962.

— *Filhos e amantes.* Nova York: Penguin, 1974/1991.

Lennox, Charlotte. *The Female Quixote.* Londres: Pandora Press, 1986.

Doce Vingança

Lerner, Harriet. *The Dance of Anger.* Nova York: Harper & Row, 1985.

Lorenz, Konrad. *On Aggression.* Nova York: Harcourt, Brace, and World, 1966.

McGary, Howard. "Perdão." *American Philosophical Quarterly*, vol. 26, no. 4 (outubro, 1989).

McMillan, Terry. *Waiting to Exale.* Nova York: Viking, 1992.

Martin, Judith. *Miss Manners'Guide to Excrutiatingly Correct Behavior.* Nova York: Warner Books, 1982.

Melville, Herman. *Moby Dick.* Nova York/Toronto: Viking, 1992.

Menninger, Karl. Love Against Hate (Nova York: Harcourt, Brace, and Co., 1942).

Milton, John. *Paraíso perdido.* Editado por Merritt Y. Hughes. Nova York: Odyssey Press, 1963.

Minn, Walter. *Sabotage: History, Philosophy, and Function.* Chicago: IWW Publishing, sem data.

Mitchell, Margaret. *E o vento levou.* Nova York: Avon, 1992.

"More Than He Could Chew." *The National Law Journal* (7 de maio de 1990).

Morrison, Toni. *The Bluest Eye.* Nova York: Alfred A. Knopf, 1970.

O'Boyle, Thomas. "Disgruntled Workers Intent on Revenge Increasingly Harm Colleagues and Bosses." *Wall Street Journal* (15 de setembro de 1992): B1+.

O'Hara, John. *Butterfield 8.* Nova York: Bantam, 1935.

Oldenquist, Andrew. "An Explanation for Retribution." *The Journal of Philosophy*, vol. 8 (setembro, 1988).

Orwell, George. *Down and Out in Paris and London.* Middlesex: Penguin, 1933.

Osborne, John. *Geração em revolta.* Nova York: Penguin, 1957.

Packer, Herbert. "Justifications for Criminal Punishment." *Perspectives on Correction.* Editado por Donald MacNamara e Edward Sagarin. Nova York: Thomas Y. Crowell, 1971.

Piercy, Marge. "Que cheiro é este na cozinha?", *Circles on the Water.* Nova York: Random House, 1987.

Bibliografia

Puzo, Mario. *O poderoso chefão*. Nova York: New American Library, 1983.

Rhys, Jean. *The Wild Sargasso Sea*. Nova York: W. W. Norton, 1982.

Roiphe, Anne. *Torch Song*. Nova York: Farrar, Straus & Giroux, 1977.

Ross, Alf. *On Guilt, Responsibility and Punishment*. Berkeley/Los Angeles: University of California Press, 1975.

Sayers, Dorothy. *Gaudy Night*. Nova York: Perennial Library, 1986.

Shakespeare, William. *Hamlet*. Em *The Bedford Introduction to Drama*. Editado por Lee A. Jacobus. Boston: Bedford Books, 1993: 233-93.

——. *12ª noite*. *The Riverside Shakespeare*. Boston: Houghton-Mifflin, 1974.

Shelley, Mary. *Frankenstein*. Nova York: Penguin, 1985.

Sherman, Ian. *The Rape of the Ape*. Chicago: Playboy Press, 1973.

Stone, Judith. "Raiva: sua melhor ferramenta". *Glamour* (julho, 1993): 174ss.

Symonds, Alexandra. "Neurotic Dependency in Successful Women." *Journal of the American Academy of Psychoanalysis*, vol. 4, no. 1 (janeiro, 1976).

Tackett, Michael. "She May Be Toothsome, but Biter Has to Pay". *Chicago Tribune* (21 de abril de 1990):4.

Thackeray, William. *Vanity Fair*. Nova York: Penguin, 1968.

Toulmin, Stephen. "Resenha de *Wild Justice*." *The New Times Book Review* (3 de fevereiro de 1983): 14.

Tousignant, Marylou e Carlos Sanchez. "Va. Woman Says She Cut Husband in Self-Defense." *Washington Post* (25 de junho de 1993): D1.

Turow, Scott. *Presunção de inocência*. Rio de Janeiro: Record, 1987.

Warner, Carolyn, ed. *The Last Word: A Treasury of Women's Quotes*. Englewood Cliffs, N.J.: Prentice Hall, 1992.

Weldon, Fay. *The Hearts and Lives of Men*. Nova York: Bantam, 1987.

——. *The Life and Loves of a She-Devil*. Nova York, Ballantine Books, 1985.

Doce Vingança

Winokur, I. A. "Doce vingança está azedando o escritório". *Wall Street Journal* (19 de setembro de 1990): B1+.

Wolff, Tom. *The Bonfires of the Vanities*. Nova York: Bantam, 1988.

Woolf, Virginia. *Three Guineas*. Nova York: Harcourt, Brace, and Co., 1938.

Zipes, Jack. *Breaking the Magic Spell: Radical Theories of Folk and Fairy Tales*. Austin: University of Texas Press, 1979.

SOBRE A AUTORA

Regina Barreca, professora de inglês e teoria feminista da Universidade de Connecticut, é autora de *Untamed and Unabashed: Essays on Women and Humor in Literature*, *Perfect Husbands (& Other Fairy Tales)*, *They Used to Call Me Snow White... But I Drifted* e editora de sete outros livros sobre temas que vão de sexo na literatura vitoriana à erótica da instrução. É formada por Dartmouth College, Cambridge University e City University of New York. Recentemente indicada pela Biblioteca do Congresso para atuar como consultora no projeto Humor e a Personalidade Americana, Barreca é também uma popular convidada de programas de televisão e fonte dos meios de comunicação para assuntos de humor, gênero e cultura contemporânea. É colaboradora regular do *Chicago Tribune* e seus trabalhos já foram publicados no *New York Times*, *Ms.* e *Cosmopolitan*. Reside com seu marido em Storrs, Connecticut.

Este livro foi composto na tipologia Classical
Garamond em corpo 11/14 e impresso em
papel Offset 75g/m² no Sistema Cameron
da Divisão Gráfica da Distribuidora Record.

Seja um Leitor Preferencial Record
e receba informações sobre nossos lançamentos.
Escreva para
RP Record
Caixa Postal 23.052
Rio de Janeiro, RJ – CEP 20922-970
dando seu nome e endereço
e tenha acesso a nossas ofertas especiais.

Válido somente no Brasil.

Ou visite a nossa *home page*:
http://www.record.com.br